松江丛书

姜维公 主编

东北旧志中松花江流域自然与风俗史料汇编

陈舒婷 编著

长春出版社
全国百佳图书出版单位

图书在版编目（CIP）数据

东北旧志中松花江流域自然与风俗史料汇编/陈舒婷编著. -- 长春：长春出版社，2024.6. --（松江丛书/姜维公主编）. -- ISBN 978-7-5445-7491-4

Ⅰ. K293.4

中国国家版本馆 CIP 数据核字第 2024JX0173 号

东北旧志中松花江流域自然与风俗史料汇编

编　著　陈舒婷
责任编辑　孙振波　闫　伟
封面设计　宁荣刚

出版发行　长春出版社
总 编 室　0431-88563443
市场营销　0431-88561180
网络营销　0431-88587345
地　　址　吉林省长春市长春大街309号
邮　　编　130041
网　　址　www.cccbs.net

制　版　荣辉图文
印　刷　三河市华东印刷有限公司

开　本　170毫米×240毫米　1/16
字　数　316千字
印　张　19
版　次　2024年6月第1版
印　次　2025年1月第1次印刷
定　价　78.00元

版权所有　盗版必究
如有图书质量问题，请联系印厂调换　联系电话:13933936006

编写说明

一、《东北旧志中松花江流域自然与风俗史料汇编》的研究对象是清代及民国时期旧志[1]中关于松花江流域的相关史料。研究范围涵盖中华人民共和国成立前纂修的东北地区的旧方志，并限于其中相当于今省、市（地区级）、县三级综合性志书，其他如山川、寺庙等专业性方志不收入此目录[2]。清末民初东北地方志书中松花江流域由松花江干流、嫩江、西北流松花江组成，有南北两源，东西长920公里，南北宽1070公里，流域面积55.68万平方公里，占东北地区总面积的44.8%，是黑龙江右岸最大支流[3]。

二、本书在前人基础上对旧志中"物产""风俗"等资料进行摘录、点校、分类、整理，对行文中出现的山脉、河流和民族名称等名词以注释的形式进行解释。本书出现的东北古代民族族名均保持旧志的原始叫法，地名使用现行标准名称。但也根据实际情况便宜从事，如对历史上夫余国的称呼，有夫余、扶余、凫臾、扶馀等多种，本书根据《史记》和《汉书》中记载的最早的名字而统称为夫余。对辽代女真，则根据辽初的记载而统一称为女真。对于原文中的小字部分内容，则予以保留。

三、书中涉及的东北地区旧志，早期方志有《辽东志》《全辽志》、曹廷杰

---

[1] 南江涛. 中国旧志整理与出版概况[J]. 中国地方志，2017（12）：42—50+64。"旧志"指1949年以前的东北地方志书。本书所引除了《全辽志》《辽东志》两本东北志书开山之作外，其他志书成书时间均在清朝中后期至1949年以前，即时间跨度为1616年至1949年。

[2] 勾学海，杨艳平，金敏求. 东北地方志（1949年前旧志）收藏状况调查与校核目录[J]. 图书馆学研究，2004（08）：80—90+74。

[3] 水利部松辽水利委员会编：《松花江志》第一卷，长春：吉林人民出版社，2004年，第157页。

东北"旧志"中松花江流域自然与风俗史料汇编

《东北边防辑要》、杨宾《柳边纪略》《宣统辉南厅志》《光绪伯都讷乡土志》等,东北各省亦有相对独立的志书,如《吉林外记》、西清《黑龙江外记》、方式济《龙沙纪略》、徐宗亮《黑龙江志略》、屠寄《黑龙江舆图说》、吴臣《宁古塔纪略》、张伯英《黑龙江志稿》、袁昶《吉林志略》、张凤台《长白汇征录》、魏声和《鸡林旧闻录》、郭熙楞《吉林汇征》、林传甲《大中华吉林省地理志》等;县一级的志书有《开原县志》《辉南县志》《抚松县志》《辑安县志》《宁安县志》《桦甸县志》《呼兰县志》等,民国时期的志书有《长春县志》《民国德惠县乡土志》《民国双阳县乡土志》《民国辉南县志》《民国磐石县乡土志》等。本书中的东北旧志以《中国地方志集成》版为底本,参考李澍田等《长白丛书》、姜维公等《中国边疆研究文库·初编·东北边疆》等版本并结合相关研究论著,订讹补遗、择善而从。

四、本书分为上下两编,共四章,各章下以方志编纂时间为前后次序辑录史料。内容以方志内容为主,文言文表述。上编为"东北旧志中松花江流域的自然地理与物产交通",共包含自然地理与形胜建置、物产资源与建筑交通两章内容,涵盖松花江流域的地貌、气候、支流、湖泊、植被、生物、物产、农业、交通等方面。其中"水文水系"一目因松花江流域庞大、支流遍及东北地区大部,本文仅选取方志中出现的混同江、伊通河、饮马河、头道江等河流记载,不作区域分类。下编为"东北旧志中松花江流域的沿革与风俗",同样分为区域沿革、风俗与文化两章内容,包含松花江流域内行政区划更迭、战事、迁徙及区域治理,族群的分布、饮食、居住、出行、民风、祭祀、婚嫁、安葬等。"域内族群"一节根据史料情况,将每部方志记载的肃慎、夫余、高句丽、契丹、女真、蒙古、汉等历史上活动于东北地区的民族的史料进行辑录,"风俗习惯"一节仅对主要风俗进行摘录。原文中的小字部分予以保留,并加括号显示。

五、本书正文中的史料,文字用国家统一公布的简化字,部分文字为便于上下文理解,仍保留原样,行文用现代标点和段落规范并依据现代标点规则进行点校。

目 录

上编　东北旧志中松花江流域的自然地理与物产交通

第一章　自然地理与形胜建置 ·· 003

一、自然地理 ·· 003

　　（一）水文水系 ··· 003

　　（二）山脉走势 ··· 038

　　（三）自然气候 ··· 046

二、形胜建置 ·· 053

　　（一）疆域 ··· 053

　　（二）形势 ··· 060

　　（三）城池 ··· 065

第二章　物产资源与建筑交通 ·· 072

一、物产资源 ·· 072

　　（一）自然资源 ··· 072

　　（二）朝贡贸易 ··· 104

二、建筑交通 ·· 128

　　（一）建筑古迹 ··· 128

　　（二）水陆关梁 ··· 137

下编　东北旧志中松花江流域的沿革与风俗

第三章　区域沿革 …… 147
　　一、历史沿革 …… 147
　　二、区域沿革 …… 185

第四章　风俗与文化 …… 221
　　一、域内族群 …… 221
　　二、风俗习惯 …… 238
　　　　（一）衣食住行 …… 238
　　　　（二）民风礼教 …… 248
　　三、诗词艺文 …… 273
　　　　（一）奏议经略 …… 273
　　　　（二）诗词 …… 279
　　　　（三）文编 …… 287

参考文献 …… 290

后　记 …… 292

上 编

东北旧志中松花江流域的自然地理与物产交通

东北旧志中松花江流域的自然地理与物产交通，包含自然地理与形胜建置、物产资源与建筑交通两章内容，涵盖松花江流域地貌、气候、支流、湖泊、植被、生物、物产[①]、农业、交通等方面。

[①] "物产"（芦笛：《近代上海方志中的物产概念和文本书写》，《地方文化研究辑刊》2015 年第 1 期）是指那些与人类的生存、生活和经济活动密切相关的自然或非自然物品，本文依据相关概念及旧志中的内容，将物产分为动物、植物、水族、矿物四类。

第一章　自然地理与形胜建置

一、自然地理

（一）水文水系

《辽东志》

小清河（城东门外源出分水岭，西南流至城南，与大清河合）、扣清河（城东南四十里，详见大清河下）、枸子河（城东南十五里，源出磻岭西北，入大清河）、大沙河（城东三十里，源出哈城河西山，有流入辽河）、小沙河（城西四十里，源出哈城河西山，流入西沙河）、马鬃河（城西二十里，源出黑嘴山绕黄山后，西南流入大清河）、亮子河（城西五十里，源出城东北枪杆岭西流入辽河）、细河（城北八十里，源出那木川西石岭山，西流循归仁县，北入小刱忽儿河）、那木川（城东一百里，源出分水岭，西南流入小沙河，已上俱在境内）、小刱忽儿河（城西北九十里，源出分水岭，西流入大刱忽儿河）、大刱忽儿河（城西北一百里，源出分水岭，西流入辽海）、辽海（城西二百五十里，源接艾河，西流入梁房海口）、艾河（城东北二百五十里，源出那丹府，西流至黑嘴与土河会，别名辽海）、涂河（城西二百五十里，源出昌王营东北响山，东流至金山黑林嘴，南流入辽海）、土河（城北二百五十里，源出那丹府西山，南流至黑嘴与艾河合）、密河（西分水岭界去城东二百五十里，源出哈城河西山，东流入灰扒江）、灰扒江（城东三百五十里，源出归德南东北山，东流入松花江）、哈刺河（城东四百里，源出长白山北松山，东流入灰扒江）、三土河（城东四百五十里，源出长白山外东山，流入松花江）、土门河（城东

东北"旧志"中松花江流域自然与风俗史料汇编

北五百里,源出长白山北松山,东流入松花江)、稳秃河(城东北五百里,源出房州北山,北流入松花江)、案察河(城东北五百五十里,源出艾河,北流入松花江)、扫兀河(城东北五百七十里,源出建州东南山,东北流入秃鲁麻河)、秃鲁麻河(城东北六百里,源出建州东山,北流入松花江)、一迷河(城东四百里,源出艾河北山,北流入一秃河)、一秃河(城北四百里,源出艾河北山,北流入松花江)、洮儿河(城西九百里,在肇州西,源出全宁北山,东北流入松花江)、兀良河(城西北三千三百余里,源出沙漠南流河州,与洮儿河、脑温河合流入混同江)、脑温河(城北八百里,源接兀良河,南流入松花江)、斡莫河(城东北九百余里,源出黄龙府北山,北流入松花江)、忽剌温河(城北九百里,源出北山,南流入松花江)、金水河(城东北一千余里,源出黄龙府东山,北流入松花江,即金人按出虎水)、理河(城东北一千二百里,源出斡朵里城南诸山,北流入松花)、托温江(城北一千里,源出长白山,南流入松花江)、忽儿海河(城东北一千里,源出潭州城东诸山,北流谷州城东,经斡朵里城,北流入松花江)、混同江(城北一千五百里,源出北山南流,合松花江入于海)、黑龙江(城北二千五百里,源出北山,南流入松花江)、阿速江(城东北二千六百里,源出古州白山,北流入松花江)、土木江(城东北六千余里,源出长白山至北山,东流入于海)、艾葱河(城东北六千余里,源出潭州东山,流入于海)、莽哥河(城东六千余里,源出潭州东山,东流入于海)、松花江(城东南一千里,源出长白山湖中,北流经南京城,与灰扒江合至海西,与混同江合东,流入于海)、大清河(城东南十五里,源出分水岭者名扣河,西流一百八十五里,至石嘴,别名大清河)、金线河(在真武庙前,源出东北隅,泉穴西流出水关,而南入清河)。

任洛等纂修:《辽东志》,刘立强、刘海洋:《中国东北边疆历史文献丛书》,北京:科学出版社,2016年,第26页。

《打牲乌拉乡土志》

杉松岭等山俱在本城,迤东与吉林五常厅接界之区本署安设三旗营房三处,勒碑两座,协署添设卡伦安年出派官弁兵丁以期巡守。

松阿哩江，自南而西北流，环绕如带，即松花江也。

……

伊吞河、柳春河、三吞河、佛多霍河、法河、书敏河、吉尔萨河、滚河、辉法河、恰库河、托哈那尔珲河、紧河、额和讷音河、大图拉库河、尼雅穆尼雅库河、霍通尼河、富尔户河、萨穆溪河、色勒河、穆钦河、斐依户河、拉法河、温德享河，以上俱系奉天、吉林所属。

云生：《打牲乌拉乡土志》，《中国地方志集成·吉林府县志辑1》，南京：凤凰出版社，2006年，第551—552页。

《柳边纪略》卷一

混同江，一名粟末江，又名速末江，又名宋瓦江，又名松花哩乌喇。松花哩者，汉言天，乌喇者，汉言河，言其大若天河也。混同江之名，改于辽圣宗四年。其源发于长白，北流绕船厂城东南，出边受诺尼江，东注。北受黑龙江，南受乌苏里江，曲折流入大东海。其在船厂东南者，阔三十丈（《魏书·勿吉传》：国有大水，阔三里余，名速末水）。余去时为己巳十月二十一日，江已冰，乘车过。是日晴和，冰少融见土，余疑为江底。土人曰：江深二丈余，冰上积土，土上复冰，今所融者土上冰耳。归时为庚午二月二十一日，流渐蔽江，锋甚利，舟不肯渡。余策马从亦拉江径涉。亦拉者，汉言三也。盖尼失哈站下流两沙洲，分江水为三，故以此名。水仅没马腹，余所乘高丽马则没颈，因念金太祖乘赭白马径涉，水及马腹，平平耳，何神异之有？（冬雪多则春夏融，流水大，否则小，余适当己巳冬无雪，故可径涉云。）尼失哈站南山上有潭，产小鱼，鱼皆逆鳞，人不敢食。尼失哈者，汉言小鱼，盖地以物名者也。

……

古宁江州应在今厄黑木站，《扈从东巡日录》指为大吴喇者非是。按《松漠纪闻》：来流河去混同江百十里。而来流城即在宁江州西。《金太祖纪》：十月朔，克宁江州城，次来流城可证。今去混同江东百十里者，正厄黑木站，特不知何水为来流河故迹。若大吴喇，则在混同江边，何百十里之相去耶？

……

虎儿哈河，即镜泊下流（《盛京通志》：宁古塔城西南百里有湖，广五六里，袤七十里，土人呼为必尔滕，即镜泊也。中有三山，曰俄莫贺昂阿山、阿克善山、牛录山。阿克善、牛录两山之间，有岩曰白岩。湖之西南，虎尔哈河东流入湖之处，有崖曰呼客兔崖。湖水东注，飞瀑蹑空，奔浪雷吼，声闻数十里，土人呼为发库），金呼里改江也。阔二十丈，源出色出窝稽，绕宁古塔西南，东北折入混同江，汇黑龙、乌苏里二江入海。其水色白味甘。在第二泉上，饮之益人精力，或曰参水也，故能然。

……

黑龙江（《元史》作合兰河）发源塞北，南流而东。混同江发源长白山，北流而东，虽入海处合而为一，而其源则相去甚远。《金史·世纪》称混同江亦号黑龙，大误。又两江之水，手掬之皆白色，惟远望略如柳汁耳。《金志》及《松漠纪闻》称掬之则色微黑，皆不可信。

杨宾：《柳边纪略》，姜维公、刘立强：《中国边疆研究文库·初编·东北边疆》第八卷，哈尔滨：黑龙江教育出版社，2014年，第25—32页。

《柳边纪略》卷三

自宁古塔东北行千五百里，住松花、黑龙江两岸者，曰剃发黑金。喀喇凡六，俗类窝稽①，产貂。以上皆每年入贡。又东北行四五百里，住乌苏里、松花、黑龙三江汇流左右者，曰不剃发黑金。

杨宾：《柳边纪略》，姜维公、刘立强：《中国边疆研究文库·初编·东北边疆》第八卷，哈尔滨：黑龙江教育出版社，2014年，第53页。

《龙沙纪略》

《盛京通志》云："黑龙江即萨哈连江。萨哈连者，黑也。"《金史》云："混同江，一名黑龙江，水微黑。"考混同，源出长白山，旧名粟末江，辽改为混同江，土人呼松阿里江。《金志》误宋瓦，又传误松花。其流自南而北，黑

---

① 窝稽：即窝集部，明东海女真三部之一。又作渥集部、乌稽部、窝稽、阿儿、沃沮、兀狄哈等。

龙江自北而南。其与黑龙会，历二千五百里之遥，则两江不得混称明矣。松阿里江北与诺尼江合流，折而东北受黑龙江，又南受乌苏里江，汇注于海。因其纳三江之大，故名混同。则其上游未会于诺尼，仍当称松阿里江也。金祖伐辽，将攻黄龙，次混同江，无舟楫，乘赭白马，竟涉。世宗大定二十五年，封混同江神，立庙致祭。盖坤灵所种，由来旧矣。

方式济：《龙沙纪略》，姜维公、刘立强：《中国边疆研究文库·初编·东北边疆》第八卷，哈尔滨：黑龙江教育出版社，2014年，第115页。

《宁古塔纪略》

十里渡松花江，源亦发自长白山，通黑龙江、墨尔根、爱珲等处，总归于混同江。

吴振臣：《宁古塔纪略》，姜维公、刘立强：《中国边疆研究文库·初编·东北边疆》第八卷，哈尔滨：黑龙江教育出版社，2014年，第150页。

《卜魁纪略》

正南五百余里至松花江，与吉林交界。正北二千六百余里至兴安岭，与俄罗斯交界。正西九百余里，与喀尔喀车臣汗交界。正东一千二百余里至毕瞻河，与吉林交界。东南八百余里为呼兰河。东北八百余里为黑龙江。西北七百余里为呼伦布雨尔。北去百六十里为布特哈。

……

嫩江水势平缓，沙石停滞，多出奇石，与宝石、玛瑙相似，往往于岸侧拾得。打牲乌拉官兵采取东珠[①]，间年一至。岸畔石子，多含水珠，有类空青。

英和：《卜魁纪略》，姜维公、刘立强：《中国边疆研究文库·初编·东北边疆》第八卷，哈尔滨：黑龙江教育出版社，2014年，第225页。

《伯都讷乡土志》

松花江，原流自长白山围绕吉林乌拉，从法特哈边门向西北顺流伯都讷城

---

① 东珠：清朝将产自于东北地区的珍珠称为东珠（或北珠），用于区别产自南方的南珠。

东北"旧志"中松花江流域自然与风俗史料汇编

南，转西绕至城北三岔河，并黑龙江统归东入牡丹江。

伯英：《伯都讷乡土志》，凤凰出版社选编：《中国地方志集成·吉林府县志辑10》，南京：凤凰出版社，2006年，第271页。

《吉林志书》

义石河　城东北百四十五里，源出色齐窝集，合噶鲁河西入混同江。

……

混同江　城之东南，即松阿里河也，一名鸭子河，一名松花江。按《明一统志》云：混同江在开原城北一千五百里，源出长白山，旧名粟末河，浴呼宋瓦江。北流经金故会宁府，下达五国头城，东入于海。又云：松花江在开原城东北一千里，源山长白山，北流经金故南京城，合灰扒江、混同江东流入海云云。是以松花、混同为二江也。今按长白山为诸水发源之地，小者为河，大者为江，江有三，西南流为鸭绿江，东南流为土门江，山北百泉奔凑，自永吉州东南，北流出边，受诺尼河折而东，北受黑龙江，南受乌苏里江，遂东注入海者，混同江也。按《辽史》：辽圣宗太平四年诏：改鸭子河为混同江，混同名，始见于此。而土人呼为松阿里江。《金志》有宋瓦江，则松阿里音之讹也。《明一统志》：松花江即宋瓦字之变也。《金史·帝纪》有云：混同江一名黑龙江。盖指其下流两江交会之处言之而成，以此江名松花，而以萨哈连江为混同，误也。按金太祖伐辽，将攻黄龙府，次混同江，无舟乘，和白马径涉，大军随之，水及马腹。复后人测之不得其底。世宗大定二十五年，册混同江之神为兴国应圣公，立庙致祭，其文曰：江源出于长白，则此江称混同无疑，前代册文可据，而宋瓦、松花皆随音取字，不可为准，远地简册传间多误。今为祖宗发祥之邦，山川效灵，混同为左，故详辩之。

……

撒木西河　城东南五百八十里，源出色齐窝集，西南入混同江。

……

庚寅河　城东南八百二十七里，源出色齐窝集，南流入混同江。

……

合克通吉河　城东南一千四十五里,源出勒福陈冈西,北流会福尔虎河,入混同江。

……

瓦怒虎河　城南五百五十里,源出讷秦窝集,北流至赛因讷因、厄里讷因两河会流处,并入混同江。

……

伽库河　城南六百五十余里,以上二河并源出城南之勒克山,东流至两讷因会流入混同江。

发河　城西六百六十余里,源出讷秦窝集,北流至两讷因合流处,入混同江。

理河　城南六百七十星。按《明一统志》云:在开原城北一千二百里,源出干朵邻诏山,北流入混同江即此。今按理河源出城南之勒克山,东流至两讷因会流处,并入混同江。

……

舍棱河　城南七百七十四里。与渣哈河并源出城南勒克山,东流至两讷因会流处,并混同江。

……

易屯河　城西二百九十余里,源出额黑峰,北流出边,东入混同江,易屯门在河西。

……

诺泥江　在法忒哈边门北,《明一统志》作脑温江即此。源出西北边外不可考,东南流与混同江合,东注入海。

……

松花江　源发长白,自东南巴杨哦佛落边门流入长宁县境,三百三十里至县台南而西而北,流入混同江,北会黑龙江入东海。

三岔河　城西北六十里。

阿什河　城东北四百里。

……

巴阑窝集　城东北六百五十里，在混同江之北。

……

温吞窝集　城东北一千一百里，混同江北。

……

库勒克山　城东北二千八百余里，混同江南，近飞牙喀界。

……

乌苏哩江　城东一千余里，源出希喀答山，东北流会混同江入海。

……

镜泊　城西南一百里有一大湖，土人呼为必尔滕，源出长白山，群流凑集至此，连成巨浸，广五六里，袤七十里许：湖中有三山，曰城莫贺帛阿山、阿克善山、牛录山。阿克善、牛录两山之间，有岩曰白岩。湖之西南虎儿哈河东流入湖之处有一崖，曰呼客儿崖。湖水东注。飞瀑蹴空，奔浪雷吼，声闻数十里，谓之响音。水三四月间，日初出时，水光日色红绿相映，霞彩缤纷，崖下奇花异草，不易名状，土人呼曰发库。自发库东流，绕宁古塔、宁古大城，绕觉罗城东南，东北与混同江合，又东北六百余里与黑龙江合，又六百余里乌苏里江自南来会，从此万泉奔凑汇为大江，折从入于东海。按《明一统志》称呼里改江出建州卫东南山下，东北汇为镜泊，又北入混同江。今考呼里改即虎儿哈河，则此呼应名镜泊也。

渣准河　城西南一百十里，源出马虎力窝集汇镜泊。

虎儿哈河　即古呼里改江，源出永吉州界内色齐窝集中，诸河汇为一大河，东流入镜泊，又从镜泊之发库东注，绕城之南复东北折入混同江。按《金史》，呼里改路在会宁府东北五百余里，盖在其下流将入大江之处也。《明一统志》云：呼里改江出建州东南山下，东北汇为镜泊，又北入混同江，盖合镜泊之上流言之也。金初置万户府于此，后改府为路。今考其地形即此，改字音之误也。

……

三姓

松花江、呼尔哈河、乌苏哩江　见前永吉州及宁古塔。

……

马彦河　城东北二百余里，源出米占窝集，北流入混同江。

松花江　北与蒙古分界。

……

打牲乌喇

……

松阿里河　自南而西面北，环绕如带，即松花江也。小西浪河、喀哈河自东南流入，敖河、扎星阿河、启塔木河自西南流入，通启河自西流入黑龙江。

……

吉林西北

……

松花江，距城四百一十里。

……

吉林正北

……

松花江，距城四百二十里。

穆铁森：《吉林志书》，李澍田主编，李澍田、宋抵点校：《长白丛书》，长春：吉林文史出版社，1988年，第109—122页。

《吉林分巡道造送会典馆清册》

吉林省水道

松花江　原名混同江，又名鸭子河，又名松阿哩江，又名宋瓦江，即古粟末水也。粟，或作速。江有东西二源，东出长白山巅之潭，激湍奔注，瀑布千寻，俗名图拉库。二派分流，东曰安巴图拉库河，西曰阿济格图拉库河。行数十里，会流。其东北又有尼雅穆尼雅库河北流入焉。西源亦有二派，东曰额赫额音河，西曰三音额音河，皆自长白山西发源，北流与东派诸泉会为一。又北流八百余里，绕吉林省城之东南，北流出柳边；又东南流入长春府境，达农安县境；折而西北，经伯都讷城，又北流会嫩尼江水，入宾州厅境；又西北流折而东环绕双城厅界，又东北流经三姓城北。又东北六百余里，黑龙江自西北来会，又二百余里会乌苏哩江，又稍折北流，绕奇勒尔、赫哲，费雅喀诸部地入海。自发源至此，凡三千五百里。

……

嫩泥江　即嫩江，亦曰诺尼江，古名难水，亦曰那河。明初曰脑温江，又名忽剌温江，源出兴安岭伊拉古尔山，由黑龙江界流入松花江，在发特哈边门之北，按伯都讷城北稍西百余里也。

牡丹江　即古呼里改江，国初称虎儿喀河，源出老白山，自敦化县南老岭迤逦至帽儿山，东北流六十里汇境内诸水，又东流至宁古塔注入镜泊湖。又从镜泊之发库东北流至三姓城，受境内诸水入松花江。

乌苏里江　宁古塔城东一千余里，源出希喀塔山，东北流会混同江入海。

伊通河　即易屯河，又名一秃河，或作伊敦，源出新荒青顶子山后央泉眼，北流至伊通州城东，又东北流受伊勒门河，又北流入长春府境，经城东而北受新开河，达农安县城东入松花江。

伊勒门河　即衣儿门河，源出库鲁讷窝集，伊通州城东南二百八十里，北流入吉林府境，折西北流出柳条边入长春府境，受乌苏图乌海河，北流入伊通河。

拉林河　即古涞流河，源出拉林山，由五常厅东南流入伯都讷厅境，曲折西北流入双城厅境，与莫勒恩河会入松花江。

阿什河　什，一作石，源出嘉松阿山，西流入双城厅境，曲折至厅北流入宾州厅境，至阿勒楚喀河东北入松花江。以上水道之流入旁境者。

吉林府水道

松花江　城东南，注见前。

……

漂河　城南，折流西北，入松花江。

邓潭通河、达应沟河　二河俱流入松花江。

……

拉法河　城东南九十六里，源出朝阳沟，东受桦树林子、张家湾、杨木沟诸河，又西南受大风门河、温登河水汇入松花江。

……

第一章　自然地理与形胜建置

辉法河　《明一统志》作灰扒江，城南三百二十里，源出纳噜窝集，即大沙河、三统河、柳河合流处，东北流入松花江。

安巴图拉库河　城东南一千一百八十里，一作昂帮土拉库，源出长白山，北流下山，合阿济格图拉库、尼雅穆尼雅库河，即为松花江。

阿济格图拉库　河城东南一千一百八十里，一作阿脊革土拉库，源出长白山，北流下山，合安巴图拉库、尼雅穆尼雅库河为松花江。

……

三音额音河　城南五百二十里，一作赛因讷因，又作三引诺引，源出长白山，西北流，复折而东北，入松花江。

……

伊通州水道

叶赫河　城西一百四十里，源出嘎哈岭，西流入二道河。

二道河　按：即占尼河，城西南一百六十里，源出奉省围场，北流合叶赫河入威远堡边门，为扣河。

……

伊通河　城南八十里，北流经城东出境，余见前。

黑鱼沟河　城东南一百里，源出腰水泡，东南流入大沙河。

大沙河　按：即辽吉善河，城东南，源出德胜沟，西南流合三统河、柳河，即为辉法河[①]。

当石河　城东南一百七十里，源出黑瞎子岗，南流会亮子河，入辉法河。

亮子河　城东南一百四十里，源出大泉眼，东南流会当石河，入辉法河。

细鳞河　城东南二百二十里，源出三个顶子，南流入辉法河。

呼兰河　城东南二百六十里，源出黄梁子，东南流入辉法河。

交河　城东南三百里，源出围荒四方顶子，西北流汇入辉法河。

三统河　按：即三屯河，城东南，源出纳绿窝集，东北流会大沙河、柳河，即为辉法河。

---

① 辉法河：即辉发河。

柳河　按：即土门河，城东南，源出纳绿窝集，合大沙河、三统河，即为辉法河。

……

长春府水道

松花江　注见前。

乌苏图乌海河　一名雾海河，源出边内，北汇伊通河，入松花江。

穆舒河　即木石河，由边内入境，东南流入松花江。

巴彦河　流入松花江。

……

农安县水道

松花江　由长春府属东南望波山入境，至农安县东北八里营出境，余见前。

伊通河　城东，注见前。

伯都讷厅水道

松花江　自金珠鄂佛勒边门西北流入厅境，会拉林河出境，余见前。

……

宾州厅水道

松花江　城北受境内诸水，东流入三姓境，余见前。

蚂蜒河　源出色齐窝集，流入厅东南境，会诸小水入松花江。

阿勒楚喀河　源出嘉松阿山，西北流经阿勒楚喀城，又北流，会诸小水入松花江。

……

呼兰河、多尔库河、绰洛河、卜尔嘎哩河、卜轮河、卜杂密河、大泡河、头道河子、二道河子、转心河、沙河子、浓浓河、四道河子、三道河子、富勒浑河、林子河、小乔河、萨林河、大崇河、西伯河、乌那浑河、大胡特很河、小胡特很河、巴兰河　以上诸水皆北流入松花江。

蜚克图河、乌尔河、海里浑河、三岔河、枷板河、淘淇河、摆渡河、黑河

第一章　自然地理与形胜建置

以上诸水皆南流入松花江。

双城厅水道

……

松花江　由城北曲折流至厅西北与拉林河会,又东北流一百六十里至黄山嘴子出境,余见前。

……

三姓水道

……

窝坑河　即倭和江,城东南三百四十里,共源莫考,汇诸河入松花江。

……

牡丹江　城西会诸水,北流入松花江,余见前。

舒勒河　城东北六十里,源出四块石山,南流入松花江。

吞昂阿河　即汤汪河,城东北一百里,南流入松花江。

小古洞河　又作小咕嘟,城北五十里,源出恒虎头山,南流入松花江。

大古洞河　又作大咕嘟,城北七十里,源出恒虎头山,南流入松花江。

音达穆河　城东北二百十三里,北流入松花江。

达林河　城西四十五里,北流入松花江。

朱奇河　城西六十二里,北流入松花江。

郭卜奇希河　城西七十七里,北流入松花江。

瓦洪河　城西八十七里,北流入松花江。

北黄泥河　城西一百六十五里,源出丹阳山,西南流,会蚂蜒河入松花江。

巴阑河　阑又作浪,城东北十七里,源出查胡阑山,南流入松花江。

松花江　城北,注见前。

《吉林分巡道造送会典馆清册》,李澍田主编,李澍田、宋抵点校:《长白丛书》,长春:吉林文史出版社,1988年6月,第208—217页。

《吉林舆地说略》

松花江源出长白山,北流,曲折千余里,群山夹峙,万水朝宗绕吉林城。

东北"旧志"中松花江流域自然与风俗史料汇编

南而东而北经乌拉一百余里出边,复折流而西北,西为长春厅界,东为伯都讷界。又二百余里,会伊勒们河,西为郭尔罗斯公界,东仍为讷界。又二百余里,经伯都讷城。又五十余里,会嫩江遂折而东流,南为讷界,北为黑龙江界。又二百余里,会拉林河,南为拉林界。又二百余里,会阿什河,南为阿勒楚喀界。又东四百余里,会玛延河,南为三姓界。又百余里,会牡丹江。又五百余里,会黑龙江。又四百余里,会乌苏里江,始曰混同江。以下均为俄夷界,东流二千余里入于海。头道江即赛因讷音,源出獐毛草顶,城南一千一百余里,曲折而北,引漫江、黑河、石头河,会汤河。汤河源出和林、老岭之西,曲折而东,引无名小河及海清河,会头道江,复引小夹皮河、大夹皮河,会松江河。松江河即额赫讷音,源出长白山之他们泡,曲折而北,引槽子河、三道松江河、二道松花河、铺陈河、上万里河,会头道江,复引三道花园河、二道花园河、头道花园河、猛江河、苇沙河、道及河、榆树河,会那尔轰。那尔轰河源出平顶山城西南五百余里,东北流,会无名小河,复折东南入头道江,复会二道江,是为两江口。二道江即尼雅木尼雅库,源出长白山之他们泡,曲折而北,引雅朗阿河,会赓音河。赓音河源出逊扎哈达城东南九百余里,西南流,引富尔霍河折而西流,引能克吉勒河、霍特依河入头道河,复引莫勒河、扎勒河、大沙河、古洞河、苇沙河至两江口,会头道江,下流即松花江也。土门江源出长白山,曲折而北,引小土门江、头道沟、二道沟、三道沟、富尔尖河,五百余里,入珲春界。色勒河源出富尔岭西北之无名山,西南流,复西折入松花江。木齐河源出哨尔哈达南之无名山,西流,引无名小河入松花江。漂河源出鸡爪山,城东南三百余里,曲折而西,引无名小河入松花江。披舟河、万里河、船底河源出那尔轰岭东之无名山岭,东流入松花江。辉法河源出盛京界,城东南三百余里,源乃三统河、一统河、大沙河、柳河、身河,流至辉法古城,是为辉法河,曲折东北,引硝石河、石头河、细鳞河、富太河、都陵武河、珠奇河、胡兰河、柳树河、独木河、色哩河、法必拉公必拉古勒萨河、呢什哈河入江。拉法河源出鹹艍岭,即鹹艍河城东二百余里,曲折西南,引柳树河、依勒们河、冷风口河,经拉法站,始为拉法河,复引西大岭河、平底沟河、意气河、蛟哈河、二道河、代路河,至拉法口子入松花江。佛

第一章　自然地理与形胜建置

多霍河、雅门河、额和穆河源出海清岭，西流入松花江。温得亨河源出赵大吉山，城西南一百五十里，东北流，引五里河、口沁河、春台河、二道河，东折入松花江。依罕阿林河源出老爷岭，城东百余里，源即八道河，引三道沟、沙河子，曲折西北，至猴石入松花江。依勒们河源出元羊砑，城西南三百余里，西流折北，引布拉河、大黎树河、荒沟河、肚带河、蓝旗河、五里河，会苏瓦延河。苏瓦延河源出通背山，城西南二百余里，东北流，引龙王庙沟、石头河入依勒们河①，复会萨伦河。萨伦河源出元羊砑，北流，引苦莫菜河、倒木河、桦皮河、响水河、鸭绿河，又北，名岔路河，入依勒们河，复引波泥河，至依勒们台出边，引沙河子、海雾河，会伊通河。伊通河源出大青顶之北麓，城西南三百余里，引小伊通河、头道岔河、二岔河、三岔河、伊巴丹河，出伊通边门，曲折而北，经长春厅而东，流入依勒们河，东北流，入松花江。赫尔苏河流出盛京界，北流，经赫尔苏站，引杨树河，至赫尔苏门出边，是为辽河，流入昌图界。叶赫河源出英额布占山，城西南四百余里，曲折西流，经叶赫站，引无名小河，会奉省无名河，是为二道河，经二道河卡伦入威远堡边，是为扣河，流入奉界。搜登河源出搜登沟，城西七十余里，北流，经搜登站会一拉溪、加工河、鸭通河，复东折，引大水河、敖花河入松花河。木头河源出马虎头山，城西北一百余里，北流，至七台出边，引上河湾、太平沟，复东北入松花江。牡丹江源出逊扎哈达，城东南九百余里，曲折而北，引无名小河，复引东、西石头河，至额穆赫索罗东南，会珠噜多欢河。珠噜多欢河源出土顶子，城东北三百余里，东流复南折，引东大岭河，东折，引额摩河入牡丹江，复引横道河、都林河，东入塔境之阿卜湖。拉林河源出磨盘山，城东北四百余里，曲折而北，引三岔口河、哈拉河，至红石砑入拉林界。霍伦河源出帽儿山，城东北三百余里，西北流，引珠奇河、小黄泥河，会舒兰河。舒兰河源出杨木，城东北三百余里，西北流，引东、西黄泥河，干棒河，大安河，大道河，会霍伦河，是为双岔头，入拉林境。荒沟河源出暴马子川，城东北二百余里，曲折西北，引沙河子、闹枝河、讷木唐阿河，入溪浪河。嘎萨哩河源出鸡

---

① 依勒们河：即驿马河。

爪顶，城东北二百余里，西流，引头道河、二道河、三道河、半截河、响水河、黄泥河，复折西北流，出巴彦鄂佛罗边，入伯都讷界。

以上山川名目、河道源流均系吉林属境，其有俗名、小河、港汊、山岭、冈阜以及泡洼、沟甸，册内不备者，均于图内注写，至河源有出于省境，下流或入于别城者，是其源虽详而下流无考，均各详各城，分别录列于后，以资考核。

《吉林分巡道造送会典馆清册》，李澍田主编，李澍田、宋抵点校：《长白丛书》，长春：吉林文史出版社，1988年6月，第198—200页。

《吉林外记》

伊通河，以河得名，河源出额黑峰，北出边外入混同江。旧志作易屯河，而于河出边之处又曰一统门。易屯、一统皆伊通之讹音也。在省城西二百九十里，东连省会，西达开原，两省通衢，一水环绕，是伊通河之形胜也。

……

松花江，近城由西南绕东北流。一名粟末水，或作速末。《魏书》："勿吉国有大水，阔三里余，名速末水。"《唐书》："靺鞨，依粟末水以居。水源于太白山，至北注沱漏河是也。"一名鸭子河，一名混同江。《辽史》："圣宗太平四年，诏改鸭子河曰混同江。"《金史》："太祖收国元年，亲征黄龙府。次混同江，无舟，金主使一骑前导，乘赭白马径涉曰：'视吾鞭所指而行。'诸军随之，水及马腹。后使人视其渡处，不可测。"大定二十五年，册混同江之神为兴国应圣公，立庙致祭。其文曰江源出于长白是也。一名宋瓦江，即松花之变音。《明一统志》："混同江在开原北一千五百里，源出长白山，旧名粟末水，俗呼宋瓦江。北流经金故京会宁府，下达五国城头，东入于海是也。"国语松花江名松阿哩乌喇，天河名松阿哩，故汉语名曰天江。乾隆十九年东巡，赐"天江锁钥"额，悬将军署；四十三年东巡，咏盛京土产诗十二首，内"松花玉出混同口，长白分源天汉江"是也。此历代称名之异也。《地理》谓："上京路有混同江、宋瓦江、鸭子河，是岐而三之也。"《一统志》既谓混同江在开原城北一千五百里，俗呼宋瓦江，又曰松花江，在开原北一千里，是岐而二之也。《金史·帝纪》谓混同江亦名黑龙江，是又指下流两江交会处言之也。按：松花江发源于长白山，北至吉林折而东，又北出法特哈边门至伯都讷受嫩江，又东北至三姓，北受黑龙江，南受乌苏哩江，又东入于海，其原委如此。

萨英额：《吉林外记》，姜维公、刘立强：《中国边疆研究文库·初编·东北边疆》第十卷，哈尔滨：黑龙江教育出版社，2014年，第32、39—40页。

《黑龙江外记》

黑龙江，发源蒙古喀尔喀部之垦特山。其上游，蒙古谓之鄂伦河，他书亦作敖嫩河，即《元史》"斡难河"（此"斡难河"疑有误，似应为"斡难河"），元太祖始兴地也。自此东北流，经俄罗斯尼布楚城之南，入省北境，受西南来之额尔古讷河；经雅克萨城，折而东南，至黑龙江城北九十里，受北来之精奇里江；绕城东南流，会混同江，入吉林境，受乌苏里江及恒衮格林诸水，东入于海。

黑龙江水黑，古名黑水，土人亦称黑河。《松漠纪闻》诸书，谓黑水掬之微黑是已，然特据其上游或下流，言不知既受精奇里江以后，未会混同江以前，其间水色黑黄各半，分界划然。鳞虫出没，恒就黑去黄。所以然者，精奇里江水黄，不浊，故也。然则世有碧黑合流不混之说，不为无据，但黄碧差不同耳。

……

黑龙江亦称乌江。

圣祖泛松花江诗："源分长白波流迅，支合乌江水势雄。"又称乌龙江。

……

嫩江，发源兴安岭之伊勒库里山，南流至墨尔根城西北，又南流至齐齐哈尔城东北，折而西南，入蒙古境，受拖尔河水，经都尔伯特、郭尔罗斯两部，出而东，与混同江会。

嫩江古名难水，亦曰难河，见《北史》；又名那河，见《唐书》。《明史》谓之脑温江，又曰呼喇温江。然《唐书》有那河，或曰他漏河之语。考他漏河一作淘儿河，即今之拖尔河，其源流千里，并在蒙古境内，至齐齐哈尔西南，始与嫩江合，则《唐书》误也。

江欲冰前数日，先有薄冰片片顺流而下，曰冰牌。黑龙江复有所谓老羌牌者，自俄罗斯淌来，往往有人畜行迹见于上。冰既壮，嫩江厚等身，黑龙江过之，以此验其地尤寒。所谓"积阴之处，冰厚六尺"，晁错论不诬。

三江皆无潮汐，呼伦、贝尔二池有之。潮来以朔望，挟鱼出水无算，近其地有风变。土人赖鱼以活，潮之力也。

西清：《黑龙江外记》，姜维公、刘立强：《中国边疆研究文库·初编·东北边疆》第十卷，哈尔滨：黑龙江教育出版社，2014年，第180—182页。

《黑龙江舆图说》

嫩江自温托昏站以南，已入内蒙古杜尔伯特旗、札赉特旗境，松花江自札喀和硕台以西，左岸皆郭尔罗斯后旗境。然名山大泽不以封，故旧会典图仍绘全形，说则从略。窃谓，迤南五站皆濒嫩江，迤东四台皆濒松花江。虽云借设，然各拨有耕牧实地四围十里。今之说水是休台站，故嫩江则直穷其流，松花江则西自茂兴南之三汊口，东至黑龙江会口。并列入总说。

布雅密河①以东，吉林于松花江左岸，借设五站，故旧会典图载此段松花江于吉林揆之主客之义，有似喧夺。况吉林站界东北至屯河右岸之古木讷城，而旧会典自屯河以东至必占河，悉画入吉林三姓界者，误也。今特更正。然吉林五站与黑龙江原筑之封堆，岁久湮没。其迤北定界，至今两地守土官争执未已。今图界线亦止大概而已。

屠寄：《黑龙江舆图说》，姜维公、刘立强：《中国边疆研究文库·初编·东北边疆》第十一卷，哈尔滨：黑龙江教育出版社，2014年，第13页。

《长白汇征录》

松花江上源：松花江，古粟末水，一名速末水，一名鸭子河。以长白山北直接天池之二道白河为正源。天池为众流之母，惟二道白河实由天池接脉而下西北，流七八里伏地，又七八里有泉涌出，是为二道白河之正脉。又正北流一百八十余里（中间有无数小河流入），娘娘库河自东北来汇（娘娘库河发源于

---

① 布雅密河：即白杨木河。

第一章 自然地理与形胜建置

老岭,此岭系白山东北龙冈)。又流七八里,右岸则马鹿沟河入焉。又西北流十余里,荒沟河入焉。又西流十数里,左岸则四道白河入焉(四道白河自长白山东北麓流出)。又流数里,则三道白河入焉。又流数里,则与由天池发源之二道白河汇焉。水势至此较大,土人仍称曰娘娘库河。又流三十里,富尔岭河(河发源于富尔岭,自发源至此约二百五十余里,左右大小河沟汇入者约二十余道。黄泥河最先入,次大小蒲岑河,最次则古洞河、大沙河,皆水之大者。余尚有无数小水)。由东北来汇。两河汇流,水势益洪,因名上两江口,二道江之名自此始(自二道白河由天池发源至此计二百二十余里)。自上两江口以下西流十里许,头道白河由右岸入(头道白河发源于长白山西北麓,距天池五十余里)。又西十余里,细鳞河入焉。又西北百余里,金银璧河由右岸西北来汇。又折而南偏西流百余里,五道柳河由右岸先后入焉。五道砬子河又由左岸先后入焉。又西流五六里,右岸则小夹皮沟水注之,左岸则黄泥河水注之,地名太平川。又西南流二十余里,抵下两江口,与头道江汇流,此二道江上游诸水汇流之支脉也。头道江上游有二源:一紧江,一漫江。漫江源出章茂草顶中腰,东距长白山一百余里,北流四十里,经竹木里之西南,流六十余里,至花砬子与紧江合。紧江发源于长白山之西坡,其发源处分三岔,中岔距天池二十余里,北流与北岔合,有大小梯子河自东北注之(大小梯子河发源于长白山腰,流三十余里汤泉入焉,汤泉亦名温泉,可浴)。又南流与南岔合。三岔相距不过十里许,自入紧江后统名为紧江。又西北流二十余里,马尾河注之。又六七里,桦皮河注之。又五六里,兔尾河注入。又十余里,至花砬子与漫江合,是为松花头道江。又西流十余里,黄泥河入焉。又十里许,砬子河入焉。又十余里,石头河入焉。又折而东而北而西流九十余里,与汤河汇(汤河发源于南龙冈)。又西流五里,马鹿沟水入焉。又西北流三十里至大甸子,是为长白府拟设之抚松县治。又北流十余里,松江河自东北来汇。松江河上游一名松香河(源出东冈,长七八十里)。一名万里河(源出北岭,长一百余里)。又西流二十余里,棒槌沟水入焉。又五十余里,至鳌头砬子,此五十里内北岸则太平川入焉,南岸则头道、二道、三道花园诸水相继汇流,水势至此较洪。又北流五十六里,与二道江汇流,名下两江口,自此以下统名松花江,向西北流入

021

东北"旧志"中松花江流域自然与风俗史料汇编

吉省界。总之,长白山迤北,向西诸水均入二道江,长白山迤西向北诸水均入头道江,两江合流名松花江。是松花江上游两大支,即头道江与二道江也。头道江上游分支之水,即紧江与漫江也;二道江上游分支之水,即五道白河也。综计以上各水,与长白山顶之天池直接者,惟二道白河一水而已。故以二道白河为松花江之正源,实为至当不易之理。头道江与二道江则松花江上源之两大支,其汇入于两大支流者,则又两大支之分支而已,均不得谓之正源。正源即以直接天池之二道白河为断。故以松花江发源于长白山之北,循流溯源确而有证。

按:松花江为长白山北流一大支,头道江、二道江汇流总名松花江。自秦汉以迄唐宋,从无以混同江名者,辽圣宗太平四年始改鸭子河(即松花江)为混同江,混同之名昉此。《金史》称宋瓦江,《明一统志》谓宋瓦即松花之变音,其尤误者,《金史·帝纪》:混同江一名黑龙江。我朝《发祥世纪》《开国方略》《皇朝一统舆图》以及《盛京通志》并地舆家私相撰述。皆沿辽、金、元、明之旧称,以故上而臣工奏牍,下而耆儒传纪,时而称松花,时而称混同,几无定名。在统一时代尚无关碍,现海禁大开,强邻窥伺江河,借端生事,无理取闹,名称稍涉牵混,则乘间抵隙,攘夺利权,名之为义大矣哉。江河之义,大者为江,小者为河,此至当不易之理。乾嘉以前,尚沿松花即混同之名,咸同以后,则以松花江与黑龙江汇流之处,上自距伯都讷城北七十里之诸尼江起,下至黑龙江,又与南来乌苏里江合流之处,三江汇流,混沌无涯为混同江,名义相符,凿凿可凭。光绪六年曾惠敏(纪泽)与俄廷改订崇约,其第五端云:崇厚原定条约时,误指混同江为松花江,遂有松花江行船至伯都讷之约。由此以观,则松花江与黑龙江未经汇流以上,其不得称为混同江也,章章明矣。顾黑龙、松花两江应如何区分之处,从未尝显定其名,将来界务交涉难保不蹈崇侯之覆辙。国界攸关,防范宜早,管蠡之见,拟请疆臣奏请皇上明降谕旨,布告中外,使天下臣民咸晓然于松、黑两江未经合流以上,概不得以混同称名,致沿辽、金、元、明之旧,庶名义昭彰,源流分晰,而界务亦有所遵循,不至贻头脑冬烘之诮矣。姑附刍议以备甄采。

……

二道白河:河源直接长白山上之天池,为松花江之正源。自天池北角悬崖奔注，瀑布于丈，望之如银河倒泻，龙雨腾空。西北流七八里伏地，又七八里有泉涌出，正北流一百八十余里，有娘娘库河自东北来汇。

……

万里河：河发源于长白山西之北岭，折而南流入松花江，又折而西入头道江，挟头道、二道、三道花园诸水，北流至下两江口，与二道江合。

张凤台：《长白汇征录》，李澍田主编，李澍田、宋抵点校：《长白丛书》，长春：吉林文史出版社，1987年，第58—61、71—73页。

《安图县志》

河流

松花江，即古之粟末水也，一名速末水。其大源有二，南为头道松花江，发源于长白山西南北诸麓，北源为二道松花江，发源于白山之天池，由天池泻出之水曰乘槎河，北流下山二十里至矿泉，名为二道白河。下流百余里，至城西小营子沟有娘娘库河自东来合，即名为二道松花江，西流有小湾沟，自北来注，又西流有陡沟子，自南来注，折而西北流有富儿河，自北来会，又西流有头道白河自南入焉，又西北流有露水河，自南来注，西流入吉属桦甸县界，至下两江口有头道松花江自南来合，此松花江之正源也。

娘娘库河，时人皆以此河为松花江，不知松花江尚在二道白河之下也。

……

二道白河，城西五十五里，即乘槎河之下游，北流至陡沟子地方，有碰子河自东南来合，为二道松花江之正源。

孔广泉：《安图县志》，《中国地方志集成·吉林府县志辑4》，南京：凤凰出版社，2006年，第127—128页。

《鸡林旧闻录》

混同江东行，乌苏里江自南来，汇为曲尺形。而两江会口之西、混同江南岸，又歧出一流，斜向东南，入于乌苏里之正流，中间一地乃成三角形，土名通江口，中俄耶字界碑即在此。

……

舟行混同江，辄见我境南岸木桴如山，宽里许，长及四五六里者，连续不断。

……

黑龙与松花两江相汇，其下遂名混同。以二水流势相若，无能轩轾，如以流域长短言，则黑过于松。第两江既合，江流乃直向东北趋，似黑龙江流势为松花江所夺者，故卒不能定何为经流。古人混同取义实为允当。

松花江下游水色黄浊，黑龙江下游则作深黑色。两江在拉哈苏苏（即临江县）合流后，北黑南黄，如刀断划，东流至伊力嘎（即绥远县），南汇乌苏里江，色始混融。

混同江，自俄属庙尔地方出海，海潮内灌至乌活图（东距特林二百十里）即止。是处右岸，有古城甚，周三四里，两岸皆山，江面宽不二里，大江奔流，此为襟束，流势益掀腾迅急。由海口至此，计仅五百余里，说者谓混同江下游，礁渚层列，足以障碍潮流故也。

混同江南汇乌苏里江，乃两岸皆入俄境，江流直向北趋，尚有二千零七十余华里，方入东海。

魏声和：《鸡林旧闻录》，李澍田主编，李澍田、宋抵点校：《长白丛书》，长春：吉林文史出版社，1986年，第37—38、47页。

《大赉县志》

江河

大赉居嫩江之西，嫩江为松花江之北派①，其发源于伊勒呼里山之西，南折过墨尔根城之北，又经拉哈站之西北至齐齐哈尔城之西，折而东南入蒙古科尔沁部，经库鲁站之西南会于陶②尔河东南，于郭尔罗斯后旗界合于松花江。

湖泽

城北偏东相距八十里有最大之塔尔浑湖，土名月亮泊，亦名运粮泡，与陶尔河交通，经过段家屯入嫩江，周围四五十里，水量深度水涨时约有七八丈，水消亦有四五丈，产鱼甚多，但水势汪洋以致渔人捕获无术，故土人有闸著"月亮泡银子没了腰"之谣。此最著名之泽国也。

薛德履：《大赉县志》，《中国地方志集成·吉林府县志辑10》，南京：凤凰出版社，2006年，第137—138页。

---

① 派：即"脉"。
② 陶：即"洮"。

《双阳县乡土志》

河流

饮马河为吉双两县交界，发源于吉林县西南诸山，下流东北至三岔河口，又东入松花江。双阳河为境内大水，发源于三区望景山之北麓，至县城南分数脉，北趋过城北仍汇为一，又北至杨家桥为二区四区分界，又斜向东北行经北桥至南河一带，为二区五区分界，迤东经小东屯，过天成号，至宋家船口入饮马河。

肚带河发源于望景山东之支峰，由西向东曲折五十余里，经黑瞎子岗，过三家子，至钓鱼台入饮马河。

其余小河，若五区北境之小河占三区之沥水河，四区之石溪河，皆沟浍之稍大者。总之，山多则涧多，双阳全县群山纠纷，小河随地皆是，曷胜枚举，姑不俱述。

吉人：《双阳县乡土志》，《中国地方志集成·吉林府县志辑1》，南京：凤凰出版社，2006年，第516页。

《扶余县志》

嫩江。嫩江源出黑龙江北部之兴安岭，长约一千二百四十里。南流至吉、黑交界之三岔江地方，汇松花江转而东北，已如上述。故三岔江者，仅其形为三岔，实则两大水脉而已，唯松花江之水，混而浊，嫩江之水，清而净，合流后，其水色则介乎两者之间，是以三水各异其色，宛如利刃割断者，虽合流而其水不混。余总角留学吉林，航经此地时，颇奇之，询之长者，则云此地有神，凡航行此地者，必先燃炮沥酒以祭之，否则必履危险。此三水为松花江、黑龙江、嫩江是也。今而知其误矣，吉林上下□□上警察以此分界。故吉林松花江上游水上警察局（内务部立案）之第一署，即驻在扶余县城，借以镇慑沿江一带胡匪。

张其军：《扶余县志》，《中国地方志集成·吉林府县志辑10》，南京：凤凰出版社，2006年，第448—449页。

《农安县志》

舆地

水

农安水之大者曰江曰河，其小者曰沟曰泡，境内著名之沟泡甚多，江河则与邻县共之。蜿蜒县之东北，以为天然之界限，并不入境，兹志其略。

东北"旧志"中松花江流域自然与风俗史料汇编

伊通河

伊通河自第一区两仪门入境,东经长春县东北隅德惠县,北境至第二区江南镇,会入松花江,流经一百五十里。

伊通河源流考

源出伊通州东南磨盘山境石板屯,屈西北流四十里许入伊通州界,南受小伊通河,合北流一百二十里,过伊通州东折,北流四十里径金家哨,受南来之一巴丹河,合北流径勒克山沟口屯放牛沟,两河合为一,自西来注之。又北流五十里,出伊通边门,入长春府界北流,而东受新立城河,又北过长春府东,又北流九十里径赵家店,东折北流驿马河,自西来入焉(驿马河,源出蒙古旗地六家子山,南流入长春府西界,折东流北岸直农安县,又东一百七十余里,南受新开河,合东流四十里径赵家店北,东注伊通河)。

伊通河既受驿马河,东径二十里堡折,东北径林家店,又东北径林家桥,又东北径卜家窝堡北。伊勒门河合数水,自东南来注之,伊通河既受伊勒门河,又东数十里,屈东北流入于松花江,自发源至此凡五百五十余里,自受驿马河后,北岸皆界农安县。

松花江

松花江既受伊通河水,自红石砬入境北流,折而西行至三区土门子出境,经流九十里。

松花江源流考

松花江即混同江也,满洲语松阿哩乌拉,译言天河也,魏曰速末水,唐曰粟末,辽曰鸭子河,改曰混同江,金元及明皆曰宋瓦,明宣德时始有松花江之名。源出长白山顶之图们泊,自泊之北开一口奔流下注,是为江之正源。西北曲北流百余里,额赫诺因河、三音诺因河,合哈勒珲穆克河自左岸来会,迤西北流数十里,左岸纳著名之水三,曰虽哈河、那尔珲河、尼什哈河。又北流百余里,有大、小图拉库河、尼雅穆尼雅库河,合富尔哈河自左岸来注之。又西北流数十里至蜂蜜哨子南,辉发河挟众水东北流自左岸来会,水势始盛,折东北流经大小半拉窝集,拉发河挟众水自左岸来注之,后折而西北,过吉林省城南,滨江有中国官轮局码头在焉,上距江源曲折几及千里,自城南曲而东流,折西北过乌拉城之西,越柳条边转而西趋为扶余、长春二县界,至陶赖昭附近,伊通河合伊勒门河自左岸来会,入农安县界,东岸界榆树,再西流,北经扶余县界折而东北流,即成吉黑两省天然之界限矣。

农安松花江水之汜滥，清道光六年八月，江水溢至南山坎，水深一丈，居人庐舍均被湮没，伤人无数，下坎有烧锅曰元亨广，水进院内，一号皆惊。水退，为修龙王庙一。现该号早已歇业，该屯古庙犹存。

名胜

……

伊水归舟

伊通河距城东二里许，盈盈一衣带水也，昔由长春搭货运而至农，孤帆远来，贾客争集岸边，鹄立以俟，风景颇饶，今年水瘦，惟三页板船数只，上下外往来而已。

郑世纯修，朱衣点纂：《农安县志》，《中国地方志集成·吉林府县志辑2》，南京：凤凰出版社，2006年，第37—39页。

《镇东县志》

河流

……

洮儿河，简称洮河，源出内兴安岭索岳尔济山东麓，经内蒙（古）扎萨克图、洮南、洮安，自本县三区西南角海力巾入境，曲折东北流，复折而东南，至三区东南角乌叉干出境，抵江省大赉县北境流入嫩江。在本县境内长约二百七十余里，最宽处约八丈，最深处约四丈，以涨涸之无常乏舟楫之利益，如能疏浚尚可通航，此项要政当期诸异日。

陈占甲修，周渭贤撰：《镇东县志》，《中国地方志集成·吉林府县志辑10》，南京：凤凰出版社，2006年，第195页。

《永吉县志》卷二

五十四年，松花江、舒兰河水溢为灾。

……

六年六、七两月间淫雨，松花江水溢，温德亨河决口。

……

宣统元年，淫雨为灾。松花江水溢，高与北岸抚轩平。

徐鼐霖：《永吉县志》，李澍田主编：《长白丛书》，长春：吉林文史出版社，1988年，第25、27、29页。

《永吉县志》卷十一

吉林东带大海，西枕边疆，长白山屏其南，松花江当其曲。

……

永吉县城在北纬四十三度四十七分，东经八度三分。

徐鼒霖：《永吉县志》，李澍田主编：《长白丛书》，长春：吉林文史出版社，1988年，第158页。

《永吉县志》卷十三

松花江：前沙石浒　后沙石浒　大石头河　小石头河　小额河　富尔河通一道河子　大海浪河　二道河　水曲柳甸子河　漂阳屯河（以上入大海浪河）　大风门河　小风门河　桂子沟河　小蓝旗屯河　温德河〔官马山东沟　窝集岭源　歪头砬子源　大石头沟　白石砬沟　罗圈沟　长冈岭源　红石砬源　腰三家子北岭源　磨盘山源（以上多不成河，并入温德河）〕　鳌龙河〔搜登河　桦皮厂河　小官地河　大绥河（以上并入鳌龙河）〕　以上诸水均在县西部，并东流入松花江。

……

松花江源出长白山，经桦甸、额穆两县，由东南曲折北流至白土崖入县境。著名险流小恶河正当其冲，为县境内第一锁钥。康大砬山①北伸一臂，突出江中，如三指然。高出水面数尺，奔流因湍激而肆放，土人呼此三巨指为大将军石、二将军石、三将军石。江底因山脉余势，复有三巨石耸立江心，水势搏跃，是以行船及放木排者过此往往遇险，小恶河之名因此而著。急流二十里，下至张家湾，水势渐缓，两岸少山。至三道通江，水分为三支，行数里复合为一，直向西北奔驰。至距县城二十里长屯子，转而北折至近城马家屯，更折而东，环城南东流，俨为襟带。登北山而左右顾，江天如画。右岸为农业试验场及公园。县城北有玄天岭，南有朱雀山，东有龙潭，西有小白，松江横贯其中，乃成天然之佳胜，是以松浦相国于北山玉皇阁有天下第一江山匾额，诗人有"大江东去，明月南来"之句。更东流至团山子。吉敦铁路大江桥横架焉。由

---

① 康大砬山：即康大砬子山。

此北至九站，东至乌拉镇，西北越蒙境汇嫩江东折入于滨江县。全线长约三千二百余里，可通航处亦二千余里。自清光绪二十二年俄国官船曾由黑龙江至县城，是为松花江轮船开航之始。近则有百和各轮船畅行江内。江之宽度，在县境内宽处有至二百三十丈者，狭处亦有八九十丈，帆船往来极为便利。

……

松花江上游，东沿响水河，西沿牤牛沟，入于县境，即天然为八区东部、九区西部之界流。曲折迴环约经百八十里北达县城，至八、九区之北端再东偏北复接十区，隔江则斜峙三区之东界。惟由县城以南至九区阿什哈达以上，江流湍激，暗礁丛伏，轮舶仅能驶至县城为终点。然帆樯极夥，木簰尤盛。沿江上游头、二、三道江一带，木植之出口，悉赖江运。鱼产虽不甚盛，而江沿住民，亦颇得什一之利。

徐鼐霖：《永吉县志》，李澍田主编：《长白丛书》，长春：吉林文史出版社，1988年，第191—194页。

《永吉县志》卷五十

松花江源出长白山巅之闼门泡（即图们泡）。其实不及东西二源之远，水量亦悬殊。出闼门泡之水，屈西北流百余里，合西源（一曰南源）之汤河（即哈勒珲穆克河，源出斐德里山东），土人呼为汤泉。热如沸汤，有气上蒸如雾。东北流百余里，会三音诺因河（源出长白山，北流数十里）、额赫（国语不善也）诺因河（源出长白山，土人谓之急泉子。奔流湍急，西北流百余里）。西南由蒙江州境（国初讷殷部人所居之地。讷殷、诺因，声转字通）来合闼门泡水。西北流四十余里，右岸纳虽哈河（源出斐德里山北麓，两源歧出，行十余里而合，东北流百余里入江）、那尔轰河（源出佛思亨山，即那尔轰岭，东北流百余里入江）。直北流百余里，合东源之道江（即富尔哈河），其源为图拉库（国语瀑布也）河。南出长白山巅，与图们江止隔一分水岭（《吉林通志》谓正当鸭绿江源之北。□图拉库应系闼门泡所出之水，即为江之正源，不得谓为东来入江也。总未亲历实测，姑从图说以俟再考）。西曰安巴（国语大也）图拉库，东曰阿济格（国语小也）图拉库。相距十里，激湍奔注，直下千寻，分行百余里，入于尼雅穆尼库河（亦出长白山，合二源北流百数十里，折西□□图库河）。折西北流百里许，东来之富尔哈河（即富太河，源出富尔岭之平顶山，

029

东北"旧志"中松花江流域自然与风俗史料汇编

直西流二百里,折北流)与古洞河(亦出富尔岭,直西流百余里,北岸界敦化县,又西流百里许)合成一川(又西流百里许)来会,直西流受南来之塞珠伦河(即色朱尔河,长百余里)。折西北流,受东来之萨穆什河(源出塞齐窝集,合二源,西南流)。径桦甸县境曰二道江。西北流百数十里,三源始合。土人呼其下流为松嘎里乌拉。屈流数十里,经蜂蜜碇子(旧辉发河,卡伦驻此。永吉县南二百九十里),南与辉发河合。

辉发河一名柳河(上流之名,下流亦曰土门河),南源出奉天通化县界,为南北山城二河,合东北流,受白银河,径海龙府,东受押鹿河,合北源之沙河(源出伊通州南吉林哈达,即库勒讷窝集,与源出花楼山之小沙河合,南流百里许)。东流径朝阳镇西(纳海龙府境内,一统三屯诸河)、辉发城(国初扈伦国辉发,部人所居也)北,又名辉发江。折东北流(南岸隶海龙府,北岸隶磐石县),北纳当石河(源出马鬃岭,合苇子河、亮子河诸水,南流百里许),直东流,又折东北南纳交河(一作角哈河,源出四方顶子山,北流百里许,西岸隶海龙府,东岸隶磐石县)、色勒河(亦作色力河,亦出四方顶子,纳三小水,北流百里许),北纳富太河(源出于松树顶子山,南流纳二小水)诸水(出佛思亨山之二岔河即梭尔河,出牛心顶子之巽山屯河,出大北岔之托佛河即托佛毕拉,出三岔山之报马川河,出三个顶子之细鳞、石头二河,及通顺、陈家、恒德、智德四河,出孤顶子之独立屯、黑石头街猪嘴碇子诸河,出松阴之头、二、三、四、五道沟诸河)。径黑石头官街东北流,北纳呼兰河(源出七个顶子山,东南流七十余里),南纳法毕拉(即发河也,一曰法河,国语谓河为毕拉,源出大旺屯,合二小水,东流,折北百余里)。直如相对,如十字形。会处曰法毕拉口(旧有法毕拉思特赫谟特布赫卡伦。国语思特赫谟特布赫,常设之意)。再东北流,南纳苏密河(因径苏密山下苏密古城得名。源出大肚川,受一小水,北流七十里)、公河(即滚河,国语曰固恩毕拉,俗呼曰公别河,亦出大肚川,二源歧发,受一小水,北流六十余里)诸水(出簸箕冈之大小簸箕河,出船底山之头、二、三、四、五道沟诸河)。径东夹信子屯,南纳大万两河(源出那尔轰岭,即佛斯亨山,即那尔轰山,东北流,受数小水及小万两河、家鸡河,北流百七十余里),北纳金沙河(即奇尔隆河,源出牛心顶子山,东流受二小水。三台子屯有渡口,通官街)。东流经官街(旧名大兴镇,今设桦甸县治,南有渡口,通盘石、蒙江大路),至辉发河卡伦(蜂蜜砬南），合于松花江（会口在永吉县南三百里）。其下流始，总呼曰吉林乌拉辉发河。自发源至入江，东北流七百余里，合有名之水四十余，灌磐石县全境。凡海龙府东北、永吉县西南、伊通州南、蒙江州北，吉林连山（即吉林哈达。长白山西干之长岭子，接库勒讷窝集一脉）所发诸水，众流毕汇，水量与松花江相埒。故此河应为松花江一远源，不可纯以支流目也。松花江既合辉发河，水势益盛，屈东北流，受呢什哈（国语小鱼也）沟（出蜂蜜砬山，南流三十里），径桦树林子（旧为韩边外金沟，原拟设桦甸县于此，今设于官街，沿江渡口为延珲至省之捷径）西南，纳大小木钦河（即穆辰河，曰穆禽，曰木齐，皆声转也。源出塞齐窝集，西北分流数十里）。屈西北，流径大卡伦（曰色勒萨木齐河，思特赫谟特布赫卡伦，即大木钦河，在永吉县南三百里。稽查禁山，蒙派之员视为优差云），东纳大英沟河。折东流，又东北，左右纳数小河（左纳出塞齐窝集之小加皮沟河、五虎长河，出富尔岭之咕咚河、漂河，出上下帽山之大小嘎哈沟河，右纳出半拉窝集之柳树河，出荒地沟之牤牛河）。东纳拉发河（一作拉法河，俗呼喇叭沟，源出永吉县东，霍伦川西，即《金史·世纪》之抡水，系出杨木冈之大沙河。出永发屯，会桦树河，合流径土山，会出石头顶子。受石头河，即十道河。南流径拉法站、交河镇，会额勒赫沟、伊奇沟、海清沟，及土砬子、张广才岭、老爷岭诸水为交河。西南流三百余里，径杉松街、大小瓜旗屯）。折西、折北或西北流，左右纳十数河（左纳出杉松岭之大富太河，出杨木顶子之小富太河，出□门岭之新间河，出纳木窝集、礬岭之额赫穆河。右纳出大团山之玛延河，出堪达砬山之响水、凉水二河及大小牤牛河，出摩天岭之依兰嘎哈河、小舍利河、大风门河、桂子沟河、阿北哈达河）。径小白山（即望祭山）东北，西受温德亨河（明一统志温图河，盛京志温登河，皆转音也。源出大黑山，北流折东百里）。折东直流十余里，北岸为永吉县城（即吉林省垣）。倚江为池，无南垣。水面阔二百丈（木排密布北岸下。吉江二省，向俱设造船水手于此，便于取材也。故省垣旧名船厂），夏秋之交，下游之轮船帆船达此而止，实为转输装卸之大码头。上游六百余里，滩多石巨，虽木排顺流尚避险礁，至吃水较深之船，下游时虞搁浅，何能上驶。惟轻舠（俗呼舥艒，《诗经》作刀，以形容）、方舟（两刀联并，其形方，今之载柴草者）往来利涉。而松花江即过永吉县城而东，经旧机器、火药局（机器局在北岸东大滩上。光绪二十六年，俄人取去汽炉机件，止朦制银元一厂。火

东北"旧志"中松花江流域自然与风俗史料汇编

药局在南岸山麓,是年亦毁于俄)折北流,径东团山,龙潭山西麓有官渡三,通东北两路站道,达宁、姓、延、珲各边及黑龙江省,极于俄、韩二国境,为最要之冲途。吉长铁路自旧站街沿江右岸,至省城东门外总车站,商埠亦开于此,繁华冲要,将达极点。再北流,左纳依罕阿林河(俗呼牤牛河。国语牛曰依罕,山曰阿林。以源出牛心□子得名。西流会荒山屯之嘎雅河、火龙沟之双岔河,行一百一十余里)、富尔特恩河(舒兰河之分流),径乌拉城西再北,纳舒兰河(即锡兰河,俗呼溪浪河,源出锡兰川亮甲诸山。西流径舒兰站,分而南流者为富尔特恩河。本流西北径郎家□入江),右纳数小水及舒兰通河(即搜登河,俗呼马厂河,源出搜登南。汇莺嘴崖子、磐岭、平顶诸山之水北流,径一拉溪、大水河、桦皮厂诸镇,会北由土们子八台岭来之鸦通、石头诸河,东流至口前入江,行二百里)、奇塔穆河(出发实兰窝集,东北流七十里)。径巴彦鄂佛罗边门(即法特哈站街)西龙头山(俗呼半拉山子)、珠山之间,出永吉县境柳条边。右岸望波山镇,属长春县(今设德惠县之极东境)。折西北流,左岸秀水甸子街(即登伊勒哲库站),属榆树县。江自乌拉城以下分沱甚多(水出于江复合于江者曰沱。俗呼曰河通、曰河里、曰背河、曰某沱子),港议纷岐(有黄鱼圈、鲇鱼岔、江心馆、老营、如意、巴彦诸通),滩多(浅舟)林密(藏匪),舟行每有戒心。径五棵树镇渡口,南汭穆书河(即木石河。源出玛虎头、八台岭诸山,径木石河、东城子镇,北流一百八十里)。过樟树口(陶赖昭站南大摆渡),铁桥横江如长虹。中东汽车,与往返省垣之邮船,水路由此装卸。交通称便。北岸小城子车站,南岸老烧锅沟(旧有公兴隆烧锅得名),驻护桥轨之路警。西北径红石礦渡口(逊扎保站南大摆渡),南来之伊勒们河,挟伊通河北流注焉。伊勒们河(《金史》曰额勒敏河,《明一统志》曰一迷河,土人呼其下流曰驿马河。汭伊通河支流之驿马河,故互称之耳)二源皆出磐石县北境(一出菱角顶,一出伊勒们卡东小山)。北径双马架西合流,纳玻璃河(出磐石县境,东北流,会龙王冈来一小河)。径伊们站(即新站)西姚家城子东,苏瓦(一作斡)延河(即双阳河。一曰刷烟,与苏完同音。国初,苏部人所居地。源出暖泉子,北流径苏瓦站,今设双阳县,西北复折东北)挟石头河(出缨帽顶子山①,直北流,右岸为伊通州界,行百余里,北受

---

① 缨帽顶子山:即鹰爪顶子山。

032

一小水，折东南流而合）自西来会。北流折东，径莲花泡北，萨龙河（即岔路河。二源皆出磐石县境，北流纳梨树沟河，径岔路河街绕花家屯北，西流七十余里受一小水）自东来会。折东北流，出伊勒们台边栅，径长春县东境（河西沐德乡，河东怀惠乡，今设德惠县于东岸大青嘴镇）北流，纳数小河。渡口甚多。径黑坎子（渡口），右纳雾河（蒙古语曰乌苏图乌海，出永吉县境北流，径东卡路镇，河东为长春沐德乡，河西为抚安乡。至朱家城子镇，折东流）。北有中东铁路大桥（距右岸约二十里为窑门车站。俗呼张家湾）。折西北流（径太平庄镇东），会伊通河。计行六百里矣。

伊通河（《金史》曰益褪额图珲，《明一统志》曰一秃河），源出磐石县境石板屯，西北流入伊通县境，合小伊通河（源出磐石县境石碑岭。北流，右岸界奉天辉南厅）。北流径县城东（有木桥）北（有木桥），再北，径金家哨，左纳伊巴丹河（源出鸡冠峰。一曰吉林峰，即县南之黑顶山上。于五泉分道，西北流合，径伊巴丹站街）。又北，径勒克山，右受二小水。出伊通门旁栅，入长春县南境（河东为抚安乡，河西为恒裕乡）。左纳新立城河。东北流，径县城东（木桥三座，极长大。今吉长铁路尽修铁桥约五百余尺），再北，为中东铁路河桥（右岸二道沟车站为中东铁路线之终点），北过库金堆镇，抵赵家店北。西来之驿马河（源出蒙古郭尔罗斯公前旗地之六家子。南流入长岭县，折东流约百余里），挟新开河（源出伊通州西北境。北流出边栅，径白龙驹镇。左岸为长春县恒裕乡界，右岸为奉省怀德县界）来会。东北流径两仪门（河南属长春，河北属农安），过农安县城东（距城四百有渡口），直东流数十里，合于伊勒们河。计行五百余里。两河既合，折东北，流径靠山屯南，再东北，至红石礦，注于松花江（右岸为江南镇，属农安县。江北为扶余县属）。

松花江既受伊勒们河，西北流径青山口摆渡，距南岸十余里，有鸭子儿汀屯，既古鸭子泺地。辽时猎于此，因呼松花江为鸭子河耳。两岸平旷，洲渚星罗。径莲花泡直西，流径鹰山南，复西北，流过扶余县（即旧伯都讷副都统城。距省陆路五百八十里，水路八十里）。西南分沱为锡兰河、二道河，过伯都讷站（南距扶余二十五里，北距渡口四十五里），折东北流，由西北来之嫩江（蒙古语曰诺尼河，亦曰难水。出内兴安镇之伊勒呼里山麓。东南流，合支源之伊什肯河、讷沕尔河，直东流）汇黑龙江省（会垣，旧名齐齐哈尔，俗呼卜魁。今改设龙江县）腹地之水（受黑龙江城之额尔赫肯河，折南流，受哈罗尔河、中科河、折西南又折东南流,右受多布库尔河,左受谟鲁尔河。复折西南流,抵墨尔根城北,今嫩江县治,受穆纳和罗尔河。再西南流径布特哈境,受甘河、诺敏河、纳穆尔河、阿伦河,径江省西稍南流,有中东铁路大江桥,汽车所经也。再曲折东南流,右纳雅尔河、绰尔河,入内蒙(古)境。江左为杜尔伊特旗,有瑚裕尔河,右为扎赉特旗),挟洮尔河(即陶涞河。《金史》曰挞鲁古水,源出漠南索岳尔济山,东流径内蒙古科尔沁部右翼前后二旗境。奉天省洮南县属所治也。东南流纳归喇里河,出科尔沁右翼中旗界,折东北流,南岸为郭尔罗斯前旗界,属吉林省。北岸为扎赉时旗界,属黑龙江省。今设大赉县,治嫩江右岸)来会。

……

官渡至扶余县,水程百里,陆程七十里。常时水面阔二百丈,深二十五六尺。自此以下始名曰混同江(《会典图说》取发源高远之义,则自长白山以下宜定名曰松花江。论其受曰三江之大,则自嫩江以下始宜称曰混同江)。

徐鼐霖:《永吉县志》,李澍田主编:《长白丛书》,长春:吉林文史出版社,1988年,第902—906页。

《辉南风土调查录》

河流

辉发江发源于柳河、三统河,至海兴社高家船口汇流,始名为江。东流经海振社,绕辉发城北,复东折,受黄泥河、蛤蚂河、蛟河诸水,经海保社之托佛别南折五里,复东流受吉林荡石河、细磷河诸水,经黑石镇,过桦甸县入松花江流域,计占县境四十余里,沿江村落甚少,树木无多,一望平坡,故一至夏秋之交,雨水暴发,江流横溢,附近居民每受其害。

蛟河源出于老岗之四方顶子山北麓四岔,西北流受海保社石头河子水,经大北岔西北折,经大场园二十里至腰岭子,经青顶子北麓,曲折西北流二十五里,经中央堡,复西北流三十里,至托佛别北境,入辉发江。

蛤蚂河源出海绥社榆树岔之马尾山,受暖水河水,下通流水沟子,会南孤顶子、北孤顶子、上鞍子河、下鞍子河、海甲社大阳南流诸水,经凤鸣顶子山东,循龙首山,北流周红石砬子,直至下口子入辉发江,长一百三十余里。

黄泥河子东西二川,东川源出海甲社东大阳北麓松树沟与石棚沟,西北流,折而东北复转西北,经海兴社入辉发江,西川源出西大阳北麓,会海甲社榾棒岭诸沟之水，经海聚社大崴子再北流，入三统河。

王瑞之：《辉南风土调查录》，《中国地方志集成·吉林府县志辑4》，南京：凤凰出版社，2006年，第13—14页。

《东丰县志》

伊通河，在县城北百里十区那丹伯境，发源于寒葱顶子山北麓，西北流三十里经那丹伯镇东，河东为吉林伊通之营城镇，与那丹伯隔河相对，又北流十余里，经那丹伯台出境，入伊通县界。

王瀛杰、李耦：《东丰县志》，《中国地方志集成·吉林府县志辑10》，南京：凤凰出版社，2006年，第17页。

《怀德县志》

河流

怀境乃一分水岭也，水从边里入境之大者，西则辽河，东则新开河，然新开河流注不远，即入长春境，且水势大小悬殊，长春之水东北流注松花江。

李宴春：《怀德县志》，《中国地方志集成·吉林府县志辑8》，南京：凤凰出版社，2006年，第402页。

《德惠县乡土志》

县境东北南面为松花江，系我国最著名之巨流，境内所有之伊通、乌海、饮马、木石各河均不甚者，试考伊通、饮马二河均发源于磐石之分水岭，一经伊通、长春北流，转东过县境而入江为一通河，一经永吉、九台北折，过县境向北流而入江名为饮马河，长均不过二三百里。其木石河由九台北流经县境而入江，流量次于伊通、饮马二河，其乌海河长度流量更较次焉。

全境山脉均属长白支脉而无崇山峻岭，无可记述也。

石绍廉：《德惠县乡土志》，《中国地方志集成·吉林府县志辑1》，南京：凤凰出版社，2006年，第441页。

《磐石县乡土志》

辉发河流域

辉发河发源于奉天柳河县境龙岗山脉北麓，经海龙、辉南入盘石四区境，

东北"旧志"中松花江流域自然与风俗史料汇编

复向东流,经桦甸县境东北流而入松花江,长约七百余里,所纳入之河流约有下列诸水:

亮子河 发源于五区小背山,向东南流经一区,入四区境,注入辉发河,长约六十五里。

当石河 发源于城北老爷岭,向南流绕盘石城西,复南流汇入辉发河,长约七十五里。

细林河 发源于烟筒砬子,南流经四区,汇入辉发河,长凡三十里。

石头河子 发源于烟筒砬子东坡,南向注入辉发河,长约四十里。

富太河 发源于老爷岭南麓,经过三区、四区而注入辉发河,长约九十里。

呼兰河 发源于呼兰岭南麓,向南流经三区、四区而注入辉发河,长约八十五里。

柳树河子 发源于官材砬子,南流注入辉发河,长约八十里,为盘、桦两县分界水。

驿马河流域

驿马河发源于县境三区界内呼兰岭之北麓,向西北流经过驿马治子古家子,折而北流牛心顶子墙缝沟、烟筒山顶之东而向西流,复折而北经臭水崴子出境,入永吉县界,过双阳经长春之东而向西北流过德惠县之西,绕张家湾之东而向西北流入榆树县之西,与伊通河相会,注入松花江。自发源至出县境止,长凡一百三十里,全长为三百七十里,所纳之河流约有下列诸水:

蛍河 发源于伊通县营城子西南泉眼中,东流经盘石六区,入境经二区烟筒泡,南流注入驿马河,长约一百二十里,以流经各地均系黄土,故水色□,入秋,水色澄清,故有黄河之称。

玻璃河 发源于六区西南猪腰岭东麓,迂回东北流经玻璃河套入二区境,注入黄河,长约五十五里。

取柴河 发源于三区太平岭之西北麓,向西北流经荞麦甸子入二区境,至桦皮河子北出境,入永吉县界,下流注入驿马河,全长五十余里。

综上各水势率皆浅缓徐行,并无急流激湍之处,诸水虽乏舟楫之便而实饶灌溉之利。

姚祖训、毛祝民:《磐石县乡土志》,《中国地方志集成·吉林府县志辑3》,

036

南京：凤凰出版社，2006年，第17—19页。

《长春县志》

伊通河　一名益褪水（《金史》），又名一秃河（《全辽志》），皆伊通之音转。源出伊通县磨盘山屯、板石屯之山腰水泡。由伊通边门流入县境，经乡一区新立城西北，纳新立城、五里桥子、小河沿子诸水。至县城南岭东北流，环东郭过铁岭屯，穿吉长路大桥，纳头道沟水，背郭北去。经小城子、烧锅岭、万宝山镇、西甸子北流，至赵家店汇新开河水，迤逦至农安界折而东北流，至三道桥子入德惠县界，纵贯县境，蜿蜒二百余里，实长邑第一大水也。平时水浅至三尺，阔仅数丈，不利舟楫。每值春融桃汛或霪雨连绵，则泛滥一二里许，沿河田庐时被漂没，兼因河流甚低，不宜稻田。两岸土松动易坍陷，大好良田胥变沙砾，病民伤农，为害甚烈。殆由年久淤塞，不加浚治，坐视横流而莫为之所，可慨也夫。

……

驿马河　原名伊尔们河，又名一迷河（《全辽志》），今称驿马河或称饮马河，皆一音之转。源出磐石县库勒岭，一称呼仑岭。经双阳县，由县乡一区三合屯入县境，沿吉、长两县间北流，至吉长路饮马河车站入德惠县界。流贯县境约四十里，产鱼甚富，濒河尤多细柳，水势深阔，类伊通河，不能通行舟楫。

……

洼中高泡　在乡四区北境，位于长春、农安、长岭三县交界，东西宽四十五里，南北长七十里，属于县境者南宽约二十里，北宽约三十里，东西长四十五里，全泡面积壮阔，东至巴吉垒，西至山头，南至陶家甸，北至波罗泡，属于县境者东至玉龙盛，西至山头，南至陶家甸，北至薛家马架刘大房子姜家炉，西北两面邱陵环峙，西南面老山头岩崖相错，最称险峻，有九条玉带、十二山头尤著名，北面如龙头山，东南峰峦屏障，中间水道蜿蜒，潴成数十池沼，致四周均成畸形泡水深至一二丈，浅至四五尺，常年不涸，产鱼甚富，并产蒲、靰鞡草、碱、硝甚夥。水禽有雁、鸭，恣人猎狩。沿岸最宜稻田，东岸已垦者二百余顷，韩侨竞租之。又生杂草，可供斥卖，居民视为利薮，划区培养，盖不遗余力也。

谨案:"泡"之本字应作"泺"或作"泊"。今作"泡"者,因音近而误者也。《辽史·圣宗纪》:"太平二年春二月辛丑朔,驻跸鱼儿泺。"又,"五年如鱼儿泺"。又《营卫志》:"鸭子河泺,东西二十里,南北三十里,在长春州东北三十五里。"①《兴宗、道宗纪》亦屡言如"鱼儿泺",而史文皆与如混同江、长春州等比月相连,则辽之鱼儿泺必去长春州甚近。鸭子河即今松花江,则鸭子河泺亦必在松花江之侧。可知辽之长春州应在今农安县之西北,去扶余县治甚近,而在松花江之西岸。近人多以伯都讷对岸之运粮泡(俗称月牙泡②)当鸭子河泺,理或然也。若今长春境内之洼中高泡,农安境内之波罗泡,纵横皆数十里,其大与运粮泡埒,且其地常发现古物,必为辽金时之胜地。疑鱼儿泺之名二泡或居其一,特以无征,不敢妄断耳。

金毓黻:《长春县志》,《中国地方志集成·吉林府县志辑1》,南京:凤凰出版社,2006年,第76—82页。

(二) 山脉走势

《全辽志》

开原

黄山(城东北十五里)。塔儿山(城东二十里)。松山(城东六十五里)。兔儿山(城西南一百五十里,在辽河西岸)。刀山(城西南一百五十里,在辽河西岸)。跸山(城西南一百五十里,在辽河西岸)。熊山(城西北一百九十里,在辽河西岸)。曲吕金山(城西北三百五十里,近辽河北岸,东金山南)。东金山(城西北三百八十里,辽河北岸,西金山东)。团山(城东南三十里)。梁山(城东南三十里,以上俱境内)。马鞍山(城东北四百里,在建州东)。西金山(城西北四百里,辽河北岸)。牛心山(城东北三百五十里,在艾河北,土河东)。阿儿千山(城东北三百五十里,在信州东南)。蒙溪山(城东七百四十里,在松花江东岸)。长白山(在城东北千余里,横亘千里,其巅有潭,周

---

① 此句应为"在长春州东北三十五里",引自脱脱:《辽史》卷三十二《营卫志中》,北京:中华书局,2016年,第424页。此处引文错误。

② 月牙泡:并非今内蒙古呼伦贝尔的月牙泡。

八十里，南流为鸭绿江，北流为混同江。按，《方舆胜览》：黑水发源于此。旧名粟末河）。分水岭（东岭，城东二百五十里，在蜜河西岸；北岭，城北二百里，在艾河南岸）。

小清河（城东门外，源出分水岭西，南流至城南，与大清河合）。扣清河（城东南四十里，详见大清河下）。枸子河（城东南十五里，源出磻岭，西北入大清河）。大沙河（城东三十里，源出哈城河西山，南流入辽河）。小沙河（城西四十里，源出哈城河西山，流入西沙河）。马鬃河（城西二十里，源出黑嘴山，绕黄山后，西南流入大清河）。亮子河（城西五十里，源出城东北枪杆岭，西流入辽河）。细河（城北八十里，源出那木川西石岭山，西流，循归仁县北，入小创忽儿河）。小创忽儿河（城西北九十里，源出分水岭，西流入大创忽儿河）。大创忽儿河（城西北一百里，源出分水岭，西流入辽海）。艾河（城东北二百五十里，源出那丹府，西流至黑嘴，与土河会，别名辽海）。涂河（城西二百五十里，源出昌王营东北响山，东流至金山黑林嘴，南流入辽海）。土河（城北二百五十里，源出那丹府西山，流至黑嘴，与艾河合）。蜜河（西分水岭界去城东二百五十里，源出哈城河西山，东流入灰扒江）。哈剌河（城东四百里，源出长白山北松山，东流入灰扒江）。三土河（城东四百五十里，源出长白山外东山，流入松花江）。土门河（城东北五百里，源出长白山北松山，东流入松花江）。稳秃河（城东北五百里，源出房州北山，北流入松花江）。案察河（城东北五百五十里，源出艾河，北流入松花江）。扫兀河（城东北五百七十里，源出建州东南山，东北流入秃鲁麻河）。秃鲁麻河（城东北六百里，源出建州东山，北流入松花江）。一迷河（城东四百里，源出艾河北山，北流入一秃河）。一秃河（城北四百里，源出艾河北山，北流入松花江）。洮儿河（城西九百里，在肇州西，源出全宁北山，东北流入松花江）。兀良河（城北三千三百余里，源出沙漠，南流河州，与洮儿河、脑温河合流，入混同江）。脑温河（城北八百里源，接兀良河，南流入松花江）。斡莫河（城东北九百余里，源出黄龙府北山，北流入松花江）。金水河（城东北一千余里，源出黄龙府东山，北流入松花江，即金人按出虎水）。理河（城东北一千一百里，源出斡朵城南诸山，北流入松花江）。忽儿海河（城东北一千里，源出潭州城东诸山，北流谷州城东，经斡朵里城北入松花江），艾葱河（城东北六千余里，源出潭州东山，流入于海）。莽哥河（城东六千余里，源出潭州东山，东流入于海)。大清河(城东南十五里,源出分水岭者,名扣河,西流一百八十九里,至石嘴,别名大清河)。金线河(在真武庙前,源出东北隅泉穴,西流出水关而南入清河)。那木川(城东一百里,源出分水岭西南,流入小沙河)。辽海(城西二百五十里,源接艾河,西流入梁房海口)。灰扒江(城东三百五十里,源出归德南东北山,东流入松花江)。忽剌温江(城北九百里,源出北山,南流入松花江)。托温江(城北一千里,源出长白山,南流入松花江)。混同江(城北一千五百里,源出北山,南流合松花江,入于海)。黑龙江(城北二千五百里,源出北山,南流入于松花江)。阿速江(城东北二千六百里,源出古州百山,北流入松花江)。土木江(城东北六千余里,源出长白山,至北山,东流入于海)。松花江(城东南一千里,源出长白山湖中,北流,经南京城与灰扒江合,至海西,与混同江合,东流入于海)。

李辅纂修:《全辽志》,刘立强、韩钢、刘海洋主编,韩钢点校:《中国东北边疆历史文献丛书》,北京:科学出版社,2016年,第59—61页。

《柳边纪略》

长白山(土名歌尔民商坚阿邻,《山海经》作不咸山。《魏书》及《北史》皆曰徒太山,《唐书》作太白山,或又作白山)在乌喇南千三百余里,高二百里,横亘五之,无树木,惟生丛草,草多白花,山半有石台,可四望。山颠[①]积雪皑皑。五峰环峙,南一峰稍下如门。中有潭,周二十五里(《大明一统志》云:周八十里。《盛京志》云:四十里。《吴汉槎长白山赋》自注云:形如豕肾,纵余五里,横八里)。峰顶至潭二百五十丈(康熙十六年丁巳,宁古塔副都统萨不苏奉旨丈量得此数)。潭水南流入海者三,曰土门江,曰鸭绿江,曰佟家江。北流者五,曰赛因讷因河,曰额黑讷因河,曰昂邦土拉库河,曰娘木娘库河,曰阿脊革土拉库河,而总汇于混同江。

杨宾:《柳边纪略》,姜维公、刘立强:《中国边疆研究文库·初编·东北边疆》第八卷,哈尔滨:黑龙江教育出版社,2014年,第21页。

《吉林分巡道造送会典馆清册》

一拉木山　城东南七里余,在松花江东,又名东团山,与西团山两峰遥

---

① 颠:应为"巅"。

第一章 自然地理与形胜建置

对，左右拱峙。

那尔哞山　城南松花江以西三百里，迤南接长白山，连赵大吉山一百五十里，西北接伊通州磨盘山四十五里，绵连于府之北山，环绕于东北而入伯都讷界，江东北干山，其脉亦自长白山而来，北连嵩岭①而入五常厅界。

长白山　城东南横亘千余里，东自宁古塔，西至奉天诸山，水皆发源于此。

……

马鞍山　城东南十八里，窝坑河由东南来，经山西北流入松花江。红石砬子　城北三十里。烟筒山　城北五十里。查胡兰山　城北七十里（以上三山松花江北岸）。四个顶子山　城东南六十里。长岭子　城东南七十五里。庙尔岭　城南一百六里，牡丹江之东。老鹳窝山　城东南一百十四里，苏木河由此流入窝坑河。土龙山　城东南一百二十里，迤南二十里横头山，窝坑河东南来，经山西北流入松花江。广丰山　城东南一百四十里。尔吉利山　城西一百六十三里。丹阳山　城西二百三十里，蚂蜒河自西南绕山，北流入松花江。锅葵山　城南三百里，牡丹江由南顺流，经山西北入松花江。

富克锦

乌尔古力山　城东三十里。毕兰印山　城西六十里，北枕松花江。

……

乌拉

锦州哈达山　城北二十五里，南带松花江，北连尖山，上遗古城址，一石肖人形。

……

松花江以西诸山，其脉由此而起。

《吉林分巡道造送会典馆清册》，李澍田主编，李澍田、宋抵点校：《长白丛书》，长春：吉林文史出版社，1988年，第202、206、207页。

《吉林外记》

远迎长白，近绕松花，扼三省之要冲，为两京之屏障，是吉林乌拉之形胜

---

① 嵩岭：即张广才岭。

041

也……峰呈东岭，屏列一方，水漾松花，带环三面，是布特哈乌拉之形胜也。

长白山

录方渭仁《长白山记》

十六日黎明，闻鹤鸣六七声，云雾迷漫，不复见山。乃从鹤鸣处觅径得鹿蹊，循之以进，则山麓矣。始至一处，树木环密，中颇坦而圆，有草无木，前临水，林尽处有白桦木，宛如栽植。香木丛生，黄花烂漫，随移驻林中，然云雾漫漫，无所见也。众惶惑虔诵纶音，礼甫毕，云披雾卷，历历可睹，莫不欢呼称异。遂攀跻而上，有胜地平敞如台，遥望山形长阔，近视颇圆，所见白光皆冰雪也。山高约百里，五峰环绕，凭水而立，顶有池三四十里，无草木，碧水澄清，波纹荡漾。绕池诸峰，望之摇摇若坠，观者骇焉。南一峰稍低，宛然如门，池水不流。山间则处处有水，左流为松阿里乌喇河①，右流为大小讷阴河。瞻眺之顷，峰头游鹿群皆骇逸，惟七鹿忽坠落。

……

一拉木山，即东团山，在松花江之东，距城八里。国语依兰，数之三也。依与一、兰与拉音同，一拉木者，转音之讹也。曰东团山者，所以别于西也。西团山亦距城八里，两峰相对，有左右拱峙之势焉。

萨英额：《吉林外记》，姜维公，刘立强：《中国边疆研究文库·初编·东北边疆》第十卷，哈尔滨：黑龙江教育出版社，2014年，第31—32、36—37页。

《长白汇征录》

山川之为义大矣哉。东三省自兴安岭定约以后，兴京锁钥，辽沈屏藩，惟长白山与鸭绿、图们、松花三江是赖。就三江而论，松花为我朝完全无缺之江，鸭绿、图们则与敌人共之矣。

……

谕旨

……

朕前特差能算善画之人，将东北一带山川地理，俱照天上度数推算，详加

---

① 松阿里乌喇河：即松花江。

绘图，视之混同江自长白山后流出，由船厂打牲乌拉向东北流，会于黑龙江入海，此皆系中国地方。

长白山

主干：山上经年积雪，草木不生，望之皆白，故名长白山。为奉天东部、吉林南部第一祖峰。其东南麓有峦头突起，韩人又名小白山。实则相连，并非另有一干。

地位：山在北纬四十二度，东经一百二十七度。

里数：《八旗通志》：长白山高二百余里，《朝鲜图志》：山高一百二十里。《白山黑水录》：长白山三峰耸立，自一万尺至一万一千尺。论说不一。大约就海面而论，拔地总在二百里上下。若由麓至颠高不过三十六七里。面积约三千六百余方里。

天池

山上有潭，曰闼门，时常云雾溟蒙，水鸣如鼓，故名龙潭，一曰天池。天池，其通称也。势扼东北西南，系椭圆形，斜长二十九里，分三段计宽，北段宽二十里，中段宽十里，南段宽十二里，周围七十余里。冬不冰，夏无萍。水面有浮石，形如肺，名海浮石。土人谓池与海通，七日一潮，因又名海眼，深不可测。

大峰六：白云峰、冠冕峰、三奇峰、白头峰、天豁峰、芝盘峰。

小峰十：玉柱峰、梯云峰、卧虎峰、孤隼峰、紫霞峰、华盖峰、铁壁峰、龙门峰、观日峰、锦屏峰。

十四景：伏龙冈、鸡冠岩、滚石坡、悬雪崖、金线泉、玉浆泉、钓鳌台、放鹤台、花甸、松甸、麟峦、凤峦、碧螺山、仙人岛。

木朗峰：在长白山南三十余里，树木最多，大雕辄巢其上，一名雕窝山。

涂山：山在木朗峰东南五里许。

龟山：山在长白山南二十余里。

胭脂山：山距长白山三十余里，秀丽异常，土人称为胭脂山。

张凤台：《长白汇征录》，李澍田主编，李澍田、宋抵点校：《长白丛书》，长春：吉林文史出版社，1987年，第45—54页。

《安图县志》

山川志

安图虽僻处边徼，山川壮丽冠诸东省。以言夫山，则有长白老岭之奇观。山势嵯峨,直插霄汉,群峰环峙,若屏若藩,登高凭眺,则巍巍磅礴之气,真辽东半岛第一胜境也。以言夫水,东有图们,西有漫江、松花江源,宛若长虹。

……

山脉

长白山　在县西南三百二十里,即古之不咸山也。帝舜时为息慎氏所居。唐人名为徒太山,五代时名太白山,土人名老白山,辽志及全[①]史名为长白山,因辽设长白部于山之阳故也。山上土少沙多,树木不生,自麓至巅三十六里,周围二百四十里,矿产丰富,森林丛密,动植诸物充牣其中,崇山峻岭蜿蜒于亚细亚东北海隅,为辽东群山之祖。山之巅则有天池,水势平静,深不可测,为图们、鸭绿、松花三江之源,其山之大,实为辽东半岛第一名山。

……

花砬子　城东南七十里松花江之东岸,山之巅有大石五枚堆垒其上,遥望之宛如花朵,故名。

孔广泉:《安图县志》,《中国地方志集成·吉林府县志辑4》,南京:凤凰出版社,2006年,第121—124页。

《永吉县志》

烟筒砬子山　距城约二百里。东南六七里有一冈,曰庙岭,以庙命名。西北十余里有偏岭,北行约二十里为影壁山。

按:此山脉分二支,东由桦甸县界东行十余里,至牤牛沟,达于松花江,折向北行四十余里,至石头河入江口。复沿河折向西南,曲行五十余里至烟房沟,与西支接。西支循桦甸县界西北行,经偏岭过烟房沟,至错草沟散为丛山。

城墙砬子　削壁陡立,直对偏岭,在其南约二十里,脉沿大石头河东北行二十余里,而滨于松花江岸。

……

青背　有大青背、小青背,皆为小花砬子北行之脉突起而为高峰者。南距小花砬子二十余里,北又十七八里,断于松花江。

---

① 全:疑为"金"字。

第一章　自然地理与形胜建置

　　黄瓜顶子　出于小花砬子，北行二十余里，起伏不断，止于松花江南岸之三道涌。

　　……

　　张家湾山　在帽砬子东北十余里，伸于江涌，松花江亦由此西折。其脉与青背横亘者相连。

　　摩天岭　永、桦两县之界，并列于蚂蚁岭之西。分三支：东北支过蛤蟆塘，经四间房、冯屯、将军沟，重山叠岭，起伏蜿蜒约六十余里至松花江。又由蛤蟆塘北过梨树沟，接于五道顶子，西南经葫芦沟，顺大风门流域之左山，以至于江滨……九区之山，亦出于长白山。延及境内，巍然特立者为康大蜡山。其主脉北行之，东支又为康大蜡山之主脉。但按诸水系，又可分为三部，富太河流域以南为一部，二道河子流域以南为一部，新开河流域以南为一部。富太河流域为额河砬子，在白石砬子之北二十里，西滨松花江，东北经哈吗石，东南聚为蕨菜泡子。复东北行，与杉松岭一支会于大岔北岭。由大岔岭以东，则属于额穆界。二道河子一部为天清宫山，以庙名。北及东均界额穆县。南由石湖岭而接于大岔北岭。西南由庙岭西至花砬子，由杨木口子达于松花江东沿，复折向东北，沿二道河子南经三、四道沟，聚于王八砬子。经大顶子延至柳罐斗山，则傍天青宫山以达于海青岭。新开河一部由海青岭西北，经大小生菜顶子西南，绕至庆岭，复折至北岭，西北约十余里而达于二截楼山。沿新开河源西行，至哑叭岭转南，过大秧山，复南延二十余里，则聚至杨木大顶子。顺杉松背，沿松花江而北，经依兰、嘎哈、乱插石、羊砬石，复顺新开河沿南绕至西大岳山，而结于东西砬子，成为丛山。

　　唐大蜡山　为九区大山，距城约百六十里。东及南属于额穆县①界，西南逾歪脖哨达于松花江滨。北岗突起，为影壁砬子山。其东麓亦在额穆界，为康大蜡山一高峰。

　　四方砬子山　亦康大蜡山北行之一峰，在影壁砬子西，西距松花江约二十里。

　　……

　　阿什哈达山　阿什哈达为满语，石山忽分为二之意。山距城二十五里，在

---

①　额穆县：位于今吉林省延边朝鲜族自治州敦化市额穆镇。

松花江南岸。山脉由西东向，高六丈许，峰峦湾曲。唯麓有七里甚平坦，在此七里之中间，忽然中断有如门户，口宽约四十余丈。两旁之山，石壁峭立，口南不过百步，有大山矗然耸立，势若照壁。

十区山为长白山脉之北支。在九、十区界为海青岭，散布全区。东北行者，循韩大坡、老爷岭折而西行，经一区南界秃老婆顶子、三个顶子、九顶子、歪脖岭、黄台岭，复西南环至西大顶子、猴石而至于松花江滨。西北行者，则循九区界大小生菜顶子、大小碾盘山、大小盘岭，延至龙潭山，以结于松花江之东岸。

……

西大顶子山　在一区界内，周约二十余里，高二百丈。脉山小长岭与老爷岭来，曲折蜿蜒。西经金家屯、李家屯、六间房、大屯、靠山屯、夏大汗子沟而至猴石，盘结于松花江东岸。

徐鼐霖：《永吉县志》，李澍田主编：《长白丛书》，长春：吉林文史出版社，1988 年，第 178—183 页。

《东丰县志》

东行簇为高峰，曰大寒葱顶子山，此乃分水岭之正脉也。由大寒葱顶子山北行入吉林省界，绵延断续，直落脉于松花江岸，其支脉由大寒葱顶西行入十区那丹伯境。复向西北行四十余里，曰南太平岭，分支北行入十区苇子沟境，向西北盘旋二十许里，曰孤山，为县境与吉林省之伊通县分界处。

王瀛杰、李耦：《东丰县志》，《中国地方志集成·吉林府县志辑 10》，南京：凤凰出版社，2006 年，第 15 页。

（三）自然气候

《全辽志》

台史氏曰：夫辽，左控朝鲜而右引燕蓟，前襟溟渤而后负沙漠，盖东北一都会也。而辽阳、广宁、开原三大镇，雄据鼎峙，称为形胜之区。故宋、元以往，强藩黠虏，更递窃据者不一，而咸能再世不失，岂非以地利之足藉与？乃按往牒，作为图考，俾览者不下几席，而广轮厄塞洞然于目前矣。图首全镇，次列卫，各系之以说者，以竟图之所未备也。星土分野，虽若恍忽，然《周礼》所载，宜非强合，故亦备著焉。

论曰：余按辽辙还，方垂睹览形势。若延袤数百里，冈阜、原衍相属者，惟辽阳以南数卫则然耳。其余衡约无过百里，纵三四倍之，塞垣踔远，道里纡回，故守则力寡而备多，战则独支而应缓。疆场之事，难矣，难矣！闻之耆老云，开原抵广宁财三百里，国初时故道隐然可指。若徙筑亭障于此，而以辽、沈、海州等处三四将领、五七备御，星置棋布，则一舍之内，旌旗相望，卒然告急，呼吸相应。较之今日之事，劳逸、众寡不相什百也耶？况囊括膏腴，可省转输之十二。而三岔河水草肥美，甲于全镇，苟择其便利，创置监苑，则云、锦之登，宜无訾焉。虽然，此非可以俄顷为也。闻之钧州马公有志于此，随以迁去乃已。若朝廷择人久任，责效于数年之后，而无令牵制于一切之法，则辟国百里，安知今无其人耶？

李辅纂修：《全辽志》，刘立强、韩钢、刘海洋主编，韩钢点校：《中国东北边疆历史文献丛书》，北京：科学出版社，2016年，第3页。

《开原县志》

气候

东省之气候与关内既差，开原之气候与省城亦差。本邑冬日最低温度至摄氏寒暑表零下十度，夏日最高温度至摄氏寒暑表四十三度，春秋平均在摄氏寒暑表二十度上下。夏至以前昼最长夜最短，早四点二十分日出，晚七点四十分日入。及交立秋节，则昼夜稍近，平均早六点三分日出，晚六点五十二分日入。冬至以前昼最短夜最长，早七点四十分日出，晚四点二十分日入。及交立春节，则昼夜亦近，平均早六点五十二分日出，晚六点三分日入。每岁小雪后多西北风，天气渐寒，水始冰；至大雪则河冰坚结，天气严寒矣。清明前多南风，河冰皆泮，各村农人播种始期在春分前，由立夏至立秋中间三阅月全为耕耨，刈获始期以白露为最早，雨量则东南镇、东镇较多，盖以有森林之故。

《开原县志》，《中国地方志集成·辽宁府县志辑12》，南京：凤凰出版社，2006年，第93页。

《卜魁纪略》

卜魁城地近北极，几以北极为天顶，故黄、赤道皆似地平。日在黄道上，旋转与地平相近。是以夏至左右，日出早、入迟，较□京师昼长夜短。冬至左右，则昼尤短，夜尤长。由卜魁北八千余里，则直以北极为天顶，夏无夜，冬无昼矣。

地多风，屋宇藉草，压以大木，然往往尚为掀拔。

冬日，窗积霜雪，融则纸脱，故涂以油，取其耐久。

屋内，炕皆三面，或煨牛马粪，或烧草木枝叶御寒，外砌砖为筒，以出烟气，清语"呼兰"是也。

英和：《卜魁纪略》，姜维公、刘立强：《中国边疆研究文库·初编·东北边疆》第八卷，哈尔滨：黑龙江教育出版社，2014年，第225页。

《吉林外记》

时令

松花江，每岁十月，坚冰可行重车。然虽极寒，向阳处终有冰孔。立春后，冰孔乃全实，故刨参人[①]于正月内，方沿冰用扒犁送米入山。至清明节前后，冰泮，但二月清明，则冰解反在节前，三月清明，则冰解反在后。历验不爽，其理殊不可解。

萨英额：《吉林外记》，姜维公、刘立强：《中国边疆研究文库·初编·东北边疆》第十卷，哈尔滨：黑龙江教育出版社，2014年，第112—113页。

《黑龙江外记》卷一

黑龙江太阳出入时刻，大抵春分六日后，视京师、盛京、吉林出渐早而入渐迟，昼之所以渐长，夜之所以渐短也；秋分六日后，视京师、盛京、吉林出渐迟而入渐早，昼之所以渐短，夜之所以渐长也。至于一岁节气，视京师、盛京、吉林时刻皆迟。如嘉庆十五年庚午元日立春，京师酉初一刻十分，盛京酉初三刻九分，吉林酉正初刻七分，黑龙江则酉正初刻九分也。而伯都讷在黑龙江西南，酉初三刻十四分立春；雅克萨在黑龙江西北，酉初一刻九分立春，亦较黑龙江为早。所以然者，不敢臆说，就时宪所载，记其大略如此。

西清：《黑龙江外记》，姜维公、刘立强：《中国边疆研究文库·初编·东

---

① 刨参人：上山挖采人参的人。

北边疆》第十卷,哈尔滨:黑龙江教育出版社,2014年,第178页。

《黑龙江外记》卷五

  乾隆五十九年,齐齐哈尔大雨,嫩江暴涨入城,负郭数十里,非舟不行,田庐淹没无算。嘉庆十一年城中火,副都统宅及附近店肆被焚,而木城东南面亦为灰烬;十二年大旱,土人掘食草根,或以盐米一撮煮野菜为美食;十四年城西北雨雹,小如胡桃,大如茄,田苗尽死。大抵边隅灾不常见,惟霜早伤谷,则间岁辄然。

  西清:《黑龙江外记》,姜维公、刘立强:《中国边疆研究文库·初编·东北边疆》第十卷,哈尔滨:黑龙江教育出版社,2014年,第219页。

《鸡林旧闻录》

  混同江南汇乌苏里江,乃两岸皆入俄境,江流直向北趋,尚有二千零七十余华里,方入东海。而俄屯庙尔,实绾毂江海之口,盖凡外兴安以西、以南,长白山以东、以北诸水,俱总汇于此。形势独绝,有八岛错列江心,空气净洁时,用远镜由岛北窥,可见库页岛上之高岭。是地早寒,霜降后即冻沍,立夏始开。盛夏凿平地三尺即冰,早晚必披裘。夏至后半月,日入在亥初,亥正二刻室中始燃灯。遥望天北,但见白光如虹,作半规形,室外行人犹可辨面目,惟子正前后各一刻,半小时间稍暗。

  魏声和:《鸡林旧闻录》,李澍田主编,李澍田、宋抵点校:《长白丛书》,长春:吉林文史出版社,1986年,第47—48页。

《扶余县志》

  雨雪量 境内除松花江、拉林河外,仅有少许之河川。雨量多时,沿江河地,每有氾滥之虞,而平时则大致干燥。春日常一月无雨,夏则湿润,故农作物生长颇速。六七月间,为梅雨之期,常阴雨连绵,道路泥泞,据老农言,每月初二及十六两日,如晴则一月之内必多晴天,如阴则一月之内必多阴雨天,所闻如是。姑志之以征验否。夏季如连月不雨时,则各村相约作求雨之举,亦有验有不验,莫之敢定也。八月初旬常见霜,年景佳则霜雪迟,早则害稼。连阴之后,继以大雾,则大豆必减收三成,如青苗在地时,疾风雨雹,则损害收获必巨。

张其军：《扶余县志》，《中国地方志集成·吉林府县志辑 10》，南京：凤凰出版社，2006 年，第 446 页。

《辉南风土调查录》

辉南僻处边陲，气候最冷，每岁十一月至正月，华氏寒暑表恒在零度以下。降雪甚多，久而不融，辉发江冰厚至三四尺。二月、十月时，虽无大雪，然寒暑表尚在二十度以下。三月稍温升至三十度，寒冱渐解。四月则有四十五度，雨水见多。五、六两月由五十度至八十五度，此为辉境最热之时。七月华氏表降至六十五度，雨亦稍减。八月严霜日，降为五十度有奇，草木以渐黄落。九月只四十余度。十月上旬水即结冰矣。

王瑞之：《辉南风土调查录》，《中国地方志集成·吉林府县志辑 4》，南京：凤凰出版社，2006 年，第 8 页。

《怀德县志》卷一

本县气候，夏月极热之日，华氏表升至九十度，惟夜间甚凉，或降至六十度。冬月极冷之日，降至零度以下，或降至十四度。春秋约五十度上下，每岁霜降后，水始冰，清明前冻始解。

李宴春：《怀德县志》，《中国地方志集成·吉林府县志辑 8》，南京：凤凰出版社，2006 年，第 400 页。

《怀德县志》卷八

立春　清制，每岁立春前一日，由县具卤簿仪卫，遵《钦定协纪办方》内载历年芒神春牛色相依式为之，陈抚近门外知县以下皆诣东郊，行迎春古礼，各种游戏，如龙灯狮子秧歌具备，甚盛事也。民国成立，乃废。

雨水　农佣始勤，操作车粪粪田。

惊蛰　农民习惯赎典契地者，以是日为限。

春分　菜圃粪韭。

清明　栽蒜种麦，谚云："三月清明麦在后，二月清明麦在先。"农家遵之。

第一章　自然地理与形胜建置

谷雨　种元豆。清制，每岁是日，知县率属诣诚①外魁星楼前，为先农坛行古藉田礼，今亦废。

立夏　种禾麦及谷菜蔬。

小满　补种杂粮。

芒种　同上，初耘，谚云："过了芒种，不可强种。"过此时，只可种小豆、绿豆、荞麦等，尚可。如他高干之禾，必不能及成熟，盖以地势高寒，秋霜早至也。

夏至　次耘。

小暑　三耘。

大暑　刈大小麦，种萝葡、菘、荞麦，拔蒜。

立秋　刈靛沤麻。

处暑　同上，谚云："处暑不出头，割了喂老牛。"盖斯时苗若不秀，则无结实之望也。

白露　种葱，始刈禾稼。

秋分　百谷皆熟，谚云"秋分无生田"，又云"秋分割油梁"，皆老农经验之语也。

寒露　筑场圃，纳禾稼，掘马铃薯，拔菘及葱。

霜降　腌蔬渍菜。

立冬　掘窖藏菘，打场。

小雪　打场。

大雪　盖藏御冬。

冬至　盖藏御冬。

小寒　农佣工满缴纳租捐，清理账目。

大寒　决算一岁赢绌，预备来年用度。

李宴春：《怀德县志》，《中国地方志集成·吉林府县志辑8》，南京：凤凰出版社，2006年，第458页。

《珲春县志》

按：省志云，珲春独暖，地近海洋，日出早见，得阳气之先也。但亦不似

---

① 诚：应为"城"。

051

内地酷热，不过较他县稍暖而已。《舆地丛钞珲春琐记》①，亦同此一说，并谓其地少雷。据最近调查，每年夏历五月下旬渐次解冻，至谷雨时即完全化通。至开河、封河时期，亦如省会松花江相似。夏历二月清明，在清明前一、二日开江，三月清明，清明后开江。并有小雪封地，大雪封河之说。相传，珲春气候比二十年前温度增高已多，从前极寒时，行旅每有冻毙死者，今未有闻也。此因天时之变更，更亦人事之转易。现人烟繁盛，气候自渐形和暖，只以地近边陲，所谓摄氏、华氏表温度高下，边民向少精密记录，难得确切之证明焉。

安龙祯等整理：《珲春史志》，李澍田主编：《长白丛书（四集）》，长春：吉林文史出版社，1990年，第65—66页。

《德惠县乡土志》

查本县地势平坦，山谷皆无。居于"新京"之北，位于北纬四四分二三分，东经一二五度四三分，气候南满各地相差，冬冷夏热。

查本县土质，大部为黏性腐质植土，以故适于农耕，而其所含成分则为黏土、腐质土、砂土、合成土，色分黑黄，间有红色者。

石绍廉编：《德惠县乡土志》，《中国地方志集成·吉林府县志辑1》，南京：凤凰出版社，2006年，第441、458—459页。

《长春县志》

经纬度（南北纬度，东西经度）

纬度，北极出地四十三度四十八分，距北京纬度偏北三度五十三分；经度偏东八度五十七分，距省城纬度偏北五分，经度偏西一度四十九分。又为格林维基东经一百二十五度二十九分。

谨案：《吉林通志》谓长春距省城纬度偏南一分，兹证以胡林翼《中外一统舆图》及童世亨《民国新区域图》，长春应距省城纬度偏北五分，谨据以订正。盖以吾人经验所得，亦似省城在长春之东而稍偏南也。

金毓黻：《长春县志》，《中国地方志集成·吉林府县志辑1》，南京：凤凰出版社，2006年，第40—41页。

---

① 《舆地丛钞珲春琐记》：即清代王锡祺撰《小方壶斋舆地丛钞》所收录的《珲春琐记》。

第一章　自然地理与形胜建置

二、形胜建置

(一) 疆域

《辽东志》

疆域

东至鸭绿江五百三十里；西至山海关一千五十里，至北京一千七百里；南至旅顺海口七百三十里，渡海至南京三千四十里（水路约五百里，陆路二千五百四十里）；北至开原三百四（四：三）十里。

按辽东疆域，自秦汉以下，分为辽东、辽西，其上谷、渔阳、兴川以东，至辽河，皆辽西地。元置辽东等处行中书省，则大宁之境，皆其统属。今制以山海长城为界，而上谷、渔阳、平滦、榆关皆为内地，兴中、霍景、川惠、建利、高全等州，悉属大宁，古今界限远近不同如此。

任洛等纂修：《辽东志》，刘立强、刘海洋、韩刚主编：《中国东北边疆历史文献丛书》，北京：科学出版社，2016年，第7页。

《龙沙纪略》

按《舆表》：黑龙江将军境，东至海五千里，西至喀尔喀界一千八百里，南至松花江八百里，北至俄罗斯界三千里。据卜魁言也。其言松花江，指白都纳之左，与诺尼交会处。俄罗斯自西北衺延至正北，为地甚广。今界碑在西北昂班格里必齐河之东，而北有山为限。

考四境：元时尽隶版图，明代皆蒙古锡伯达呼哩红呼哩索伦散处。国朝之初，悉归附焉。后俄罗斯侵入境内，筑城曰雅克萨。又顺黑龙江而南，据呼麻拉[①]。康熙二十三年，上命宁古塔副都统萨布素率舟师，由松花江溯黑龙江上流伐之。彼自呼麻拉退保雅克萨城，大兵于艾浑立城与之相距。康熙二十八年，围雅克萨城攻之急，彼遣使间道诣阙，吁请命解围。听其去，而雅克萨城废，西距千余里，立界石，艾浑遂永为重镇。以萨布素为黑龙江将军，从征军

---

① 呼麻拉：亦作呼玛拉，即今黑龙江省呼玛县。

士自宁古塔迁妇子家焉。复于默尔根设参领，卜魁设副都统，分兵为协镇。康熙三十二年，萨帅以默尔根居两镇间，首尾易制，奏请移节，而艾浑①改驻副都统。康熙三十八年，复以默尔根地瘠，不可容众，奏移卜魁，而默尔根增置副都统。今将军仍称黑龙江者，沿艾浑立官之始也。

方式济：《龙沙纪略》，姜维公、刘立强：《中国边疆研究文库·初编·东北边疆》第八卷，哈尔滨：黑龙江教育出版社，2014年，第111—112页。

《伯都讷乡土志》

东至兰陵河西岸五百里许，东南五常堡界，西至松花江东岸二里许，岸西接壤郭尔罗斯查浑界。南近松花江北岸，岸南接壤郭尔罗斯查浑界。北至松花江南岸七十里，岸北接壤郭尔罗斯八图界。东南至巴彦鄂佛罗边门以及黑林子四百八十里许吉林界。西南近靠松花江北岸，西南岸外郭尔罗斯查浑界。东北至兰陵河②老河身坎一百五十里许，坎东拉林界，坎东北郭尔罗斯八图界。西北至松花江东南岸四十里，岸西北郭尔罗斯查浑界。

伯英：《伯都讷乡土志》，《中国地方志集成·吉林府县志辑10》，南京：凤凰出版社，2006年，第269—270页。

《吉林分巡道造送会典馆清册》

吉林省

西至京师二千三百里，东西距二千二百余里，南北距一千三百余里。东至宁古塔之乌札库边卡（喀字界牌）一千五百四十里中俄新界，西至伊通州之威远堡门五百六十里奉天开原县界，南至鸭绿江九百余里朝鲜界，北至双城厅之报马屯六百里江北黑龙江呼兰厅界，东南至珲春之长岭一千二百余里中俄新界，东北至富克锦之乌苏里卡伦（耶字界牌）二千五百里中俄新界，西南至额尔敏河五百余里奉天界，西北至伯都讷之伯德讷站六百四十余里江北黑龙江与蒙古廓尔罗斯界。

---

① 艾浑：即瑷珲。旧城在今黑龙江省黑河市东江东六十四屯界内。清康熙二十三年（1684）另筑新城，在今黑河市南爱辉镇。

② 兰陵河：即拉林河。

第一章 自然地理与形胜建置

吉林府

治省会，西至京师二千三百里，东西距四百九十里，南北距五百余里。东至张广才岭二百七十五里敦化县界，西至石头河子二百三十里伊通州界，南至围荒三百余里奉天界，北至法特哈边门一百八十里伯都讷厅界，东北至舒兰荒耘字四牌一百八十里五常厅界，西南至太阳川二百十里伊通州界，西北至小河台二百十五里长春府界。

伊通州

在府西，西至京师二千二十里，东至府二百八十里，东西距三百三十里，南北距一百三十里，东至石头河子五十里府界，西至威远堡门二百八十里奉天开原县界，南至新屯三十五里府界，北至伊通门九十五里长春府界，东南至三道沟五十余里府界，东北至小河台边濠一百三十里府界，西南至黑瞎子背岭三十八里奉天围场界，西北至二十家子边濠九十五里奉天怀德县界。

……

长春府

在省西北，西至京师二千一百八十里，至省二百四十里，东西距三百二十里，南北距一百七十五里。东至松花江二百六十五里江东岸伯都讷厅界，西至白龙驹五十里奉天昌图府界，南至伊通河五十五里伊通州界，北至两仪门一百二十里农安县界，东南至望波山二百八十里以东伯都讷厅界，东南吉林府界，东北至江沿红石碰三百里以东伯都讷厅界，以北农安县界，西南至伊通边门五十五里以南伊通州界，以西昌图府界，西北至双城堡一百十里以西昌图府界，以北农安县界。

农安县

在府北，西至京师二千三百里，至府一百四十里，东西距三百四十里，南北距九十二里。东至红石砑子一百三十里过江伯都讷厅界，西至糜子厂二百十里蒙古廓尔罗斯界，南至两仪门十二里府界，北至张家店八十里蒙古廓尔罗斯界，东南至常家店五十里府界，东北至八里营一百里江北伯都讷厅界，西南至八宝户一百八十里奉天怀德县界，西北至夏家窝堡一百十里蒙古廓尔罗斯界。

伯都讷厅

在省北，西至京师二千五百里，南至省二百七十里，东西距四百二十里，南北距一百七十里。东至兰棱河六十里五常厅界，西至三岔河三百六十里蒙古廓尔罗斯界，南至巴延鄂佛罗门一百八十里吉林府界，北至拉林河八十里双城厅界，东南至凉水泉一百里吉林府界，东北至拉林河一百里五常厅界，西南至松花江七十里农安县界，西北至伯德讷站松花江渡口四百余里黑龙江与蒙古廓尔罗斯界。

五常厅

在省北，西至京师二千二百六十里，至省三百六十里，东西距二百十二里，南北距二百三十五里。东至分水岭宁古塔界，西至拉林河十二里伯都讷厅界，南至张广才岭二百里吉林府界，东南至金马川一百二十里敦化县界，东北至帽儿山二百里宾州厅界，西南至长寿山一百里伯都讷厅界，西北至拉林河三十五里伯都讷厅界。

宾州厅

在省北，西至京师三千一百里，南至省六百三十里，东西距四百三十里，南北距二百六十里。东至玛𫘦河二百四十里三姓界，西至庙台子沟一百九十里双城厅界，南至帽儿山二百里五常厅界，北至松花江六十里黑龙江呼兰厅界，东南至东亮子河以南三百余里宁古塔界，东北至黄鱼圈一百七八十里江北三姓界，西南至古城店一百七十里双城厅界，西北至东马厂一百里黑龙江呼兰厅界。

……

三姓

在省东北，西至京师三千五百里，至省一千二百里，东西距四百三十里，南北距四百余里。东至音达木河佳木司二百十余里富克锦界，西至玛𫘦河䩺舣泡二百二十余里宾州厅界，南至三道河口二百八十余里宁古塔界，北至松花江北岸古穆讷城一百二十余里黑龙江界，东南至穆棱河蜂蜜山六百里，南与宁古塔东为中俄新界，东北至汤旺河一百三十里黑龙江界，西南至占哈达三百里宾州厅界，西北至松花江北岸卜雅密河三百里河西黑龙江界。

……

谨案《通志》，吉林旧界，东至海三千余里，东北至赫哲、费雅喀三千余里海界。宁古塔东至海三千余里，东北至赫哲、费雅喀三千余里海界。珲春旧界，东至海二百八十里，东南至海一百三十里。今自宁古塔东行至乌札库边卡七百余里，又东行至松阿察河白棱河三百里，又东至海滨千余里，此宁古塔东至海旧界，亦即吉林东至海三千余里旧界。又吉林东北自三姓至富克锦五百余里，又东北至乌苏里河口七百余里，又东北自伯利（俄名克博诺付克）顺混同江至庙尔（俄名聂格来斯克）二千余里，此吉林东北至赫哲、费雅喀旧界，亦即宁古塔东北至海旧界。又珲春东至海参崴（俄名那吉洼斯克）四百里，又东至西浪河三百余里，此珲春东至海滨旧界。以是计之，吉林宁古塔东北至海滨实四千余里，《通志》谓三千余里，约略言之耳。珲春东至海实七百余里，《通志》云一二百里，近而言之耳。盖自咸丰八年爱珲之约定，凡乌苏里河口顺混同江东北，至海滨二千余里旧界，属于俄，而以乌苏里河口为中俄新界矣。咸丰十一年北京之约定，凡乌苏里河口溯流至白棱河、松阿察河，逾兴凯湖而至瑚布图河口，顺珲春河至图们江口以东旧界，属于俄，而以乌札库边卡瑚布图河口为中俄新界矣。光绪十二年黑顶子界勘定，珲春之海口属于俄，而以图们江口内去海三十里土字界牌为中俄新界矣。海滨万里，部落犹昔，人民他属，志其旧疆，俾可按图而索焉。

《吉林分巡道造送会典馆清册》，李澍田主编，李澍田、宋抵点校：《长白丛书》，长春：吉林文史出版社，1988年，第147—152页。

《安图县志》

边界

本县界址由县城起，东至五道阳岔一百二十里，与吉林和龙县交界，西至露水河一百二十里，与抚松县交界，南至长白山一百九十里，与长白县交界，北至古洞河九十里，与吉林桦甸县交界，东南至图们江二百四十里，东北至卧鸡岭一百二十里，西北至汉窑沟一百二十里，西南至抚松县交界一百五十里。

孔广泉：《安图县志》，《中国地方志集成·吉林府县志辑4》，南京：凤凰出版社，2006年，第115页。

《双阳县乡土志》

位置

双阳县位于吉林省，西距省会二百里，西以柳条边墙为界，与郭尔罗斯公前旗接壤，南通磐石，北控长春，西连伊通，东接吉林，居吉长磐伊四县之中，故开辟最早。我县地位日见重要，将来发展殆不可量。

……

幅员

南北长约一百四十里，东西宽约九十四、五里，共面积一万三千一百七十余方里有奇。

……

境界

清宣统二年九月十一日，由吉林民政司邓饬委员毓将县界勘清立案，查本县交界多系天然，东与东南、东北均以饮马河流为界，北与西北、正西以柳边为界，西南以小黑顶子、三道沟诸山为界，南以肚带河南、王宝脖子岭南为界。

吉人：《双阳县乡土志》，《中国地方志集成·吉林府县志辑1》，南京：凤凰出版社，2006年，第513—514页。

《扶余县志》

本县地势，富于丘陵，高出海面计四百八十英尺，位在吉林省之西北端，成南北郭尔罗斯间之角形侵入高地。国人因其形之不规则，每称为不规则之尺，一端接拉林河口，一端挂驿马河口。正东邻榆树，以回塘沟为界。东北以拉林河下流接双城，正南、东南以松花江界农安、德惠，北以松花江界肇州（黑龙江省），西北界江省大赉，西南以松花江接郭尔罗斯前旗。

张其军：《扶余县志》，《中国地方志集成·吉林府县志辑10》，南京：凤凰出版社，2006年，第348—349页。

《农安县志》卷一

未分长岭县前之疆域

东至红石砬子松花江榆树县界（原作伯都讷，今改正）一百二十里，西至糜子厂蒙古郭尔罗斯公界二百一十里，南至两仪门长春府界十二里（原作四十里，今改正），北至张家店郭尔罗斯公界九十里，东南至常家店长春府界十五里，西南至八宝户屯西、奉天怀德县南长春府界一百八十里，东北至八里营子、松花江榆树界一百三十里，西北至夏家窝堡郭尔罗斯公界一百二十五里，东西广三百三十里，南北袤一百一十里。（《吉林通志》）

既分长岭县后之疆域

东滨伊通河，距城二里，东北滨松花江，距城百四十里、百三十里不等，北接郭尔罗斯公，距城九十里，西毗长岭县，距城百二十里，南抵长春县，距城或十五里五十里不等。（《地物调查表》）

郑世纯修，朱衣点纂：《农安县志》，《中国地方志集成·吉林府县志辑2》，南京：凤凰出版社，2006年，第33页。

《农安县志》卷三

镇居县城东北一百二十里，南距伊通河二里，北距松花江南岸三十五里，东临江三十里，西至财神庙二十里，南至拉拉屯、十里铺各十里，西北至八里营子江南岸三十五里，北、东两岸均界扶余县。

郑世纯修，朱衣点纂：《农安县志》，《中国地方志集成·吉林府县志辑2》，南京：凤凰出版社，2006年，第88页。

《辉南风土调查录》

辉南县境东以四方顶子山为界，与吉林蒙江县辖境那尔珲毗连，西以窝集河、一统河为界，与海龙县毗连，南以老龙岗为界，与吉林蒙江县毗连，北以辉发江、大亮子河为界，与吉林磐石县毗连，东北以托佛别为界，与磐石县毗连，西北以头道沟东横虎山为界，与海龙县毗连，东南以龙湾山脊为界，与蒙江县毗连，西南以三统河为界，与柳河县毗连。计东西一百五十里，南北一百二十里，面积共一万八千方里。

王瑞之：《辉南风土调查录》，《中国地方志集成·吉林府县志辑4》，南京：凤凰出版社，2006年，第9页。

《怀德县志》

柳条边

此边乃我国与蒙蕃之分界，西起北边外，东止松花江。初筑时，沿边插柳，故有柳条之称，康熙三年修筑，近则柳大数围，而柳条之名亦湮。怀德南境悉界此边，西起赫尔苏门，东止伊通河门，绵亘百余里，边南则吉林伊通州界矣。

小边

伊通河门外靠西有小边壕一道，由东南而西北，怀、长分界在此。人遂谓奉、吉两省之界壕，殊不知我国二十余行省，划疆分治，并无限以壕者，此盖达尔罕王旗与郭尔罗斯公旗之分界，我国安官设治，仍其界而界焉。试观一边之隔，两省之分域，相错三百里，其理自明。

古边

此边在四区戬子街，西南入境至五区大青山南，入长春界。斜互境内七十余里，凡境内诸屯以边、岗、小边名者，均以此细查。此边与柳条边相表里，起止亦相若，又无志乘可稽，莫能究其年代，惟据昌图府署内科神庙西壁嵌有赤石一片，镌有辽海卫三字，可见此卫尚在新边之北、此边之南，或者此边为明代与蒙古之分界欤？俟考。

李宴春：《怀德县志》，《中国地方志集成·吉林府县志辑8》，南京：凤凰出版社，2006年，第472—473页。

（二）形势

《辽东志》

形胜

负山阻河控制东土，秦筑障塞以限要荒，临间之西，海阳之北，地实要冲（以上俱元志）。东北一都会（《开原志》：南镇长白之山，北浸鲸州之海，三京故国五国旧城，亦东北一都会也）。南俯沧溟，北控朔漠（旧志）。

薛子曰：夫形胜虽天造地设，而成之者人。辽地阻山带河跨据之，雄甲于诸镇。至我朝经制，为详盖北邻朔漠，而辽海三万，铁岭、沈阳统于开原，以遏其锋，南枕沧溟，而金复海盖、旅顺诸军，联属海滨以严守，望东西倚鸭绿、长城为固，而广宁辽阳各屯重兵以镇。复以锦义宁远前屯六卫西翼，广宁增辽阳，东山诸堡以扼东建烽堠，星联首发尾应，使西北诸夷不敢纵牧。东方赟琛联络道涂民，得安稼穑饮食以乐生送死形胜之功巨矣，迩者禁防寝逾保障日坏传曰："国家之忧，不在远夷，而在萧墙之内也。"然则形胜可恃与曰："地利不如人和。"

任洛等纂修：《辽东志》，刘立强、刘海洋：《中国东北边疆历史文献丛书》，北京：科学出版社，2016年，第9—10页。

《全辽志·序》

辽北拒诸胡，南扼朝鲜，东控夫馀、真番之境，负山阻海，地险而要。中国得之则足以制胡，胡得之亦足以抗中国。故其离合，实关乎中国之盛衰焉。然自魏、晋以降，其与中国离者什六，合者什四。至于辽、金、元，而沦没于左衽、腥膻之俗者，几五百年。盖其得之既难，而守之尤难如此。余尝读三史地志，见其树规拓图，画畛区野，大州小邑，交铃互镶，与内地埒。维我国家混一函夏，奄有万方，穷陬遐壤，咸置长吏，星分棋列，遍于寰宇。乃辽独划去州邑，并建卫所而辖之都司，何哉？边鄙瓯脱之俗，华夷杂糅之民，迫近胡俗，易动难安，非可以内地之治治之也。我圣祖鉴古今之变，饬戎夏之防，因其利不易其俗，齐其政不易其宜，恢疏网以顺民心，奋武卫以摄虏气，故其民安焉。二百年来，辽左之兵，尝为诸镇雄，人皆习虏轻敌而莫肯退畏者，岂非以法令宽简，人得自便，而无拘挛顾忌之虑哉？余昔来此，观其地形，察其谣俗，乃知我祖宗计虑深远，圣神之见，可谓度越千古矣。顾余有所深忧者，国家之建都与前代异。往者汉唐之都，皆在关洛。辽在当时，直边郡耳。今国家建都燕蓟，与胡接壤，则辽为京师左臂，所系尤重。迨夫大宁失险，山海以东横入虏地。且数百里一线之途，声援易阻，此其地形之异势如此。又近年以来，习尚颇移，法令渐密，建设日广，调发愈频。夫法令密则巧伪滋，建设广则气势分，调发频则士马耗。欲其利爪牙以捍腹心，岂不难哉？故密网裁而鱼骇，罻罗制而鸟惊，法令深而人恐。究观地形、民俗之异，宜仰溯祖宗建置之深意。则今日辽左①之于国家，其所系轻重与其固圉绥怀之策，盖可睹矣。往余与李君计，李君心尝忧之，故今为斯志也，盖有弘远深沉之思焉。后之览者，不独以其文焉已也。

嘉靖乙丑冬十二月，赐进士出身、嘉议大夫、兵部右侍郎、前奉敕巡抚辽东地方兼赞理军务、都察院右副都御史南郡王之诰撰。

李辅纂修：《全辽志》，刘立强、韩钢、刘海洋主编，韩钢点校：《中国东北边疆历史文献丛书》，北京：科学出版社，2016年。

《开原县志》

形势

县界东境多山，而滚清柴沙诸河由各山沟壑中急流而下，皆趋向西南，以入辽水，航运资以达营口，更有南满铁路为之作中枢，交通尤形便利，东北当吉黑之冲，行兵在所必经，西南则农产最富，民食恃以无恐，表里山河可称形胜宜，明代之视为重地也。

---

① 辽左：即指辽东。

东北"旧志"中松花江流域自然与风俗史料汇编

《开原县志》,《中国地方志集成·辽宁府县志辑12》,南京:凤凰出版社,2006年,第94页。

《黑龙江外记》

黑龙江,国语曰"萨哈连乌喇"(案:犹松花江称松阿哩乌喇)。初为都会,因以名省。今通称其地为爱呼,以附近有爱珲古城,转珲为呼也。城在齐齐哈尔东北八百里,东至外兴安岭二千六百里,西至内兴安岭一百五十里,南至喀木尼峰七百里,北接俄罗斯二千里。《通志》称:"左枕龙江,右环兴岭。诚哉!东国屏藩。允矣!北门锁钥。"是黑龙江之形胜也。

西清:《黑龙江外记》,姜维公、刘立强:《中国边疆研究文库·初编·东北边疆》第十卷,哈尔滨:黑龙江教育出版社,2014年,第177页。

《长白汇征录》

距长白西北五百余里为龙冈后以西之双甸子,控松花江上游,拟定为建署地点,名曰抚松县,借作白山右屏。安、抚二县即以二道白河为界,亦天然界也。就长白山论,安、抚如两翼,就长白府论,安、抚如脊臂。襟带江山,形胜便利,大有犄角之形,实于边务上关系綦重,不可不兼筹并设,以维全局,而控岩疆。惟办法尚有不同,抚松一县民人较众,物产亦饶,但咨由吉抚转饬蒙江州牧,将该州历年户籍租税一切案卷移交清楚,便可派委筹划,收功尚易。安图地广人稀,较抚松稍难,而地介韩境,较抚松尤重。其西南二百余里有布尔湖里,即三天女浴躬之池,为发祥圣迹要区。

张凤台:《长白汇征录》,李澍田主编,李澍田、宋抵点校:《长白丛书》,长春:吉林文史出版社,1987年,第19页。

《安图县志》

安图处松花江畔,长白山阴,森林栉比,幅员千里,与朝鲜隔江为邻,诚奉省东北之门户焉。设治抵今将逾二十稔,新纪元十有七年春。余随县长陈公来此,长二科事闲常临县志编辑馆,披览所纂之稿,知己藏事,因思《禹贡》之列物产、《周官》之列职方,与今之县志无以异焉,故古之时虽往而古之事仍存,观其事如临其时。今之县志他日国史,采为实录,千百年后存焉不泯,则后之视今亦犹今之视古也。况安图出产丰富，吉敦铁路告成，距城邑仅二百余里，较往日之交通甚称便利，使今后负有地方之责者力加整顿，其进步何可量哉，余本无才并不能文，惟念服务斯邦将及一载，逢此胜举因勉之序。

孔广泉：《安图县志》，《中国地方志集成·吉林府县志辑 4》，南京：凤凰出版社，2006 年，第 79 页。

《双阳县乡土志》

地势

全界南北纵列成长方形，崇山峻岭，层峦叠嶂，四面皆是。惟县北数十里，多低洼之处，为水淹所会集，一遇久雨，即成泽国。沿伊们河沿一带，平坦辽阔，多良田沃壤，惟遇河水泛溢稍害禾稼耳，此水利不兴之过也。

……

要塞

双阳居吉长磐伊四县之中心，似非边防之要区，然北至柳边与郭尔罗斯公前旗接壤，且日本南满铁路之支线，由长春伸入县之北境，已浸浸南下矣。小河台之崇山峻岭，北空长春，实据居高临下之势。日俄之战俄人于小河台境之山岭遍筑炮垒以扼西来之师，卒操胜算。今旧垒俱存，登临四望，颇占形胜望。

吉人：《双阳县乡土志》，《中国地方志集成·吉林府县志辑 1》，南京：凤凰出版社，2006 年，第 515、518 页。

《镇东县志》

地势

县境地势西北高而东南低下，西南、东北则弥望平原，有地可耕，无险可守。陆路则中贯轸轨，南连四洮，北接东铁。水路则南濒洮河，上溯索伦，下通松嫩，诚四达之区，非守隘之域，本邑今后之地位可知矣。

陈占甲修，周渭贤纂：《镇东县志》，《中国地方志集成·吉林府县志辑 10》，南京：凤凰出版社，2006 年，第 187 页。

《怀德县志》

地势

治境一大平原也，居奉省之北陲，通吉黑之孔道，南有柳条边为之屏，北有大青山为之障，西辽河绕于右，新开河护于左，诚天然之形胜也。自南满铁路①以长春为起点，本邑与长春为邻，封虽隶属之各殊，实唇齿之相辅，影响所及，休戚共之。语云"地势随时势为转移"，谅哉嗟乎。南阳之返田无日卧榻之酣睡，难容有斯土守斯土与居斯土者，将何以美其后耶？

李宴春：《怀德县志》，《中国地方志集成·吉林府县志辑8》，南京：凤凰出版社，2006年，第401页。

《海龙县志》

山脉

县东北境诸山，自吉林伊通县南界各山迤逦至县界北之康大营入境，自西北而东南绵亘百有余里，迄辉发江西岸点将台山亮子河，入辉发河处落脉，是知境内山水形势皆倾向东北，助成松花江东北汇流之大势也。

王永恩修，王春鹏纂：《海龙县志》，《中国地方志集成·吉林府县志辑8》，南京：凤凰出版社，2006年，第127页。

《德惠县乡土志》

地势

德惠全县地势西南高而东北低，江河水流均由西南而倾向东北，全境无大山峻岭，全幅均是冈陵，起伏高低不一，故有冈地洼田之分。雨多则洼田被涝，雨少则冈地苦旱，近年灾歉迭告者，即此故耳。本县位于省城西北，相距约一三〇粁②，居"新京"之东北约一一七粁，东邻榆树，西接农安，东联九台，北毗扶余，东南与舒兰为界，西南与长春接壤。

本县东南与西北相距约一百五十满里，南北约达百里，全面积约合六十余万晌，计可耕地二十六万余晌，具报升科之田赋地约均按七成十八万晌左右。其纳晌捐者十七万晌有余，其余道路河川及不可耕与可耕而未耕者约达三十四万晌耳。

---

① 南满铁路：原为1897—1903年沙俄在我国东北境内所筑中东铁路的一部分（长春至大连段）。日俄战争后，为日本所占，改称南满铁路。

② 粁：公制长度单位"千米"的旧译，下同。

石绍廉编：《德惠县乡土志》，《中国地方志集成·吉林府县志辑1》，南京：凤凰出版社，2006年，第439页。

《磐石县乡土志》

地势

本县位于"新京"之东南，吉林省之南部，为吉奉毗连之县，亦为吉林南方捍卫之门户也，距"新京"二百九十里，距吉林二百七十里。东以柳树河子与桦甸县分界，东南以老人沟与蒙江县为邻，正南以辉发河界奉天之辉南县，西南临海龙县之郭家大桥，正西界海龙县五块石，西北接伊通县属之板石庙子，正北与永吉县属车儿岭为界。全境地势中部较高而南北较低，中部当饮马河上流，山陵蟠结，概属高原，南北为辉发河中流，概属平原，中部山陵之大者为老爷岭山脉，系吉林哈达岭支脉之库勒岭，山脉东迤折而北起伏于吉林市之南境，分布于松花江之左岸，盖本县境内之分水岭焉，凡水之属于岭北者为饮马河流域，属于岭南者为辉发河流域。县城位于境之南部，西南临当石河子绕城西而东南流，弯曲如带，西北临盘石南河绕城东而西南流注入当石河子，几将县城绕成一周。磨盘山高约五十余丈，南北长十五里，位于县城东北，为县城地基之主脉，故县城东北高而西南低。城之西北有仙人洞，山高约七十余丈，山半有寺庙，每届春秋佳日，为游人要集之地，县境在此山河怀抱之间，襟水环山，风景宜人，所具天然艺术之美，亦云至矣。总之，全境地势南北宽而东西狭，南北低而中部高，状若屋脊。境内多丘陵地而少平原地，以老爷岭为中心，分为南部平原地与北部平原地，至于丘陵地虽□陵起伏，孤山原□相间，然而山陵之倾斜较缓，兼以驿马、辉发两大流域贯于境内，土壤膏腴，宜耕宜牧，实为移民垦殖之乐土。

姚祖训、毛祝民：《磐石县乡土志》，《中国地方志集成·吉林府县志辑3》，南京：凤凰出版社，2006年，第10—11页。

（三）城池

《辽东志》

开原

黄山（城东北十五里）、塔儿山（城东二十里）、松山（城东六十五里）、

065

东北"旧志"中松花江流域自然与风俗史料汇编

兔儿山（城西南一百五十里，在辽河西岸）、刀山（城西南一百五十里，在辽河西岸）、跸山（城西南一百五十里，在辽河西岸）、熊山（城西北一百九十里，在辽河西岸）、分水岭（东岭城东二百五十里，在密河西岸，北岭城北二百里，在艾河南岸）、曲吕金山（城西北三百五十里，近辽河北岸，东金山南）、东金山（城西北三百八十里，辽河北岸，西金山东）、团山（城东南三十里）、梁山（城东南三十里，以上俱境内）、马鞍山（城东北四百里，在建州东）、西金山（城西北四百里，辽河北岸）、牛心山（城东北二百五十里，在艾河北土河东）、阿儿干山（城东北三百五十里，在信州东南）、蒙溪山（城东七百四十里，在松花江东岸）、长白山（在城东北千余里，横亘千里，其巅有潭周八十里，南流为鸭绿江，北流为混同江，按《方舆胜览》黑水发源于此，旧名粟末河）。

任洛等纂修：《辽东志》，刘立强、刘海洋：《中国东北边疆历史文献丛书》，北京：科学出版社，2016年，第25—26页。

《全辽志》

开原（在辽阳城北三百三十里。在城二卫、一州、开原兵备道、分守参将驻札于内。即古肃慎氏地，后曰挹娄。元魏时，号曰勿吉。隋曰黑水靺鞨。唐贞观二年始以其地为燕州。开元中，置黑水府，以其部长为都督刺史，而置长史以监之。元和以后属渤海，为上京龙泉府。契丹攻渤海，黑水[①]乘间复其地，号熟女真，后灭辽，遂建都国号曰金。后迁都于燕，改为会宁府，号上京。金末，其将蒲鲜万奴据辽东。元伐之，得其地。至开元，开元之名始此，立开元、南京二万户府，治黄龙府，后更辽东路总官府，又改开元路，领县七：咸平、新兴、庆云、铜山、清安、崇安、归仁。元末，纳哈出据之。本朝洪武二十一年平定东土，改元为原，置兀者野人、乞列迷、女直军民万户府。二十二年罢府，设三万卫）。

……

辽海卫（洪武十一年置，治牛家庄。二十六年，徙治开原城。领千户所九）。

安乐州（永乐七年置治，以抚新附夷人，在开原城内）。

---

① 黑水：即黑水靺鞨。

李辅纂修：《全辽志》，刘立强、韩钢、刘海洋主编，韩钢点校：《中国东北边疆历史文献丛书》，北京：科学出版社，2016年，第47—48页。

《开原县志》

开原地处边陲，汉唐以前远无可考，六朝以降始稍见于诸书，然不过侪诸荒徼而已，自有明，与强族为邻，始视为边防重镇。

《开原县志》，《中国地方志集成·辽宁府县志辑12》，南京：凤凰出版社，2006年，第93页。

《吉林志书》

一、《盛京通志》所载吉林所属山川名目抄录于后：

永吉州（即吉林乌拉，一名船厂）。

……

一拉木山（城东南七里余，在混同江东，上有一拉木城）。

……

长白山（即歇尔民商坚阿邻，《山海经》作不咸山，《唐书》作太白山，亦曰徒太山，或作白山。《明一统志》云：在故会宁府南六十里，横亘千里，高二百里。其岭有潭，周围八十里，南流为鸭绿江，北流为混同江，东流为阿也苦江，今考其地在奉天府永吉县东南一千三百余里。西南流入海者为鸭绿江，东南流入海者为土门江①，北者建州城，东南出边受诺尼江东注，北受黑龙江，南受乌苏哩江与折入海者为混同江，并无阿也苦之名，古今称呼之异也。金大定十二年于山北建庙，册为兴国灵应王，有司致祭如镇故事。明昌四年尊为开天宏圣帝，其后庙废。国朝延应天命考正祀典、尊为长白山之神，春秋二祭。宁古塔将军、副都统主之。在城西九里温德恒山之上望祭，盛京礼部遣官随祭。国家大典，遣大臣祭告，如岳镇仪。康熙十七年奉旨遣大臣觉罗吴木讷等登山相视，见山麓一所四周密林丛翳，其中草木不生，出林里许，香树行列，黄花纷郁，山半云垂雾罩，会诸大臣跪宣敕旨毕，云雾倏廓，山形了然，有径可登，山腰见石砌平台，登望山巅作圆形，积雪皑然。及陟其上，五峰环

---

① 土门江：即图们江。

东北"旧志"中松花江流域自然与风俗史料汇编

崎如俯,南一峰稍下如门,中潭窈杳,周可四十余里,山之四周百泉奔注,即三大江所由发源也,康熙二十三年奉敕旨遣驻防协领勒出等,复周围相山形势,广袤绵亘,略如有《明一统志》所云:其巅不生他树、草多白花,南麓蜿蜒磅礴分为两干,其一西南指者,东界鸭绿江、西界通加江,麓尽处两江会焉,其一绕山之西而北,亘数百里、以其为众水所分,旧志总谓之为分水岭,今则西至兴京边茂树深林,呼为纳绿窝集。从此西入兴京门,遂为开运山,自纳绿窝集西北——广袤四十余里者,土人呼为歆尔民朱敦,复西指入英额边门,遂为天柱、隆业二山,回旋盘曲,虎踞龙蟠,其间因地立名为山、为岭者不一,要皆此山之支裔也。山之灵异,自昔称名,而圣发祥于今,为盛万祀鸿基,与山无极矣)。

穆铁森:《吉林志书》,李澍田主编,李澍田、宋抵点校:《长白丛书》,长春:吉林文史出版社,1988年,第105—106页。

《吉林舆地说略·吉林省城》

长白山在城东南一千三百余里,东南朝鲜界,西通和林分水岭,阳坡水归鸭绿江,系盛京界。山之北麓绵亘六百余里,总名之曰:白山坡,即讷秦窝集也。其巅有泡曰他们,盖北流之松花、东流之图们,西南流入奉界之鸭绿江,均于此发源焉。獐毛草顶山在城南一千一百余里,东接长白山,即头道江发源处。和林岭在城南一千里,又名老岭,西通兴京英额们,为分水总冈。南勒克山在城西南六百余里,枝干通和林,岭西为奉界,东南、东北接连无名山岭,为花园猛江等河发源处。平顶山即佛恩亨山,在城西南五百余里,南通勒克山之枝干,西为奉界,东为那尔轰河发源处,东北接连那尔轰岭,即法必拉河源,山岭相接,至辉法河口之船底山而止。寒葱顶在城西南四百里,傍立吉奉省分界石碣,南为小沙河发源,北为小伊通河,又东为大青顶,南流之大沙、北流之伊通等河于此发源。

《吉林舆地说略》,姜维公、刘立强:《中国边疆研究库·初编·东北边疆》第八卷,哈尔滨:黑龙江教育出版社,2014年,第194页。

《吉林舆地说略·长春厅》

长春厅,在吉林城西北三百里,理事通判治焉。领村屯六十五,居民五千一百五十户。东南界省城边，□□界昌图厅，东北界松花江，北及西北均界郭尔罗斯□。东西距二百五十里，南北距三百里。伊通河源出吉林界。逾伊通边，曲折而北，经城东里许，北流，复东折入伊勒们河。伊勒们河源出吉林界，由依勒们台东逾边，北流，引海雾河，会伊通河，复东北流入松花江。木石河源出吉林界，由七台逾边，北流，引太平沟河，复东折，入松花江。

以上长春厅属境，极目平原，即有著名之山，皆冈阜之属，册内不便声叙，只于图内注明。

《吉林舆地说略》，姜维公、刘立强：《中国边疆研究库·初编·东北边疆》第八卷，哈尔滨：黑龙江教育出版社，2014年，第217页。

《吉林外记》

长春厅，……在省城西北二百八十里，南至伊通边门十五里省城界，东至穆什河一百九十里，西至巴延吉鲁克山四十里，北至吉家窝铺一百七十二里，皆蒙古界。枕山带河，远镇沙漠，是长春厅之形胜也。

……

伯都讷，蒙古谓鹁曰布都讷，今通称伯都讷者，转布为伯也，旧志作伯都纳。国初锡伯所居之地。锡伯，蒙古别族也，或称有蒙古台吉萨颜岔一户居住此地，今伯都讷蒙古佐领即其遗属也。城在今省城西北五百四十里，南至松花江郭尔罗斯查浑界二里，西至同，东至兰陵河阿勒楚喀界一百三十里，北至松花江郭尔罗斯八图界七十里。江带三方，田沃万顷，是伯都讷之形胜也。

……

阿勒楚喀，以水得名。《宋史》："女贞国居按出虎水之上。"《通志》："金始祖居布尔噶水之涯，至献祖定居于阿勒楚喀水之侧。旧作按出虎，此为女贞旧地无疑。"……城在省城东北四百六十里，南至莫楞山一百二十里伯都讷界，北至松花江七十里蒙古界，东至马彦河二百里三姓界，西至兰陵河一百二十里伯都讷界。松花北绕，兰陵东注，是阿勒楚喀之形胜也。

拉林，旧志称兰陵，以河得名。清字拉与兰，林与陵音母同，而转音不同，今通称拉林，转音之讹也。地在省城东北四百里，南至拉林河二十里伯都讷界，北至松花江一百八十里黑龙江界，东至阿勒楚喀河五十里阿勒楚喀界，西至拉林河五十里伯都讷界。山环东北，水绕西南，是拉林之形胜也。

双城堡，旧名双城子。拉林多欢站西北二十里有土城基二，相去甚近，城基周围皆不及一里。自城基北，丛草迷离，间有居民迤逦百余里，统而名之曰双城子。盖金故城而莫考其详也。……兰陵西绕，松花东注，南河北江，前襟后带，是双城堡之形胜也。

萨英额：《吉林外记》，姜维公、刘立强：《中国边疆研究文库·初编·东北边疆》第十卷，哈尔滨：黑龙江教育出版社，2014年，第33—35页。

《鸡林旧闻录》

余考见古城，每多两城并峙。在今吉林东边，如松花江下游及俄领乌苏里江右岸，则所见尤多。意古时必有兵事、国界上关系，两城中间当系扼战争之冲。

吉林县一

省东北六十八里，有乌拉城，在松花江左岸。明代扈伦四部中乌拉部之都会也。中有一土台，相传为不花公主点将台。此城为辽、金宁江州治，是台即当时建筑物。清祖未攻灭乌拉以前，曾先破其沿江五城，许盟而还（事万历四十年）。今日吉林省垣即五城之一，特改建矣。

磐石县一

辉发故城在今磐石县之南境，奉省辉发河滨（城址在奉省辉南县界），明代扈伦四部中辉发部之都会也。其城周围仅半里许，地址浮起，而埤墙之影隐约可辨。天阴雨湿之际，往往望见故城，白气蒙蒙，亦一异也。

辉发故城，须于岭上临高下瞰，全址在目。此岭高处曰茶尖站，清高宗巡行至此，曾打茶尖①，故名。

按：纪晓岚《滦阳消夏录》亦载乌鲁木齐昌邑古城，当早雾未收，每见城垣幻影。近代科学发明，疑其中必有原理。

……

伊通县一

叶赫城在县治西南百四十里，明代扈伦四部之叶赫部故都也。今城址划除，殆难指认。

---

① 打茶尖：一种传统的茶叶品鉴方法，被广泛应用于茶艺研究和茶叶行业。

农安县一

今县城即扶余国故都。自魏晋以来，视为要地。唐渤海大氏，即其地改为扶余府。辽太祖平渤海至此，有黄龙见于城上，更名黄龙府。迨金太祖败辽师于涞流水之役，乘马渡河得克，因又改为济州（备见得胜陀碑）。未几改隆州，又改为隆安府。《辽志》云："龙安城在一秃河西（即依通河），周七里，四门。"今县治尚仍辽之旧城。外有塔，亦名龙安塔。县名农安，乃取古地名而讹变耳。塔为辽圣宗年间所建，高五丈余，其顶已秃，上多雕刻石佛。又县东北有浮图基，土人称万金塔（在由县西北赴郭尔罗斯南旗之大道旁。今敦化县境亦有万金塔遗址，其名不知何所取义）。明初，此地尚称隆安。冯胜征元太尉，军次隆安是也（金扶余路则别为一处，当在今江省东荒各属，兹不赘）。

……

富锦县七

今县治即在古代黑斤人建筑砖城内。现在山荒渐辟，而古代留遗之城郭要以此为最多。计古城之壁垒完具者，县境内尚有六处：一名瓦利活吞（活吞一作和屯，满语城也）。在西与桦川县交界地，北傍松花江，建于岭上，盖山城也。一由此迤东百三十里，有乌龙活吞古城，今尚为赫斤人所居，土名卡尔库玛。又县东南八十里，有古城二，夹七里星河，南北对峙。是河今与饶河县分界，故南城已属饶邑，实为最大之古城。询之土人，俱不知名；新来垦民但以对面城呼之。一在县治西十五里，古名夫替活吞，其旁近地方，今亦名夫替冈，有赫斤人百余户居此，因又名夫替大屯。考此城为古时东方四子部之中点，前清远祖实居于此（据《罗刹外史》）。四子部者，一为爱新觉罗部，系清之本部，译汉文曰赵姓。其余三姓所居，即今依兰县是。一系喀噶克勒部，汉译为葛姓，称最旺之族。又汉译苏姓、卢姓二部，未审满洲之氏族名称若何。又县治西门外，有小城一，古名活吞吉利。

魏声和：《鸡林旧闻录》，李澍田主编，李澍田、宋抵点校：《长白丛书》，长春：吉林文史出版社，1986年，第82页。

第二章　物产资源与建筑交通

一、物产资源

（一）自然资源

《辽东志》

物产
谷
黍、稷、稻、粱、糜。
粟、稗、黄豆、菉豆、豌豆。
蚕豆、黑豆、豇豆、小豆、大麦。
小麦、荞麦、芝麻、苏子、蜀黍。
扁豆。

菜
葱、韭、蒜、茄、苋。
芹、蕨、白菜、芥、蔓菁。
莴苣、波棱、茼蒿、胡荽、莙荙。
蓼芽、木耳、龙牙、萝卜、胡萝卜。
山萝卜、苦荬、黄花菜、芸薹、海丝（出金复州）。
蘑菇、海姜（出前屯）、茴香、薄荷、葵。
小蒜、蒌蒿、明叶菜、野鸡尾。

蓏
王瓜、冬瓜、瓠子、葫芦、西瓜。

甜瓜、香瓜、菜瓜、苦瓜。

果

榛、松、桃、李、杏。

楸、梨、菱、芡、枣。

栗、樱桃、莲子、郁李、软枣。

葡萄、山核桃、山梨红、山钉儿、棠梨。

石榴、白果（出金州）、花红、无花果、藕。

木

松、柏、榆、楸、栎。

椴、桦、槐、桑、柳。

暖木、银木、柞、白杨、苦栗。

椿、直栗、柽、青杨、檓。

花

芍药、丁香、蔷薇、金盏、金凤。

莺粟、石竹、山丹、滴滴金、水红花。

粉团、牵牛花、卷丹、菊、蜀葵。

牡丹、玉簪、小桃红、珍珠花、石榴花。

鸡冠、莲、八仙花、夜落金钱。

草

萍、艾、苹、藻、芦。

苇、荻、茅、蒲、萱。

檐菖、灯心、海分、箭草、莎。

菖蒲、茜、蒿、龙须。

药①

人参、五味、细辛、杏仁、芍药。

黄芩、柴胡、桔梗、防风、升麻。

---

① 药：原应脱"药"字，据补。

苍术、荆芥、枸杞子、泽泻、苦参。

独活、苍耳、紫苏、牵牛、知母。

三棱、瞿麦、草乌、蒿本、远志。

黄柏、白蔹、狼毒、玄参、葶苈。

百合、沙参、班猫、金银花、地龙。

萹畜、黄精、木通、半夏、麻黄。

干葛、蒲黄、木贼、地黄、秦艽。

白附子、蛇床子、天仙子、草龙胆、牛蒡子。

车前子、天南星、威灵仙、薏苡仁、紫沙草。

地骨皮、桑白皮、草决明、蓖麻子、马兜铃。

白鲜皮、桑寄生、芫荑、王不留行、茵陈。

马蔺、茅根、紫草、前胡、艾叶。

地榆、乌头、大黄、藜芦、赤芨。

商陆、茯苓、瓜蒌、川芎、地椒。

甘草、皂荚、朴消、滑石、虎掌。

熊胆、麝香、牛黄、蚶蛎、鳖甲。

鹿茸、蜗牛、蛇退、天花粉、青木香。

地肤子、百部根、京三棱、苍棱香、五加皮。

火麻子、香附子、光明子、透骨草、益母草。

浮萍、苦瓜蒂、血见愁、黄葵花、定风草。

旱莲子、土檀香、石钟乳、自然铜、秀金丁。

海螵蛸、鹿角霜、鹿角胶、柏子仁、山茄子花。

白芷、管仲、金沸草、大戟、麻胡。

腽肭脐、虎骨。

禽

鹅、鸡、鸭、雁、凫。

鸽、莺、燕、乌、鹊。

雀、鸥、鹭、鹳、鹆。

鸦鹘、兔鹘、青鸹、鸳鸯、翡翠。

鹤、鸠、鹨鹨、鹌鹑、布谷。

鹁鸽、铜嘴、啄木、麻雀、鹩。

鹧鸪、野鸡、练鹊、鸧鹒、白头翁。

鸥鹗、皂雕、鸨、天鹅、鹜。

兽

马、牛、驴、骡、猪。

羊、猫、犬、虎、豹。

豺、狼、熊、獾、獐。

狍、鹿、兔、狐、貉。

水獭、刺猬、野猪、黄羊、野马。

野羊、海豹、鼠。

水族

鲫、鲇、鲤、鳙、鲢。

鲟、鲛、鲸、鳊、鳗。

鲈、鳅、鳖、虾、蟹。

银鱼、蚌、螺、鲂、乌鱼。

重唇、黄骨、沙鱼、蝮鱼、白鱼。

鳝、蛏、海鲫、河豚、鲻鱼。

石首、邵阳、青鱼、蛤蜊、海蜇。

八稍、蛎黄、蚬子、海猫。

虫

蛇、蛙、蝉、蚕、蜜蜂。

蛾、蜻蜓、蝶、蟋蟀、螳螂。

蚊、蛇师、蜾蠃、蚁、蚯蚓。

货

盐、铁、丝、白麻、蜜。

黄蜡、绵花、红花、靛、弓。

箭、葛布、花绢、麻布、白蜡。

苘麻、青鼠皮、貂鼠皮（以上二皮，出海西黑龙江，毛邻、建州诸夷互市以易而至。开原、抚顺往往困于征求，兹仍旧志存之，并书其由，以告来者）。

薛子曰：按周礼，东北曰幽州，其山镇曰医巫闾，其泽薮曰貕养，其川河沸其浸灾时，其利鱼盐辽物产之丰镣来尚矣。国初疮痍新愈民习勤苦。百余年来，兵戢不试，事简俗质，是固田人富谷、泽人富鲜、山人富材、海人富货，其得易其值，廉民便利之。迩年以来，产薄而入微，价踊而用索，岂其地尔殊耶？赋役繁、游惰众，奇靡日滋，采取愈竭难乎？其弗匮尔。太史公曰：原小则鲜，此之谓也。明王政因民利，稽以虞衡山泽式禁食以时用，以礼财不可胜用矣。

任洛等纂修：《辽东志》，刘立强、刘海洋：《中国东北边疆历史文献丛书》，北京：科学出版社，2016年，第32—37页。

《全辽志》卷二

《会典》载，国初，辽东马四十万匹，与陕西等处并称蕃庶，营五驿传之资，胥此焉给。故特设苑马寺以经其收养之宜，设行太仆寺以稽其登耗之数。制无不修，政无不举矣。乃者诸务废弛而官为虚设，监苑之畜不盈数百，何以待用驿传？姑无论也。今营伍有之，乃督责军人，科敛丁口，终年买补，举族怨嗟。夫朝廷马政付之于官，地方应用取之于民，弊可胜道哉？弊可胜道哉！余故著其本末如此，俾后之塞渊君子得藉以审其废兴之故，而施其考牧之政焉。

……

年终，通将膘壮、瘦损、倒失已未追补数目填写册本，差人赍进，并缴精征文簿以备稽查。驿递等马匹、驴头、牛只，点视、印烙俱同。其开原、抚顺二城，岁例召谕海西等卫夷，人每进马一匹入市验收。开原额验一千，抚顺额验五百，共夷马一千五百匹。听候各边城堡备御、中军等官查将三次。

李辅纂修：《全辽志》，刘立强、韩钢、刘海洋主编，韩钢点校：《中国东北边疆历史文献丛书》，北京：科学出版社，2016年，第155页。

《全辽志》卷四

方物志

辽东贡献田赋，不载于《禹贡》。岂道里辽绝，橇輂之所未还耶？抑青、冀未分，大端亦或概见于彼矣！余按部所至，时时召父老，为余言：土宜稼稻，泽宜鱼鲜，山之东南者宜材木。鸡豚牛羊狗马之利，富豪以十百数，编户亦自给焉。民非甚窳惰，即能自食其力。固古之所谓沃土欤？若人参、貂鼠，乃擅美海内。然余闻来自外夷，不过道辽以入中国①耳。而或者乃诛求于此，是犹欲责肃慎氏之贡于今日之域中也。病民甚矣！余故著土之所出，而附外夷之物于后，俾览者省焉。

谷类

黍、稷、稻、粱、糜、粟、稗、豆、麦、芝麻、苏子、蜀黍。

蔬类

葱、韭、蒜、茄、苋、芹、蕨、芥、白菜、蔓菁、萝卜、莴苣、薄荷、菠棱、蒿蒿、胡荽、荸荠、苦荬、芸薹、茴香、蓼牙、蘑菇、木耳、海丝（出金、复州）。黄花菜、龙牙菜、瓜（有甜、苦、冬、西、王、丝、菜、香八种）。瓠、葫芦。

果类

桃、李、杏、枣、楸、梨、菱、藕、莲子（以上二味出沈阳）。栗子、榛子、松子（东山有，小不堪用，外夷来者佳）。白果（出金州）。葡萄、樱桃、石榴、鸡头、山钉儿、山核桃、山梨红。

木类

松、柏、槐、榆、桑、椿、柽、栎、椴、樾、柞、桦、柳、楸木、暖木、银木、白杨、青杨、苦栗、直栗。

花类

菊花、莲花、榴花、蔷薇花、丁香、山丹、卷丹、粉团、玉簪、金盏、金凤、鸡冠、莺粟、石竹、滴滴金、水红花、小桃红、牵牛花、芍药花、夜落金钱。

草类

萍、艾、蘋、藻、芦、苇、荻、茅、蒲、萱、莎、蒿、菖蒲、箭草、木棉、红花、葛、麻（白麻、苘麻）。

药类

五味、细辛、芍药、黄芩、柴胡（铁岭者佳）。桔梗、防风、升麻、苍术、

---

① 中国：此处指中原。

东北"旧志"中松花江流域自然与风俗史料汇编

远志、苍耳、知母、瞿麦、苦参、玄参、沙参、蒿本、葶苈、茵陈、艾叶、草乌、萹畜、茅根、芜荑、藜芦、茯苓、荆芥、黄精、木通、麻黄（金州者佳）。马蔺、瓜娄、甘草、杏仁、紫苏、牵牛、黄柏、白蔹、赤蔹、狼毒、班猫、干葛、木贼、地榆、乌头、商陆、皂荚、百合、朴消、滑石、浮萍、管仲、白附子、蛇床子、天仙子、牛蒡子、车前子、地肤子、光明子、火麻子、草麻子、旱莲子、薏苡仁、地骨皮、桑白皮、白鲜皮、五加皮、天花粉、透骨草、金沸草、益母草、苦瓜蒂、草决明、血见愁、马兜铃、自然铜、山茄子花、虎掌、虎骨、熊胆、鳖甲、牡蛎、蛇退、蜗牛、鹿茸、鹿角霜、鹿角胶、海螵蛸。

禽类

鹅、鸡、鸭、雁、凫、鸽、莺、燕、乌、鹊、鸠、鸥、鸮、鹳、鹢、鹞、鹤、鸦鹘、兔鹘、青鸠、鸳鸯、麻雀、黄雀、鹭鹚、鹈鹕、鹌鹑、布谷、鹡鸰、野鸡、鹔鹴、鸱鸮、天鹅、铜嘴、啄木、皂雕（翎为箭羽，边人贵之）。白头翁。

兽类

马、牛、驴、骡、猪、羊、犬、鼠、兔、熊、虎、豹、豺、獾、貉、狼、狐、猫、獐（一名麇）。鹿、狍、刺猬、野猫、野猪、野羊、水獭（一名水狗）。海豹。

鳞类

鲤、鲫、鲢、鲟、鲛、鲸、鳊、鲂、鲇、鳅、鳝、鳖、银鱼、青鱼、白鱼、乌鱼、沙鱼、鲅鱼、鳓鱼、海鲫鱼、重唇鱼、黄骨鱼、八梢鱼、邵阳鱼、河豚鱼、虾、蟹、蚌、螺、蛏、蛤蜊、蚬子、蛎、海蛰、海猫。

虫类

蛇、蛙、蝉、蚊、蛾、蚁、蚕、蜜蜂、蜻蜓、蝴蝶、蟋蟀、螳螂、蛇师、螺蠃、蚯蚓。

货类

盐、铁、丝（金、复州多）。蜜、蜡（白出金、复州，黄多贸夷市）。靛、弓（开原者良）。木箭、人参、貂鼠皮、青鼠皮（以上三物出高丽、海西、黑龙江诸夷，互市以易而至）。

薛子曰：按，《周礼》东北曰幽州，其山镇曰医巫闾，其泽薮曰貕养，其川河沛，其浸灾时，其利鱼盐。辽物产之丰，繇来尚矣。国初疮痍新愈，民习勤苦。百余年来，兵戟不试，事简俗质。是故，田人富谷，泽人富鲜，山人富材，海人富货，其得易、其直廉，民便利之。迩年以来，产薄而入微，价踊而用索，岂其地尔殊耶！赋役繁，游惰众，奇靡日滋，采取愈竭。难乎，其弗匮尔！太史公曰："原小则鲜。"此之谓也。明王政，因民利，稽以虞衡山泽式禁。食以时，用以礼，财不可胜用矣。

李辅纂修：《全辽志》，刘立强、韩钢、刘海洋主编，韩钢点校：《中国东北边疆历史文献丛书》，北京：科学出版社，2016年，第365—368页。

《吉林外记》

物产

貂鼠（吉林、宁古塔[①]、三姓、阿勒楚喀诸山林多有之。甚轻暖。英俄岭以南者，色黄；岭北者，色紫黑。三姓、下江、黑津，皮极高。除贡皮二千六百张外，余准通商贸易）。

白貂鼠（另有一种称千年白者，非但不能似黑、黄色者多耳）。

猞猁狲（类野狸，而大耳，有长毫，白花色。《明一统志》谓之土豹）。

狐（色赤而大，夜击之，火星迸出，毛极温暖，集腋为裘，尤贵重）。

元狐（出下江。大于火狐，色黑，毛暖，最贵，又次黑毛，稍微黄者名倭刀）。

沙狐（生沙碛中。身小色白，腹下皮集为裘，名天马皮。颏皮，名乌云豹）。

貂熊（大如狗，紫色，出宁古塔者，头紫黑，两肋微白）。

银鼠（吉林省诸山中有之。毛色洁白，皮御轻寒）。

灰鼠（吉林省诸山中有之。灰白为上，灰黑者次之）。

东珠（盛京以东各河蛤蚌皆产珠，惟吉林、黑龙江界内松花江、嫩江、艾珲各江河产者最佳。每年乌拉总管分派官兵，乘船裹粮，溯流寻采。遇水深处，用大杆插入水底，采者抱杆而下，入水搜取蛤蚌，携出眼同采官剥开，或百十内得一颗。包裹用印花封记，至秋后方回。将军同总管挑选，如形体不足分数，或不光亮，仍弃之于河，以示严禁，不敢自私，亦汉时钟离意委地之廉洁

[①] 宁古塔：最初位于今黑龙江省海林市海长公路古城村，是中国古代较为出名的流放地之一，后迁至今吉林市。

也。至冬底入贡验收，按成色给赏绸缎布匹。近来折发银两，牲丁更沾实惠矣）。

桦皮（树皮似山桃，有紫黑、黄花纹，可裹弓及鞍镫诸物。吉林诸山皆有之，乌拉向有桦皮屯，世管佐领带领兵丁剥取入贡。雍正年间，裁去世管佐领，将兵丁拨给官地交粮，改为吉林八旗官兵剥取。除额贡之外，有以桦皮作船，大者能容数人，小者挟之而行，遇水辄渡，游行便捷。又以桦皮盖窝棚，并有剥薄皮缝联作油单，大雨不漏）。

烟（东三省俱产，惟吉林省者极佳。名色不一，吉林城南一带名为南山烟，味艳而香。江东一带名为东山，香味艳而醇。城北边台烟为次。宁古塔烟名为台片。独汤头沟有地四五响，所生烟叶止有一掌，与别处所产不同，味浓而厚，清香入鼻，人多争买。此南山、东山、台片、汤头沟之所分也。通名黄烟）。

麻（有线麻、苘麻之别。线麻坚实，凡城堡一切绳套，捆缚需用无穷。吉林城北一带，种麻者居多，每岁所收不减于烟，秋后入店售卖。贩者烟、麻并买，转运内地，名为烟麻客。此吉林出产一大装，每岁计卖银百余万两，烟麻店生理大获其利）。

松塔（吉林、乌拉、宁古塔诸山皆产，而窝集中所产更胜。其形下丰上锐，层瓣鳞砌，望之如窑堵，每瓣各藏一粒，既熟，则瓣开而子落）。

松子（生松塔中，乌拉总管每岁入贡）。

安春香（生于山岩洁净处，高一尺许，叶似柳叶而小，味香，可供祭祀。生于长白山者尤异常，俗呼为安息香）。

七里香（枝叶似安春香，叶大而厚。惟产于长白山，别处无所见）。

乌拉草（俗语云："关东有三宝，人参、貂皮、乌拉草。"夫草而与人参、貂皮并立为三，则草之珍异可知。吉林山内所产尤为细软。北地严寒，冰雪深厚，凡穿乌拉或穿塔塔马者，必将乌拉草锤熟垫于其内。冬夏温凉得当，即严寒而足不觉冻，此所以居三宝之一也。戊辰，奉天学政茹棻，考古命题乌拉草，吉林优贡沈承瑞有"任他冰雪侵鞋冷，到处阳春与脚随"之句，学使赏识，拔为尤焉）。

渠麻菜（城外各地，边外之地多有之。忽东忽西，时有时无，谚云有搬家之说，其滋生多在兴旺之地）。

小蒜（称为小根菜。吉林田原向阳处，开冻时，百草未萌，小根菜先见青芽。味辛清香，可供厨馔。性消火毒，泂野蔬之异品。岁以入贡）。

第二章　物产资源与建筑交通

山葱（《尔雅》谓之茖，俗称为寒葱。产于辉法城一带诸山中最为肥嫩。有寒葱岭。采取时必就寒葱之水洗净，即时用盐盛礶，方不能坏，易水未能良也。其味深长，炎热时青蝇不能沾落，系洁净之品。岁以入贡）。

山韭（茎一叶，《尔雅》谓之藿，《诗》"六月食郁"即此。出辉法城一带者尤佳）。

蕨菜（即《诗》云："言采其蕨。"美其名吉祥菜。产于吉林山中。茎色青紫肥润，每岁晒干入贡）。

蘑菇（诸山中皆有之。种类不一，生榆者为榆蘑，生榛者为榛蘑，生樟者为香樟蘑。而榆蘑生榆树窟中尤鲜美，即古所谓树鸡是也）。

紫皮萝卜（萝卜皮色带紫者间亦有之，独三姓所产。紫皮萝卜不但皮紫，内肉亦紫，味逾冰梨，爽脆适口）。

托盘（产于吉林山中。类似杨梅，名曰托盘，取象形焉。色红鲜艳，味更酣美。惜采摘逾夜即化为红水，清晨吸饮，香美尤为独绝）。

海参（形如虫，有肉刺，珲春出者尤佳）。

海红（形似海参，能滋补。出珲春）。

海茄（形似团哈，皮肉似海参，无刺，滋阴胜品，功同海参。出珲春）。

海藻（出东海。黑色，乱如发，叶似藻叶，因名海藻。《本草》云有二种：生于浅水，黑色，短如马尾。一种生于深海中，叶大如菜。《唐书·渤海传》：生于南海者亦细，名为昆布。其名虽殊，其实一类。今珲春所出颇盛）。

海带（似海藻而粗，柔劲而长，紫赤色。今采者并海藻通呼为海菜）。

海蕴（叶似乱丝，亦海藻之类）。

鲟鳇（即鲟鳇也，长丈余，鼻长有须，口近颔下）。

细鳞鱼（头尖而色白）。

晢鲈鱼（似鲈鱼，色黑，味美不腥）。

鲫鱼（似小鳊花，出宁古塔南湖者极佳）。

鳜鱼（大口，细鳞，有斑彩，即鳌花鱼也）。

鲂鱼（缩项，穿脊，细鳞，即鳊花也）。

鳝鱼（细鳞，形窄，腹扁，头尾向上，即白鱼。以上同诸色鱼，岁以入贡）。

人参（俗称棒槌，有巴掌、灯台、二夹子、四披叶、五披叶、六披叶之名。产于吉省乌苏哩、绥芬、英俄岭等处深山树木丛林之地。秉东方生发之

081

气,得地脉淳精之灵,生成神草,为药之属上上品。人参赞云:"三丫五叶,背阳向阴,欲来求我,椴树相寻")。

鹿茸(鹿乃仙兽,能别良草。《述异记》云:鹿千岁为苍,又五百岁为白,又五百岁为玄。辽东山阔草壮,鹿得以蕃息,其茸角胶血力精足,入药自为上品)。

虎骨胶(虎之一身筋节气力,皆出前足胫骨带胫骨,用全虎骨熬膏胶,治一切风寒、湿潮、腿疾、虚亏之症。亦有专用胫骨熬膏胶者,其效如神)。

牛黄(《经疏》云:"牛食百草,其精华凝结成黄。"或云:"牛病乃生黄者,非也。"牛有黄必多吼唤,以盆水承之,伺其吐出,迫喝即堕水,名曰生黄。揭折轻虚而气香者良。杀死,角中得者名角黄,心中者名心黄,肝胆中者名肝胆黄,或块或粒总不及生得者。但磨指甲上,黄透指甲者为真)。

熊胆(《本草》称为上品。本不易得,吉省深山密林中,樵采者时常遇之,猎户捕之,易得也)。

腽肭脐(即海狗肾。《纲目》云:出西番,状似狐,而尾长大,脐似麝香,黄赤色。按《临海志》云:出东海水中,状若鹿,头似狗,尾长。又出登莱州,其状非兽非鱼,但前足似兽,而尾似鱼。观此,似狐鹿者,其毛色也;似狗者,其足形也;似鱼者,其尾形也。今珲春、三姓地近海边,亦有之。医家以滋补药多用之)。

五味子(性温,五味皆备,皮甘肉酸,核中苦辛,都有咸味,《尔雅》谓之荎藸子。少肉,厚者为胜,出吉林者最佳)。

细辛(一名少辛。《管子》云:五沃之土,群药生小辛是也。医家以吉省细辛为佳,通行各省)。

黄精(处处山谷皆有之,服食上品,以其得坤土之精,久服益寿。吉林山土肥壮,自然甘美,胜他处。《博物志》云:"太阳之草,名黄精,食之可以长年;太阴之草,名钩吻,食之立死。"黄精,钩吻形植之别,详见《纲目》)。

葳蕤(根似黄精小异,茎干强直似竹,箭有节,叶狭而长,表白里青,性柔多须)。

赤芍(即芍药。根亦有白者。此处所产,尤胜他处)。

黄芩(有枯芩、条芩之别,中虚者名枯芩,内实者名条芩。其用自异。此处所产俱备,惟深色坚实者良)。

柴胡(北产者如前胡而软,入药亦良;南产者不似前胡,如蒿根硬,不堪用)。

升麻(其叶似麻,其气上升故名。《纲目》云:形细而黑,极坚者为佳。今则通取里白外黑而坚实者,去须芦用之,俗名为鬼脸升麻,其苗呼为窟窿芽)。

紫草(根花俱紫,可以染。紫草山产,粗而色紫,入药,紫梗,园产,细而色鲜,只染物,不入药)。

北山查(有大小二种。北者小,肉坚,去核,用亦有力)。

益母草(《纲目》云:小暑端午,或六月六日,采益母茎叶、花实,用治百病尤良)。

王牟牛(生于深山密林朽木上。性温,其形长有寸许,细如花茎,色黑肉白。能下乳,不易得。产于绥芬、乌苏哩诸山中。刨参人有认识者,采来售卖。此药《本草纲目》所无)。

防风(黄润者良)。

麝(形如獐,一名香獐。喜食柏,脐血入药,名麝香。出三姓)。

通草(有细细孔,两头皆通,故云通草,即今所谓木通)。

桔梗(此草之根结实而梗直,故名。根如指,黄白色。春生苗茎,高尺余,叶似杏叶而长,味苦辛者真)。

威灵仙(威言性猛,灵仙言其功神。生先于众草,方茎,数叶相对,其根稠密多须,年深旁达一根,丛须数百条,长者二尺许,初时黄黑色,干则深黑色,人称铁脚威灵仙。但色或黄或白者,不可用)。

火麻仁(即线麻子)。

薏苡仁(形如珠,稍长,青白色,味甘。咬,粘人齿,如糯米,可作粥饭,本地多种之。又《本草》云:一种粘牙者,尖而壳薄,即薏苡也;一种圆而壳厚坚硬者,即菩提子,其米少,可穿作念珠)。

马齿苋(叶有大小之别,大叶者,为独耳草,不堪用。小叶并比如马齿,而性滑,利似苋,柔茎,布地细细对生者为是。入药须去茎,其茎无效。木地多采苗,煮晒为蔬)。

翻白草(高不盈尺,一茎三叶,尖长而厚,有皱纹、锯齿,面青背白,开小黄花。结子,皮赤肉白,如鸡肉。故又名鸡腿。根生食、煮熟皆宜)。

卷柏(丛生,多出石间。苗似柏叶而细,拳挛如鸡足。青黄色,高三五寸,无花子,宿根紫色,多须。其性耐久,故又名长生不死草)。

谷精草（谷田余气所出，叶似嫩谷秧，白花如碎星，故名。此处尤多）。

狼毒（叶似商陆及大黄，茎叶上有毛根，皮黄肉白，以实重者为良）。

旋覆花（多生水旁。长二尺许，细茎，叶似柳，花如菊，大如铜钱，故又名金钱花）。

鼠尾草（以穗形命名。野田、平泽中甚多。紫花，茎叶俱可采滋染皂）。

瞿麦（茎纤细有节，高尺余。一茎生细叶，有尖花，开紫赤色者居多，子颇似麦。《尔雅》谓之大菊，俗呼为落阳花）。

猪苓（多生枫树下，块色黑如猪屎，皮黑肉白，而实者良。《本草》谓之木之余气所结，亦如松之结茯苓之义）。

以上物产、药材，有志内未载、载而未详者，今择其著名贵重者，考查增录，以补志之未详备也。

萨英额：《吉林外记》，姜维公、刘立强：《中国边疆研究文库·初编·东北边疆》第十卷，哈尔滨：黑龙江教育出版社，2014年，第103—108页。

《黑龙江外记》卷一

黑龙江、嫩江两岸淤沙中，多五色石子，如玛瑙，如琥珀，如翡翠、珊瑚、试金石[①]，拾置案头，颇供清玩，然坚脆不受琢，故不成器。又呼伦贝尔山中出锡石，察边者拾归，以遗亲族。锡石，砺也。有谓黑龙江出空青者，土人茫不知空青为何物。

西清：《黑龙江外记》，姜维公、刘立强：《中国边疆研究文库·初编·东北边疆》第十卷，哈尔滨：黑龙江教育出版社，2014年，第186页。

《黑龙江外记》卷八

黑龙江土脉宜穈子。穈子粒如谷子，微大，赤、黄二色，煨以热炕，然后碾食。诸书多以为稷，土人呼为伊喇。伊喇，国语黍也，若稷当曰斐式赫，今不言斐式赫而言伊喇，是以穈子为黍，与书不合。按《月令章句》云："稷秋种夏熟，历四时，备阴阳，谷之贵者。"《说文》云："大暑而种，故谓之黍。"今考穈子五月种，八月即熟，俗称六十日还家，与《说文》合，则土人以为

---

① 试金石：一种黑色坚硬的石块，用黄金在上面画一条纹，就可以看出黄金的成色。

黍，呼曰伊喇固宜。且按字书，糜从米，无谷解；穈①从禾，音门，谓粱粟，惟䵖从黍，《说文》穄也。《吕览》："阳山之穄。"注："冀州谓之穈。"又尝见汪氏昂注《本草》云："穄乃黍类，似粟而粒大疏散，乃北方下谷，南土全无，北人亦不之重。"所谓穄即糜子，足订诸讹，益以知方言之足资考证也。

小麦，春种秋收，磨面胜内地，充贡者。将军、副都统等公捐麦价，罗五六过，尘飞雪白，如束晳赋所云。岁以六月时进十二囊，囊六十斤。十一月年贡亦附之。

荞麦，出黑龙江城者尤佳，面宜煎饼，宜河漏，甘滑洁白，他处所无。河漏，挂面类，俗称合络，"河漏"二字见《本草纲目》。

铃铛麦，穬麦也，墨尔根、黑龙江以秣马，亦配谷、穄贮仓，然不经久，易霉烂。

苏子，可榨油，多种之。地不宜脂麻，香油来自奉天，至贵。桐油本官贮物，由部领价采买，然近亦多杂苏油矣。

稻米自奉天来者，食者少，价亦过昂。他如高粱、稗子、黑豆、豇豆之属，皆土产。此外有谷穗长尺许，色如血，名老羌谷；有蔬类莴苣，而叶深碧，上有紫筋，名老羌白菜，其种自俄罗斯来，人家偶见之，非园圃所重。老羌白菜或书作俄罗斯菘，盖菘字之误。

流人辟圃种菜，所产惟芹、芥、菘、韭、菠菜、生菜、芫荽、茄、萝葡、王瓜、倭瓜、葱、蒜、秦椒。茄长而不圆，王瓜长者几二尺，皆四月后上市鬻之，然亦惟齐齐哈尔如是。墨尔根、黑龙江皆自食不卖。呼伦贝尔、布特哈俗重肉食，无菜色也。

野菜有名柳蒿者，春日家家采食，味初不甚鲜美，满洲谓之额穆毗。国语蘩曰额穆毗，岂其种耶？

药如赤芍、黄芩、百合、防风、土黄连、益母草、茵陈、车前子之类，境内产之。然惟益母草有人熬膏，余皆不采。药店所售，货自奉天，以赝乱真，多无佳品。

相传齐齐哈尔东北山中亦产人参，以路隔红眼哈坍，人不敢过。红眼哈

---

① 穈：按"穈"与下文"䵖"皆为"穈"之异体字，结合上下文意，此处不作更改，以符合原意。

坍，淤泥地也，人行辄陷，万无生理，野鸟亦不敢落。昔年有盗采者，红眼哈坍既冻去，将化还，率以俄伦春为前导，否则路径易迷，虎狼害尤不测。

野花多不知名，人家尝栽者，不过罂粟、凤仙、虞美人、蜀葵、牵牛、江西蜡数种。万寿寺玫瑰两丛，将军府芍药数本，色略有致，无香，间有种丁香、菊花、石榴者，内地购来，经年即萎，否则有叶无花，地极寒故。

地寒花果绝稀，四月中见杏枝繁蕊簇，可供胆瓶，盖屯中人自野甸折来，询其结实，大不及指，此外了无春色。

棠梨，花叶望之皆似白丁香，或言土人系缯条其上，伏腊祭之，忌折其枝，此俗今不闻。

欧李，野果也。《异域录》作"欧梨"，或云即郁李，大如樱桃，色味皆如李，渍以饧蜜，秋日下酒佳品。有言欧阳文忠使契丹，嗜此果，因名欧李者，附会可哂。

伊勒哈穆克，丛生黑龙江城山野中，色红，味甘酸，大如豆，摘食入口成浆，置盂中，不久化为水，国语花曰伊勒哈，水曰穆克，故汉名花水，亦名高丽果。又有都实者，伊勒哈穆克类也，和牛乳造为乌他，味殊甘美。

榛子，生于野甸，树大如荆棘，实园满，未可以"十榛九空"之谚例之，经荒火者尤佳。炒而售者，高唱"火燎榛子"，终年不绝。

人家隙地种烟草，达呼尔则一岁之生计也。自插秧至晒叶，胼胝之劳，妇女任之，皆自鬻于城市。富者坐车牛，贫者披裘放帽，踞地上，晓出暮归，无间风雪。夫若子不预其事，得钱则分之。

达呼尔以绳贯烟叶，压而扁之，绳长约五尺，故其烟以庹计。流人故一庹为数束零售，谓之把儿。烟店肆复有所谓台片者，澹于达呼尔烟而价贱，土人搀而吸之，盖宁古塔产。宁古塔，吉林属城，俗呼宁古台。

达呼尔敬客，以烟为最。客或自吸烟，遽擎其筒于口，装己烟以进，礼也。将军庆（成）初成齐齐哈尔，买薪一车，其仆方吸烟，指示堆何地，忽卖薪者擎其口中筒，仆以为攘夺，怒殴之，不知卖者故达呼尔也，欲尽礼而反受辱，入里不问，仆之过欤？

齐齐哈尔羊草畅茂，马食辄肥。远行者微加粱、豆，余不用，故养马最易，有阿敦者十家而九。阿敦，译言牧群也。墨尔根等城羊草少，且不佳，皆以铃铛麦和谷草秣之，马亦茁壮。然谷草锉而后食，羊草较省力。

第二章　物产资源与建筑交通

《五代史》："契丹裛泽有息鸡草，味美而本大，马食不过十本而饱。"今羊草以束计，一马日食十余束，或即息鸡种。息鸡，唐人诗一作席箕。

苫房草有章茅、黄茅两种。岁久草上积沙，面北处雨过青绿如苔，积雪常数日不化，惟春风大作，不免兴杜老"卷我屋上三重茅"之叹！而丙丁有警，虑尤非小。

都下谚云："关东三宝：人参、貂皮、乌拉草。"草细软温暖，宜藉乌拉，故名。境内有之，然未若奉天、吉林之多。

烧柴，条柳为上，苇次之，蒿艾杂草又次之。柳条多出布特哈，苇多出齐齐哈尔城东呼雨尔河，来路较远，故价贵。蒿艾杂草则日日车载上市，不难致，然夏秋渐少，价渐高，农不暇为樵故也。

土人刈草用芟刀，如镰，柄长七八尺，近刀处置曲木护刃。刈时立执而左右之，远视若扫雪然。

墨尔根有草，和饭饲蝇，蝇尽死。黑龙江有树，伤于刃者，屑其皮敷之，伤立愈，土人谓之刀疮药，然皆不详其名。书称漠北押不卢，食之立死，或即毒蝇草。

布特哈一达呼尔①入山虞猎，阴雨恐湿枪筒，拔道旁草嚼而塞之，俄觉精神顿长，思御内不可忍，趋归，不出门者累日。同类怪问，以为草力使然，迹之不复得。后达呼尔既老，壮健异常人。识者曰，鹿游牝多气绝，牝以草纳其口即活，俗称灵芝草，达呼尔所嚼，岂即此欤？

原野草盛，冬日易引荒火，火起处，昼如万盏灯光，荧荧地上，夜则照耀一天，数十里外望见之。齐齐哈尔西北索岳勒集山者，辽之七金山也，乾隆间，有荒火之变，林木荡然，野兽焚死无算，可知火势之大，响迩为难。

黑龙江涨，必有大木顺流下，土人取以造屋宇，余供炊爨，足支一年，此自然之利也。齐齐哈尔用木，皆楚勒罕时买之布特哈人，其木由嫩江运下，积城西北。两人合抱之材，价银数钱，此关内所不能，然较二十年前，贵已三倍，伐木日多，入山渐远故也。

平地多榆，近水多柳，榆无合抱者，柳皆丛生，烧之恋火，故条子价倍杂草。条子，土人谓柳也。

---

① 达呼尔：即达斡尔族人。

东北"旧志"中松花江流域自然与风俗史料汇编

盛暑架木铺条子以遮阳,谓之冷棚。因沁屯楚勒罕时,行辕冷棚,布特哈办。其后一棚条子派万束,而事罢仍命办者运入邸第,为御冬计。奇三案起,弊乃革。将军宗室永(琨)诗:"貂鼠于人既无分,柳棚从此不须开。"指此。

山谷多桦木,土人以为箭笴、为鞍版、为刀柄,皮以贴弓,为车盖、为穹庐、为扎哈,缝之如栲栳,大担水,小盛米面,谓之桦皮斗。俄罗斯亦有之,极小,雕镂精巧,宜贮槟榔、鼻烟,号老羌斗。

《本草》:"桦生西北阴寒地,味苦,气平无毒。乳痈腐烂,靴内年久桦皮烧灰,酒服一钱,日一服。"此用土人不知。

宋洪忠宣皓使金,流冷陉,写四书于桦叶授弟子,此桦叶之见用于古人者,今不闻。冷陉虽在境内,亦无考。

松有果松、杉松、油松数种,又有伊齐松,转为异气松,性燥易裂,入土则裂者复合,坚如石。伊齐,地名也。

松入黑龙江,岁久他化为青石,号安石(何秋涛云:安石即康干石),俗呼木变石,中为磠,可发箭镞。《尚书》"砺砥砮丹",《鲁语》"肃慎氏楛矢石砮"即此。将军那(启泰)尝以制研,不下墨。先文端公鄂尔泰恭和《御制瀛台木变石歌》有"濡水不沈火不然"句,得石性矣。或言化石者非松也,小暖木也,类松,故从而松之,存之以备一说。

墨尔根协领那(里勒泰)殁数年,棺化为石,则知木之变石,亦不尽因水力。《唐书》:"仆骨有康干河,断松投之,三年变为青石,名康干石。"殆即今日之木变石欤?

内府缠弓矢金桃皮,出齐齐哈尔城东诸山,树高二三尺,皮赤黑而里如泥金,故名金桃皮,其实不结桃也,岁折其枝入贡。

岁贡箭笴八千枝,有桦、有柳、有青杨,亦在齐齐哈尔城东采取。其雕翎、鹈羽贡之以备制箭者,向皆折价在都购办,未详自何年始。

柞木亦名凿子木,取枯心以引石火,谓之木火茸,岁亦充贡。

枯柞经雨生木耳,俗呼黑菜,亦曰耳子。采者春去秋还,山中为棚寮以居,岁无虑数千辈,皆齐齐哈尔流人也。布特哈惧其聚众滋事,驱逐之,然利之所在,终莫能禁。

栎亦柞类,结实名橡子,壳曰橡碗,内地以之染皂,既出色,干复可烧。土人不解此用,但伐之烧炭,冬日鬻之齐齐哈尔,车运距城远;雪则价长,黑龙江扒犁运，距城近，雪则价落，地势使然也。

大抵烧炭多用杂木，已成炭中尚有脂，人家每日炉底必剔去，黑块炭薰如血，余者始无恙。薰音训，见《韵补》。若触其气，辄头涔涔致晕眩呕逆，疾如中煤毒然，初入境者不可不知。

辽东鹤本方物，或得其二，略不加惜，以遗某公，日放置园中，饲以料，修颈高趾，殊自得。性喜浴，每雨过，轩舞有节，或啄薪木掷空，作添筹戏。丹顶日鲜，乃知此物非可翦翎而笼畜之者也。余因谓某公曰："是盍名放鹤园。"

海青，一名海东青，身小而健捷异常，见鹰隼以翼搏击，大者力能制鹿。《本草集解》："青雕出辽东，最俊者谓之海东青。"《元史》："合兰府有海东青，由海外飞来。"《明一统志》："五国城东出海东青。"今岁以十一月入贡，中途饲以鸭肉，旦夕尝引其爪立冰上，性恶热也。

诸城送鹰鹞于幕府，备选贡，例在七月初旬，故齐齐哈尔有"鹰来立秋"之谚。

鹰初生曰额普特，汉名窝雏；长成曰扎发塔，汉名秋黄；逾岁曰呼克申，汉名笼鹰。故养鹰家有一笼、两笼、三笼之说。鹰过三笼，无能为也已。

鹰见雉兔飞起而俯视，曰打桩；得雉兔而双爪紧抱，曰扣环；遗矢曰打条；飏去曰云了。养鹰之隐语也。

鹰与兔相持，犬来助鹰，往往亦伤鹰，犬与兔相持，鹰来助犬，往往亦伤犬。助之者志同道合，伤之者忌功争利欤？

齐齐哈尔副都统巴某，土著达呼尔也。一日出猎，见兔，甫纵鹰，猝坠马，左右驰而掖之起，瞠目大骂曰："我死即死耳！鹰脱飏去，若当何罪？"其重鹰而不顾身如此！

嘉庆八年，将军观（明）进白鹰。十年，万寿节，站丁得白雉献之。僚属聚观，雉无惊态，一时称异，乃陪以常雉送京师。

都人称关东云："棒打獐子瓢舀鱼，野鸡飞在饭锅里。"余尝见野鸡盛时，往往飞集门窗，一握而得，则此言不诬。然亦有贡额不足，多方购补之事，未可以一律论。

土人得野鸡，例捩首于翼下，故关内有弯脖野鸡之称。礼所云："献鸟者佛其首也。"

东北"旧志"中松花江流域自然与风俗史料汇编

野鸭，二月始见西泊中，尝百十为群，以枪得之，亦足充馔。

岁贡鸟名飞笼者，斐耶楞古①之转音也，形似雌雉，脚小有毛，肉味与雉同，汤尤鲜美，然较雉难得，多在深林密薮，故汉名树鸡，有呼沙鸡者，非也。沙鸡又一种。《尔雅注》："鶨鸠生北方沙漠地，大似鸽，形似雌雉，鼠脚无后趾，岐尾，为鸟憨急群飞。"《本草•释名》："突厥雀，即《尔雅》鶨鸠。"《本草集解》："突厥雀生塞北，状如雀而身赤。"诸书所言，殆即飞笼也。

春夏之交，尝见一鸟鸣屋上，声孤孤然。访其名于诸生，汉军曰臭姑姑；满洲曰音达珲彻齐克；达呼尔曰额鹁鹁，言人人殊，迄无定名。幕中偶话及之，一老贴写曰："夸兰达，不记时宪书乎？所谓戴胜降桑即此。"余闻之豁然，愈见博物之难。夸兰达，译言营长，土人以称主事，尊之也。

关以外多雁，故称雁塞，往来嘹唳，南飞北向，一如《月令》《夏小正》之记，时燕则四月来九月去，不似内地皆在社日，此为小异。

齐齐哈尔树上多鸟巢，鸟朝去夕还，食田禾，飞尝蔽日。鹊惟春、冬有之，余日不知所在，故鹊巢难见，鹊噪亦罕闻。

呼伦贝尔马养于他域者，秋日闻黄豆瓣儿声，辄垂头不食，即厩中腾踔嘶鸣，思还故土。其去也，绝靮而驰，蓦山越涧，不复由故道，布特哈马亦然。将军那（启泰）有爱马，布特哈种，一日闻黄豆瓣儿，逸去，踪迹之，马方长嘶主人穹庐外，牵之不动，棰之则蹄啮并施，若欲甘心者，物类之相感如此。黄豆瓣儿，野鸟名。

呼伦贝尔产马，骨骼不甚高大，多力善骋，畜者常剪鬃而不凿蹄。向于楚勒罕时售集上，吉林一带皆来采买。后当事者先以贱值拔其尤，售者苦之，匿其良骏，潜驱多伦诺尔求善价，而以所余塞通市之责，齐齐哈尔无好马矣。多伦诺尔，蒙古地名，俗呼脑儿上。

将军塔（尔岱）一黄马，久从行阵，无一蹶之失，敕赐鄂勒哲伊图阿尔萨朗名号。鄂勒哲伊图，蒙古语有寿也；阿尔萨朗，国语狮子也。其后将军请告食全俸，马亦月支刍秣于有司。

牛一身无弃物，皮肉外，油制烛，骨制箸，脬制酒囊，粪饼可代薪，恋火

---

① 斐耶楞古：意思是"树上的鸡"，又有"树鸡""树榛鸡"之称，在分类学上属于鸡形目松鸡科榛鸡属。

第二章　物产资源与建筑交通

无秽气,家家与马通并积成堆,值大风与沙俱扬已。

回人卖牛肉,例请税课司以火印烙牛股,乃敢就屠。齐齐哈尔一牛纳银一钱,余城多寡不等。余司榷时,戏指火印:"此穿鼻公勾魂牌也。"闻者嗢噱。

土产驴骡,形体皆小,骆驼惟呼伦贝尔有之,其地不多畜豕,特食羊,故其人遍有膻气,殊类蒙古。

羊一岁谓之库尔布子,二岁谓之二毛子。冬日宰而去毛整售,谓之羊孤卢子,犹关内之谓羊腔也,上并有税课司印记,无者罚加倍。

婴儿缺乳,伏山羊于炕使乳之,既久,羊与儿习,儿啼羊遽至,状如母子,"腓字"诚非妄语。

土人消羊皮以盐,至关内为煤火所蒸,多自裂,故晋商皆以硝熟,蒙古则以牛乳熟,较用硝、盐者稍柔软,而洁白逊之。

人家借犬为守备,多者畜至五六,性既不驯,状尤狰狞,夜深嗥吠,声彻四城,穿窬者所由瞿瞿也。然白昼当门,独行者易遭其虐,致妇孺往来手不释梃。则犬之材有用也,德实不足称矣。

布特哈田犬,各擅一长,精于虎者不捕野猪,精于野猪者不捕雉兔,其捕雉兔者,雉兔伏数矢外,此能嗅而得之,号闻香狗。

库雅喇满洲选家犬肥洁者,畜室中,饲以粱肉,以备祭天。然其俗平时不食犬肉,不御狗皮,曰忌讳,今亦不尽然。

呼兰多虎,虎过,父子兄弟不相让,独杀之以献幕府。余尝见呼兰送一虎极大,云已七岁,满洲某佐领所杀也。闻佐领父亦尝杀虎,可称世勇。

虞者言,虎伏于莽,肖鹿声,致鹿至,则无所逃其口,是可名黠虎。

关东鹿尾,见重京师。齐齐哈尔诸城皆马鹿,知味者所不取。谓不如梅鹿,盘大浆浓,为食家珍品。梅鹿即麋,出吉林,鹿茸亦然。

《金史》:"以桦皮为角,吹作呦呦之声,呼鹿射之。"今布特哈有哨鹿者,即呼鹿也,其哨以木为之,长二尺余,状如牛角而中空,国语谓之穆喇库。哨时,吹穆喇库,能肖游牝已愆之声,则牡者狌狌来。然不能人人擅长,盖亦有独得之妙焉。

堪达汉(案:《柳边纪略》作堪达韩),鹿类,背上、项下,仿佛骆驼。沈存中《笔谈》"北方有驼鹿"即此。境内诸山皆有之,毛苍黄,体高大,重或千斤,性极驯,而水行尤速,角长大,色如象齿,以制射鞲,盛暑无秽气。然黑章环绕，匀而不晕者，截数角不得其一，店肆所售，皆伪造也。

堪达汉皮中为鞯，土人食其鼻而美之，号猩唇。按《山海经》："猩猩如豕而人面。"《吕氏春秋》："肉之美者猩猩之唇。"堪达汉鼻，何足以当之。

四不像，亦鹿类，俄伦春役之如牛马，有事哨之则来，舐以盐则去，部人赖之，不杀也。国语谓之俄伦布呼，而《异域录》称之为角鹿。尝见《清文汇书》云："四不像牝牡皆有角，食苔。"则称角鹿不为无本。土人饲以石花，即苔也。

狐有元狐、青狐、火狐、沙狐数种。元狐最上品，青狐号倭刀，贵逊元狐，皆非境内所出，惟火狐、沙狐，虞者得之。沙狐生沙碛。所谓天马，盖舔毛转音，其腹皮也，乌云豹，其颊皮也，土人轻裘，尚此。

边地不识鸡毛帚何物，掸尘所需以狐尾为之。冬日远行，丰狐尾缀马棰，携以暖手，狼尾亦间用，然狐尾轻软差胜。余尝谓："狐尾拂尘，雉翼扇火，堪称塞上两解意奴。"或有句云："尘消书案狐摇尾，烟起茶炉雉展翎。"能道其实。

舍利狲，国语曰西伦，转为舒伦。虞者讳其名，称曰威呼肯孤尔孤。威呼肯，译言轻也；孤尔孤，译言兽也。犹之称虎曰阿勒哈孤尔孤，豹曰呼敦孤尔孤，皆隐语。阿勒哈，斑斓之谓；呼敦，疾速之谓。而惟舍利狲能升木，谨防之，否则溺下著衣，肌肤立溃，此其毒于虎豹处。

野猪极大，其威在牙。牙露吻外，马尾一拂，万茎俱断，所谓獠牙也。生山谷，以榛子、橡子为粮，吉林者则食松子，时以背抵老松揩痒，久之遍体皆沥青，摄沙石于毛鬣间，如披七札，弓弩莫能伤。惟布特哈田犬能咬肾囊致之死。程子解大畜豮豕之牙云："豕刚躁之物，而牙为猛利，若强制其牙，则用力劳而不能止其躁猛，若豮，去其势，则牙虽存而刚躁自止。"观于田犬之制野猪，愈见前贤说经之妙。而来氏知德驳之，谓天下无啮人之豕，特未见野猪故耳。

黑龙江城①忽一熊自北门入，跳跃叫噪，马牛辟易，良久不知所之。一老翁语其侪曰："恐有火灾。"顷之城中火，延烧殆尽，此数十年前事。考明季有熊入西直门，或以为熊字"能""火"，是岁都城果有回禄之变。老翁非知书

---

① 黑龙江城：即瑷珲，位置在今黑龙江省黑河市爱辉区南老城。

者，所见暗合。

狼夜入城，残害牲畜，人家往往缚草为人置墙头，盖以形似者怖之，亦内地壁画灰圈意。或曰草人拒鬼，非也。

挹娄出好貂，见《后汉书》。今之贡貂，挹娄貂也。布特哈人岁赍粮入山采捕，利在大雪，故秋即去，春始还，往往有空手归者，则貂之难得可见。说者谓貂见人走入穴者，取之如探囊，升木则稍难，然守待旬日，亦有到手之时，惟匿石罅中，则无计可施，此亦存乎貂丁之际遇耳。

貂以榛子为粮，畜者多饲鸡肉。性畏人，近之，瞠目切齿，声如鼠。见捕尝缘壁走承尘上，状如倒挂鸟，其便捷，虽猿无以过之。

貂皮气暖，选时，官员在堂上，汗尝浃背。黑龙江过夏用单夹衣，扇为虚器，至是须服绨绤，脱帽露顶将军前，不然，千万张薰蒸之气难耐也。

将军观（明）选貂皮，尝指黑润者曰："苏季子敝裘，未必及此。"旁一官应声曰："不能，不能。"因拾黄色者进曰："请看，不过如是耳！"将军笑而不答。

貂鼻七枚，烧存性，酒冲服之，止胃痛，土人试屡验，方书不载。

灰鼠尾长，时时掉置背上，自覆其首，投以榛子，双爪抱啮如猴，然出诺敏河者佳，号索伦灰鼠。

狍皮不挂霜而毛易落，故服者尝少，率连之为车帷，其肉则御冬美味，海狍逊之。海狍名布勒都里纠，自海中来，动以万计，如羊群，履而梃击，应手皆踣，此布特哈自然之利。

野骡似骡而小，国语谓之齐赫特伊，肉可食而麤，不足贵，亦不多得。

兔有两种：内兴安岭以南者，体长毛杂，形如猫，土人呼跳儿，即京师所谓野猫；岭以北者，目赤，毛纯白、纯黑，好事者捕而畜之，不食。

鼢鼠穴地行，经过处踏之成坑坎，故呼伦贝尔道中马蹄易陷，多鼢鼠也。俗呼粪鼠子。

獭儿，穴居小兽也。毛色如土，不甚暖，俗以制马褂，贫者服之。相传獭儿为穴，出积土，一仰卧载之，众衔尾曳之。久之，载土者背毛脱落，鞟仅存，故俗有奴才獭儿之称。

黑龙江、嫩江鱼名不可枚举，鲟鳇外约略言之：有敖花、有哲绿①、有纽

---

① 哲绿：即巨型哲罗鲑。

东北"旧志"中松花江流域自然与风俗史料汇编

摩顺、有发绿、有草根、有感条、有昂次、有达发哈、有屈尔富、有勾辛、有虫虫。说者谓：敖花鳜也，哲绿鲈也，纽摩顺细鳞也，发绿鲂也，草根鲩也，感条鳟也，昂次黄颡也，达发哈方口鳉头也，屈尔富鲟鳇类也，惟勾辛、虫虫不详何种，要皆长大有余，鲜美不足。一网率得千万尾，洵多鱼以为富哉！

鱼价素贱，夏日尤甚。参赞大臣爱（星阿）初谪齐齐哈尔，以百钱得双鲤，重十余斤，诧为异。然贫家买一尾，老幼当饭，尝恐不足，价不贱何足以聊生？故五月间户皆市鱼，剖而绳属之，晾屋上，谓之晾鱼胚子，终岁用之不竭。鱼网极大，得鱼多，非数十人曳之难出水，故能独织一网者，此富户也。从前将军有官网，八旗备办，渔者隐受其累，而将军食鱼几何？皆为司网者中饱。将军观（明）在镇六年，未尝一举官网，遂废（口云，得公仪休拔园葵之意）。

冬日凿冰眼下网，较水面稍难，而得鱼亦多。惟三伏歇网不下，网入水易烂故也。

岁贡惟鲟鳇、哲绿、纽摩顺三种，而哲绿、纽摩顺皆浇水使冻，如在玉壶，此京师所谓冰鱼也。

鲟鳇鱼，古名秦王鱼，音之讹也，大者首专车。捕之之法：长绳系叉，叉鱼背，纵去，徐挽绳以从数里外，鱼倦少休，敲其鼻，鼻骨至脆，破则一身力竭，然后戮其腮使痛，自然一跃登岸，索伦尤擅能。

黑龙江人以鲟鳇鱼胃造刮鳔，粘纸补字，刀刮用之，胜糨糊远。骑臀无肤者，摊布贴之，胜膏药。将军那（启泰）尝调黑龙江人来幕府，督造累月，迄无成，亦地道所限。

刮鳔一块，大寸许，厚二分，有金钟、蕉叶、书函诸式，一匣尝贮九块，此寻常馈遗物。其尺长如意，盘大拱璧，及悬磬之类，皆近年新式，雕镂尤巧，得之较难。

鲟鳇鱼胃本弃物，迩因岁制刮鳔太多，渔者居奇，遂需重价采买，渐及于外城。约计自熬胃至刻鳔，非三阅月不能成器，则鸠工庀材之费可知。然不售卖图利，不过点染土物，备上官送礼而已。

鲟鳇头骨，关内重之，以为美于燕窝。土人初不爱惜，近乃有关内特来收晒以待价者。

达发哈鱼，出东海，岁入黑龙江，逆水北行，至霜降节近，跃跃于呼玛尔河，不下亿万头。土人谓鱼跃曰果多，转为孤东，故达发哈有孤东鱼之号。或曰，唐太宗征高丽，达发哈跃入御舟，帝怒，谓当驱之黑水，故今鱼腹有印痕，唐遗迹也，闻之可发一噱。然谓鱼入江始生牙，语则不谬。

达发哈鱼未入呼玛尔河，取而干之，冬日馈遗外城，与黑龙江冻豆腐并佳品。

勾辛鱼，一作勾星，喙长而鳞如星。戏以箸探口中，啮不放，断而置之釜，犹跃跃欲出，可称强项鱼。

哈什蚂，田鸡类也，生水边石罅，土人嗜食，都门亦重之（口云，予在京师食之，状如水精，味甘温，一碗之费，白金半流）。

介之属，江中惟有大鳖，然去丑而食，土人不解。亦不识螃蟹，间有自关内带来者，群目为怪物，不敢食。

东珠产吉林江河中，岁有珠户采取入贡，而珠户亦以时至黑龙江、嫩江一带泅采，则境内亦产珠之所也。然私采有禁，故不易见珠，且不闻有藏珠之家。旱岁，西泊既涸，徒见老蚌累累，仰死泥淖而已。珠户皆旗人，世居吉林境内布特海乌喇城，俗称打牲乌喇。

齐齐哈尔东南十余里一坑，积雨成池，忽有龙见，旋得白骨，说者以为龙蜕，因名龙坑。坑附近一林，较城北崔家坟尤深密，副都统瑚（尔奇）墓所。

冬月，江冰忽裂，长数十丈，土人以为蛟划，间见一物波涛中蜿蜒如龙，盖蛟也。

齐齐哈尔附郭无蛇，嫩江西间有之。蝎虿、蜈蚣之类，皆非土人所识。其虫豸伤人畜者，马蜂、土蜂外，蚊、虻最毒。蚊绝大，飞如雨。虻，俗呼瞎虻，集啮牛马，锐入内须臾白者变红，故商旅夏皆夜行，避其锋也。城中蚊较少，然有花草家，黄昏亦不支窗坐。余尝七月出城，行数里，头面已如包谷。世有言黑龙江近城无蚊，蚊不入室者，皆以耳为目语。

俗呼蟋蟀曰趋趋，络纬曰聒聒，螳螂曰刀螂，蚓曰曲蟮，萤曰火虫，蜣螂曰矢壳螂，蜻蜓曰蚂螂，阜螽曰蚂蚱，蜘蛛曰蛛蛛，皆与内地无异。惟夏秋不闻蝉声，土人亦不识蝉为何物（口云，蟪蛄不知春秋，此并不知有蟪蛄，故北方寒而人多寿）。

余寓中杂栽野卉，时有粉蝶栩栩来，然大者少，五色者尤少。而砖隙多蚁穴，雨前奔驰成阵，或言黑龙江无蚁，殊不知蚁诚自在也（口云，大槐宫，处处有之，奔驰名利场者，殊不自知其梦耳）。

东北"旧志"中松花江流域自然与风俗史料汇编

西清:《黑龙江外记》,姜维公、刘立强:《中国边疆研究文库·初编·东北边疆》第十卷,哈尔滨:黑龙江教育出版社,2014年,第249—262页。

《辉南厅志》

农产

高粱、元豆、谷子、粳、大麦、小麦、荞麦、小豆、绿豆、苏子、芝麻、五薯黍、稷、烟叶、线麻、苎麻、马铃薯、蘖、稗、靛。

薛德履:《辉南厅志》,《中国地方志集成·吉林府县志辑3》,南京:凤凰出版社,2006年,第510页。

《鸡林旧闻录》

混同江自俄境阿吉以下,南北多产康达罕(兽皮多取有氄毛服之,故暖。独北兽去毛存鞟,东人恒用以制衣、靴,质坚致而色尤洁白,军人装束更乐用之);北岸四不像(见前)更多;恒滚河,产玄狐。自江至海,产青黄鱼骨、海豹皮、海马、海虎,不可胜记。

混同江下游,东北海口,有大鱼,长一二丈,大数围,头有孔,行如江豚之涉波,孔中喷水高一二丈,訇然有声,闻数里。黑斤、济勒弥诸人通呼为麻特哈,谓此鱼奉海神命送鱼入江,以裕我民食者。是间土人皆不知岁月,特以江蛾为捕鱼征候,每于江面花蛾变白时(约五月),麻特哈送乌互路鱼入江。及青蛾初起(六月至七月望前)送西里性鱼入江。至江面小青蛾再飞起(八月),送答抹哈鱼入江,皆至特林河口而返。其驱鱼进口也,每三四为群,各去里许,逆流而上,掀波喷浪,势甚汹涌;而乌互路等鱼,则率群前行,若不敢稍止者,日可行三四百里。俄人于庙尔地方,初见乌互路等鱼,辄电报伯力,三日后则鱼至伯力下四百里南星地方,再半日伯力已可得鱼,无或爽者。此三项鱼到时,济勒弥及黑斤人等,则于江边水深数尺处,多置木桩,横截江流。桩长二三丈或四五丈,亦有作方罫形,独虚沿江一面者,名曰"闷杠"。于水平线下,又系以袋网,须日乘小舟取之。每一"闷杠"可得数千斤。又或以围网,或以撒网,一举可得数百斤、数十斤,载回小舟,举家各持小刀,临流割之。鱼分四片,穿以柳条支架晾之,作御冬之旨蓄。至麻特哈巨鱼,先济勒弥等人,以为海神之使者,故不敢捕取。近年俄人设法竞取,土人亦从而效

第二章 物产资源与建筑交通

之。每江中风浪大作,辄扬帆持叉,俟出水时,以叉遥掷之。叉尾系长绳,俟鱼力既惫,乃牵至江岸,或售或食,仍不敢携入室中,恐为祟也。

……

松花江之名,最为闲雅,可与江苏之松江相埒。其奇者,松江有四腮鲈,为天下所无。乃松花江有鲈亦四腮,味殊鲜美,谓之侧鲈鱼。

《册府元龟》五季唐同光二年,渤海王大諲譔,贡人参、松子、昆布①、貂鼠皮一褥、六发靴革。考关东人参之目,始见此晋人笔记。有言人参者,皆指当时上党郡、今潞安府产之潞党参,非东参也。

六发靴革,名甚新奇。六系指靴数,凡六双(上云一褥,可知接下之六字必计数也),盖即今乌拉草也。草色深碧,其细如发,长者有四尺余,吉省各地皆产;溪谷岩石中蒙丛下垂,入冬不枯,性温暖,能御寒、避湿。东人常取以铺卧榻,农工等人均以荐履。履用方尺牛皮,屈曲成之,不加缘缀,覆及足背。冬夏胥着以操作。因用此草荐履,故即以乌拉名履,而俗又书作"靰鞡"(靰字并寓象形之意)。东人谚云:"关东三宝,人参、貂皮、乌拉草。"其利用而重视之也如此。

吉林东南长白山系之溪谷中盛产蛤蟆,遍体光滑,满语为"哈什蚂"。尻无窍,并不辨其雌雄。土人云,雄者值山中新雨后,腹生涎沫,雌雄常黏合,虽力劈之不解,即其交尾时也,特不知其孵卵之故,饮而不食,无排泄器,故寒霜既降,辄膨胀死。剖之,满储黑粉如石炭之屑,惟两肋具肥□莹白,有脂肪质,烹食味鲜美。医者云:性滋阴,可当补剂。而《本草》不载其名,古人诗词亦未有咏之者。今南中贩售已多,用为食品。有谓此物饮参水而生,故"哈什蚂"所在山,必产参云。

吉省金矿,在松花江、牡丹江、绥芬河流域俱有苗线发现,然著手淘采者殊鲜。自前年将都鲁河金厂划归江省后,刻惟密山之兴隆沟、东宁之万鹿沟等五处呈报开采。若桦甸之夹皮沟盛况已迥不如昔。采金之法,东省大略相同。曰"上大溜"者,十余人为一班,就溪筑坝,别开水沟引之下注,用宽二尺、长丈八尺之直木槽,内铺细毡,覆以铁眼溜板四,板长四尺五寸,直槽下又加横槽长五尺、宽二尺,亦盖溜板。

……

---

① 昆布:一种具有很高药用价值的海藻。

东北"旧志"中松花江流域自然与风俗史料汇编

虎，喜居荒山丛薄中，便跳荡也。吉人多讳言之。樵采者则真称之曰"山神"。昼伏夜动，猎者每于冬间，伺雪中迹以为掩捕。缘虎前行必寻旧路归，猎者辄于路张机。其法：横系一铜线，一端曳于引满之机关，弓架入铳机，虎触之弹发，恰中其前胸。既负伤，辄奔越，乃按血迹追导，恒倒毙在数里外。

……

黑熊，吉省到处皆有。力大性憨，目甚小，故俗呼为"黑瞎子"。不肉食，胸腹有白毛者性更凶，见人常追逐。

……

麝，东人呼为獐。足高毛粗，形如初生之驹。从前无有猎取者，嗣高丽人来此，就丛莽间隙地架一长绳，中系绳圈，麝穿隙过，则颈乃套入焉。

……

貂皮为吉林特产。毛根色青者曰青鞯；三姓以东，毛根略紫，曰紫鞯。高丽、奉天产者，毛根灰白为草鞯。自以紫鞯者为上。盖气候愈寒，则毛色愈纯厚，故三姓以东之皮张最良，不独貂皮为然也。

……

森林，满语名窝集。如以义释之，亦可谓树密为窝，可以居集，亦曰乌稽。吴汉槎有大乌稽、小乌稽诗是也。汉有南北沃沮地。可见森林弥满，汉时已然。沃沮者，兼指林中有水而言，殆即今之"哈汤"耳。沃沮、乌稽、窝集，音转而实同，今则以窝集称之。吉林全省有四十八窝集，大者亘千余里，小者亦百数十里。蔽日干天，人迹罕到，分为长白山、小白山两系。其长白山系，在松花江上流，头道江、二道江之地，老林绵亘千里，在前清严禁采伐。头道江以下则采伐者沿松花江而下，运售良便，故经营者日盛。其小白山系，在拉林河上游，四合川附近，南抵张广才、老爷二岭，东迄三姓、宁古塔，西至宾州、五常，东北界俄领黑龙江州。……其产树，如果松、杉松、黄花松、紫白松、香柏松、榆树、楸子、椴木等，皆硕大坚致之材。其他杂木，尤不可胜数。吉省东北两边，距江河或火车道较远处，古所谓窝集之地尚延亘不断，枝柯纠结，翳障天日。下则水潦纵横，草叶腐积，盛夏草长，交通为绝。林中产生一种马蜢万千成团，大者如蝼蛄，小者亦如蜜蜂，喙长四五分，形同鸟喙，尖锐如利锥，追逐骡马，螫吮其血，毛片为红。故马行经此，头摇耳扇，蹄踢尾拂，终日不休息，盖畏此荼毒也。而蚊虻之多，更如烟尘。

第二章　物产资源与建筑交通

魏声和：《鸡林旧闻录》，李澍田主编，李澍田、宋抵点校：《长白丛书》，长春：吉林文史出版社，1986年，第55—57、60—64页。

《安图县志》

特种物产志

菌类

木耳

元蘑

榆蘑

榛蘑

花蘑

青蘑

榆黄蘑

猴头蘑

果类

朱果

圆枣

山丁子

托盘果

山楂

榛子

木类

紫椴

纽缦树

王勃骨

空心柳

扁枣

老鹳眼

石硼木

爆马子

花类

柳叶桃

松树梅

蜂花

蝶花

四坠花

动物

禽类

四翼鸟

大头鸟

飞鼠

虫类

小咬

铁嘴

草扒

钢翅

孔广泉：《安图县志》，《中国地方志集成·吉林府县志辑4》，南京：凤凰出版社，2006年，第191—195页。

《镇东县志》

物产

植物：

谷类：蜀黍、玉蜀黍、粟、黍、稷、红黏谷、小麦、大麦、荞麦、稗、苏子、脂麻、蓖麻、火麻、黏蜀黍。

菽类：大豆、小豆、绿豆、豇豆、芸豆。

蔬类：菘、韭、葱、蒜、芹、菠薐菜、芫荽、莴苣、萝卜、芋、马铃薯、茄、秦椒、水萝卜、胡萝卜、黄花菜、灰藋、黄瓜、倭瓜、搅瓜、甜瓜、西瓜、打瓜、葫芦。

花类：凤仙花、鸡冠花、雁来红、牵牛花、萱草花、茉莉花、江西腊、节节高、金丝荷、串枝莲。

草类：烟、蒲、羊草、艾、苇、碱草、黄蒿、达子筋。

木类：榆、杨、柳、杏。

药类：防风、甘草、黄芩、龙胆草、芍药、透骨草、远志、知母、百合、地丁、柴胡、黄连、麻黄、苦参、茵陈、紫苏、茴香、荆芥、益母草、车前子、扁□、蒲公英、枸杞、狼毒。

动物：

禽类：鸡、鸭、鹅、鸽、雀、燕、鹊、乌、鹑、雁、鸿、鹄、雉、沙鸡、布谷、苏雀、鱼鹰、鹰、鸥、百灵、鸢、鹳、靛雀、铜咀、缩脖鸟、乌□。

兽类：马、牛、骡、驴、羊、豕、犬、猫、狐、狍、狼、狢、獾、兔、鼠、鼬、獭、猬、艾虎。

鳞类：鲤、鲫、鲇、鲍、鲦、黄昂、鳅、蟹、虾、蛙、马蛇子、蛇。

昆虫类：蜂、蝶、螳螂、蟋蟀、蚂蚱、蟪蛄①、蜻蜓、蛾、蚊、蠓、蝇、蟑螂、虻、瓢虫、蚁、蜈蚣、蚰蜒、蜘蛛、蚤、臭虫、蝎、虱、虮、蚯蚓、螟蟊。

陈占甲修，周渭贤纂：《镇东县志》，《中国地方志集成·吉林府县志辑10》，南京：凤凰出版社，2006年，第202—207页。

《永吉县志》

物产

吉林为产蔪之薮，生于枯松上者，圆径一二尺而色白，为松花蔪，最难得。紫色散生者为松散蔪。

有夜光木，夜视有光，遇雨益明。有桦木，可为弓箭、鞍镫及碗诸器。皮有纹极细，嫩江、混同江之间尤多。

……

旧俗松花江两岸善弄熊，呼曰马发，多以重价购养，使邻里亲友射杀为欢。

……

松花江以产鱼著。

……

---

① 蟪蛄：俗名知了。

草根鱼，体巨肉肥，形似鲤而微扁，鳞亦甚巨，有重至三四十斤，寻常亦一二十斤，产于松花江上游。其体重，网不能制。

……

倒套子乃渔人土语，或名江通，实即江中沙滩与江通流，泥沙壅积，其水浅不能行舟者。舟如误入，非倒退不能出，因名倒套子。县境松花江下游，此套甚多。

徐鼐霖：《永吉县志》，李澍田主编、点校：《长白丛书》，长春：吉林文史出版社，1988年，第376、384、386、394、398、399页。

《布特哈志略》

嫩江、讷谟尔河一带屯所，地域平坦广阔，宜于垦殖耕种（如小麦、苓当麦、荞麦、大豆、小豆、马铃薯、白菜、萝葡、胡萝葡、葱、茄子、稷、粟、黍、玉蜀黍、大麻、苘麻、烟叶、黄瓜、香瓜、西瓜等类），农暇则在嫩江捕鱼。鱼类则黄、白鲫，鳜，草根，鳊头等为多（江左右各旗屯备有鱼网，每年冬、夏雨季网捕）。

孟定恭：《布特哈志略》，姜维公、刘立强：《中国边疆研究文库·初编·东北边疆》第十卷，哈尔滨：黑龙江教育出版社，2014年，第117页。

《怀德县志》

物产

农产

蜀黍

黏蜀黍

玉蜀黍

黍

稷

稻

谷

粳

稗

小麦

荞麦

西番谷

苏子

脂麻

蓖麻

火麻

大豆

小豆

黑豆

绿豆

豌豆

豇豆

菜豆

刀豆

云豆

菜蔬

韭

葱

芹

菘

蒜

芥

李宴春:《怀德县志》,《中国地方志集成·吉林府县志辑8》,南京:凤凰出版社,2006年,第479—480页。

《德惠县乡土志》

查本县产物除特产大豆为大宗生产外,向为名产、土产之产生,惟特产大豆,全县耕作面积每年约计四七一〇〇余晌,平年豫想收获量可产生一八八〇〇余石(核新制器六二一八〇〇余石),为本县产物最大之出产,其产量用途每年除本地销费可用一四〇〇〇余石外,其余一七四四〇〇余石均运往"新京"、大连等处,亦为本县产物大宗之出口额。

石绍廉编:《德惠县乡土志》,《中国地方志集成·吉林府县志辑1》,南京:凤凰出版社,2006年,第458页。

(二)朝贡贸易

《辽东志》

外夷贡献

乞列迷贡物。

海青、大鹰、皂雕。白兔、黑狐、貂鼠。呵胶、黑兔。

北山野人贡物。

海豹皮、海骡皮、海獭皮。

殳角(即海象牙)、鲂须、好剌(即各色鹿)。

福余、泰宁等达达卫所贡物。

马、失剌孙(即土豹)、貂鼠皮。金钱豹皮。

建州兀者等女真野人卫所贡物与达达同。

任洛等纂修:《辽东志》,刘立强、刘海洋主编:《中国东北边疆历史文献丛书》,北京:科学出版社,2016年,第388页。

《全辽志》

夷人入贡

女直入贡:每年十月初一日起至十一月终止,陆续起送建州、左右毛怜、海西等卫夷人到司,督令通事验审发馆随行,中等六卫挨月公宴,各夷赴京回还亦行公宴,伴送。

抚赏:诸夷环落,性多贪婪,故我以不战为上兵,羁縻为奇计。朝贡、互市,皆有抚赏,外又有沿边报事及近边住牧。换盐米、讨酒食,夷人旧规,守堡官量处抚待。官不奉公,刻军实以恣科派,贪夷利以暗交通,反为抚赏之累。今则否矣。

李辅纂修:《全辽志》,刘立强、韩钢、刘海洋主编,韩钢点校:《中国东北边疆历史文献丛书》，北京：科学出版社，2016年，第364页。

《柳边纪略》

自宁古塔东行千余里，住乌苏里江两岸者，曰穆连连（一作木轮，又作木伦。明永乐间置木伦河城。万历三十九年七月，大清命阿巴泰等取之。崇祯元年七月，大清又命喀凯塔克等率兵征之），俗类窝稽，产貂。又东二百余里，住伊瞒河源者，曰欺牙喀喇。其人黥面，其地产貂，无五谷，夏食鱼，冬食兽，以其皮为衣。自宁古塔东北行千五百里，住松花、黑龙江两岸者，曰剃发黑金。喀喇凡六，俗类窝稽，产貂。

……

东边部落贡盛京者曰库牙喇。俗与窝稽同，产海豹、江獭皮。

……

东北部落素产马。宋建隆中，女直尝自其国至蓟州，泛海至登州卖马。明女直建州毛怜、海西等部，共岁贡马一千五百匹。又永乐三年，立开原马市（在开原南门外，通女直交易）、抚顺马市（在抚顺所，通建州交易）、广宁马市（在团山堡，通朵颜、泰宁、福余三卫交易）。成化十四年，立庆云马市（在庆云堡，通海西、黑龙江交易），以布帛粟米杂货易之。今柳条边内外，绝不产马，惟朝廷乃有马群（按《会典》：盛京骒马群三处，游牧地方。骗马群二处，骒马群十五处；骗骆驼①二处，骒骆驼群十处。上都地方骗马群二处，骒马群十五处；大凌河骗马群二处，骒马群十处。三年，骒马三匹孳生一匹，骒骆驼六年内四只生二只，多者赏，少者责罚。十月初一日起，进庄牧养，至三月三十止；四月初一日放青起，至九月三十日止），其他皆自山海关西及高丽国来。高丽马大与驴等。《后汉书》《三国志》所称果下马，《魏书》所称三尺马，朱蒙所乘马种是也。能负重致远，不善驰骋。其良者亦复踔踔有致，价不甚贵。关西马皆产于蒙古，价每倍于高丽。或遇窝稽人，非十五六貂，不与一马也。

辽东人参（《本草》云：人参与甘草同功而易蛀。惟纳器中密封，可经年

---

① 骗骆驼：此处疑脱"群"字。

东北"旧志"中松花江流域自然与风俗史料汇编

不坏。《紫桃轩杂缀》云：人参，一名人葠①，葠者渐渍之义。又名人微，微亦微渐之意。一名人御，以其生有阶级。又名鬼盖，以其生背阳向阴。又有神草、地精、海腴之名。《异苑》云：人参名土精。《海录》云：天狗，人参也。《春秋运斗枢》云：摇光星散为人参，废江淮山渎之利，则摇光不明，人参不生。《说文》云：葠与参同。扁鹊云：有毒，或住邯郸。《西溪丛语》曰：《梁书》阮孝绪母疾，须人参。旧传钟山所生，有鹿引之，鹿灭得此草）四月发芽，五月花，花白色，如韭花丛，大者若碗，小者若钟。六月结子，若小豆而连环，色正红，久之则黄而扁（扁鹊云：三月生叶，小花，核黑，茎有毛，九月采根）。初生一丫，四五年两丫，十年后三丫，年久者四丫。每丫五叶，叶若芙蓉，一茎直上，《扈从东巡日录》所谓百尺杵也。高者数尺，低者尺余。陶隐居曰：上党参形长而黄，多润实而甘。百济形细而坚白，气味薄。辽东形大而虚软。《紫桃轩杂缀》云：生上党山谷者最良，辽东次之，高丽、百济又次之。《异苑》曰：上党者，人形皆具，能作儿啼（《西溪丛语》曰：扁鹊云，有头足手，面目如人。《广五行记》云：土下有呼声，掘之，得人参，如人形，四体备具，声遂绝。《隋书·五行志》曰：高祖时，上党人家宅后，每夜有人呼声，求之不得，去宅一里所，但见人参一本，枝叶峻茂，因掘去之，其根五尺余，具体人状，呼声遂绝。《夷坚丙志》曰：青城老泽，平时无人至其间，关寿卿与同志七八人，作意往游，未到二十里，日势薄暮，鸟鸣猿悲，境界凄厉。久之，山月稍出，花香扑鼻，谛视，满山皆牡丹也。几二更，乃得一民家，老人犹未睡，见客欣然延入，布席而坐。少顷，设麦饭一钵，菜羹一盂，揖客坐食，翁独据榻正坐。俄出一物，如小儿状，置于前，众莫敢下箸，独寿卿劈食少许，翁曰：储此味六十年，规以待老，今遇重客，不敢藏，而皆不顾何也？取而尽食之，曰：此松根人参也）。今上党、百济，皆枯白无味，而辽以东所产，多黄润甘实，不尽如前所云。而人形略具者，闻亦有之，但不能作儿啼耳。甲子、乙丑已后，乌喇、宁古塔一带，采取已尽。八旗分地，徒有空名。官私走山者，非东行数千里，入黑金阿机界中，或乌苏江外，不可得矣。

……

窝稽人不贵貂鼠，而贵羊皮，凡貂爪褂合缝镶边处，必以黑羊皮一线饰

---
① 葠：原文如此，下同。

第二章 物产资源与建筑交通

之。《松漠记闻》云：不贵貂鼠者，以其见日及火，则剥落无色。余谓此无他，不过厌常喜新耳。今宁古塔梅勒章京以下，皆著猞猁狲、狼皮袄，而服貂者无一人也。若帽则皆貂矣，岂独不畏剥落耶？貂鼠喜食松子，大抵穴松林中，或土窟，或树孔。捕者以网布穴口而烟熏之，貂出避，辄入网中。又有纵犬守穴口，伺其出而啮之者；然不贵，恐其损毫毛也。紫黑色毛平而理密者为上，紫黑而理密者次之，紫黑而疏与毛平而黄者又次之，白斯下矣（胡峤《陷房记》所谓黑、白、黄貂，鼠皮也）。康熙初，易一铁锅，必随锅大小布貂于内，满乃已；今且以一貂易两锅矣（明时铁锅不许出边。隆庆四年，俺答受封顺义王后，诸所请皆酌给，独不与锅，哀告数次，终不允。北边如此，东可知已。所以初时难得则贵重，久之日多日贱矣），易一马必出数十貂，今不过十貂而已。马良者乃十四五，亦不以上貂易也。上貂皆产鱼皮国（即窝稽诸部，以其服鱼皮，故名。《北史·室韦传》：南室韦、北室韦，皆捕貂为业。冠以狐，衣以鱼皮。大室韦尤多貂及青鼠），岁至宁古塔交易者二万余，而贡貂不与焉。宁古塔人得之，七、八月间，售贩鬻京师者，岁以为常，而京师往往贱挹娄而贵索（平声）伦，盖以索伦貂毛深而皮大也，然不若挹娄之耐久矣。

貉子皮出鱼皮国者佳。大与狐等。每皮价四五钱，拔枪毛（毛之长而劲者曰枪毛）为帽。脊曰钴草，臀曰坐草，腹曰拉草。钴草绀色上也，坐草黄色中也，拉草灰色下也，塞外御寒在貂上。有为被者，若为褥，则不拔枪毛。枪毛锐，黄黑色。

鹿皮、狍皮、火石、火绒、锉草、红根草及诸木杆皆有贡额（按《会典》：盛京将军每年进鹿皮一百张，狍皮一百张，枪杆三百根，叉杆一百根，杨木箭杆三千根，桦木箭杆二千根，桨木一百根，火石一斗，鞭杆八百根，锉草五百斤，红根草五十斤，火绒三斤，岁以为常）。

……

宁古塔多业农贾，贾者三十有六。其在东关者三十有二，土著者十，市布帛杂货，流寓者二十二，市饮食在西关者四。土著，皆市布帛杂货，农则无算而奴为多。其俗贵富而贱贫，贵老而贱少，贵汉而贱满，何也？凡东西关之贾者，皆汉人，满洲官兵贫，衣食皆向熟贾赊取，俟月饷到乃偿直，是以平居礼貌，必极恭敬，否则恐贾者之莫与也。况贾者皆流人中之尊显而儒雅者，与将军辈皆等夷交，年老者且弟视将军辈，况下此者乎？居人无冻馁者，冻馁则群

107

敛布絮、粮食以与之。夜户多无关,惟大门设木栅,或横木为限,防牛马逸出也。比年来正二月间,走山者或盗马,因设堆子巡警。他时,牛、马、猪、鸡之类无失者,失十余日,或月余,必复得。

……

海豹皮出东北海中(唐开元中,新罗国与果下马同贡者也),长三四尺,阔二尺许,短毛淡绿色,有黑点。京师人误指为海龙皮,染黑作帽。海龙皮大与海豹等,毛稍长,纯灰色。又京师人指为海獭皮者也。

红姑娘,一名红娘子,状若弹丸,色红可爱,味甜酸,子若鱼子。八、九月间熟。草本,有蕚若秋葵,蕊而淡红,烹汤亦可饮。

大发哈鱼,一作打法哈。子若梧桐子,色正红,啖之鲜水耳。其皮色淡黄若文锦,可为衣,为裳,为履,为袜,为线。本产阿机各喀喇,而走山及宁古塔之贫者,多服用之。

楛木长三四寸,色黑,或黄,或微白,有文理,非铁非石,可以削铁,而每破于石。居人多得之虎儿哈河。相传肃慎氏矢,以此为之。

好事者藏之家,非斗粟匹布不可得。按楛矢自肃慎氏至今,凡五贡中国(周时贡,后常道乡公景元末又贡,晋元帝初又贡,成帝时通于石季龙,四年方达,后魏太和十二年,遣使又贡),而勿吉室韦之俗,皆以此为兵器。或曰楛矢,或曰石镞,或曰楛笴,历代史传言之娓娓(《魏书·勿吉传》:箭长尺二寸,以石为镞。《北史·勿吉传》:自沸涅以东,皆石镞。《唐书·室韦传》:器有角弓、楛矢。《黑水靺鞨传》:其矢石镞,长二寸,盖楛笴遗法)。今余之所见,直楛耳,无有所为镞与笴也。不知镞与笴,又何以为之也!

盐,南北朝时有产于树者,有产于池者。金时速频以东食海盐,上京、胡里改等路食肇州盐(按《哈刺八都鲁传》①:至元三十年,世祖谓哈刺八都鲁曰:乃颜故地曰阿八刺忽者产鱼,吾今立城,而以兀速、憨哈纳思、乞里吉思三都②人居之,名其城曰肇州。又《元史·地理志》:附肇州于广宁府后。其地应在盛京界内)。今则运自奉天,或高丽国,坚类长芦盐,斧砍之乃碎。宁古塔盐斤二分五厘,船厂盐斤一分二厘。祁奕喜《风俗记》:出沈阳者斤八分,

---

① 《哈刺八都鲁传》:查《元史》,应为"《刘哈刺八都鲁传》"。
② 都:似应为"部"。

出高丽者斤六分，盖康熙初价犹贵，不似今之贱也。

桃花水，草本，状若杨梅而无核，色红味甘，质轻脆，过手即败矣。五、六月间，遍地皆是，居人择最多处，设帐房或棚子，醵分载酒，男女各为群，争采食之。明日又移他处，食尽乃已。又有法佛哈米孙乌什哈者，味甜酸可食，皆中土所无者也。若苹婆果、桃、李、枣、栗、柑、橘之类，非中土人驰送不可得。瓜往时绝少，今李召林学种，各色俱有，然价甚贵。荸荠，淀子中（平地为淀子）亦生，人不知食，黄精极多，贱者乃食之。蘑菇、猴头、鸡腿之外，尚有数种，然状莫大于猴头，味莫鲜于鸡腿。鸡腿蘑菇，篱落间皆有之。往，吴汉槎还，病且死。谓予曰："余宁古塔所居篱下产蘑菇，今思此作汤，何可得。"予时窃笑之，以为蘑菇所在有，何宁古塔也？及予省觐东行，乃知宁古塔蘑菇，为中土所无。而汉槎旧居篱下所产，又宁古塔所无者。今此屋属河南李闻远，而蘑菇已尽。数年来，数祁家马槽下者，为第一矣（祁家者，祁奕喜妾所居也）。

护腊，革履也。絮毛子草于中，可御寒。毛子草细若线，三棱微有刺，生淀子中，拔之颇触手，以木椎数十下，则软于线矣。一名护腊草，土人语云：辽东三件宝，貂鼠、人参、护腊草。余谓参、貂，富贵者之宝也。护腊草，贫贱者之宝也。有护腊草则贫贱者生，无参、貂则富贵者死。

塔子头（《扈从东巡日录》作塔儿头，非。或名和尚头），苗长尺许，若麦门冬草，春绿、夏青、秋白，冬则土人以火燎之，焦而黑矣。根紫色，细若线，纠结成团，坚如木石。大者抱，小者握，自相连，联络参差，立泥淖中。马行其上，春夏最难，一失足，陷隙际不能起。秋冬冰坚，则如陆地然。和尚头仍不与冰等也。土人有取以为枕者，玩之绝可爱。余欲携其一示好事者，以马力不胜而止。

松塔，松子蓓也。状若塔，故名。大者高尺许。打松子者，入阿机中伐木取之。木大塔多者，取未尽，辄满车。往时不甚贵，近取者多，百里内伐松木且尽，非裹粮行数日不可得，价乃数倍于前。己巳、庚午间，银六钱买一大斗，然食者少，不甚买也。余初至，日食一升，三四日后，唇焦舌燥，不敢食矣。

榛，高二三尺草也，而似木，经霜后，子落可拾，干可为薪，否则入野烧，春夏间复生，品素贱。己巳秋独少，价遂与松子等。

东北"旧志"中松花江流域自然与风俗史料汇编

桦皮，桦木皮也。桦木遍山皆是，状类白杨。春夏间剥其皮，入污泥中，谓之曰糟。糟数日乃出，而曝之地，白而花成形者为贵，《金史》所谓酱瓣是也（按《金史·舆服志》：酱瓣桦者，谓桦皮斑文，色殷紫如酱中豆瓣也。金人佩刀皆以酱瓣桦为镖口。又《北史》：钵室韦用桦皮盖屋）。拉发北数十里，特设桦皮厂，有章京（按《会典》：设采桦皮六品官一员），有笔帖式，有打桦皮人，每岁打桦皮入内务府。而辽东桦皮，遂有市于京师者矣（按《会典》：康熙二十六年以前，间一年取宁古塔桦皮九千斤）。

……

辽以东皆产鹰，而宁古塔尤多。设鹰把势十八名（以流人子弟或奴仆为之，兼衙门行杖），每年十月后即打鹰，总以得海东青为主。海东青者，鹰品之最贵者也。纯白为上，白而杂他毛者次之，灰色者又次之。既得，尽十一月即止，不则更打。若至十二月二十日不得，不复更打矣。得海东青后，杂他鹰遣官送内务府，或朝廷遣大人自取之。送鹰后得海东青，满汉人不敢畜，必进梅勒章京。若色纯白，梅勒章京亦不敢畜，必送内务府矣。凡鹰生山谷林樾间，率有常处。善打鹰者，以物为记，岁岁往，无不遇，惟得差不易耳。视其出入之所，系长绳，张大网，昼夜伏草莽中伺之。人不得行，行则惊去。

……

牛鱼，鲟鱼也。头略似牛，微与南方有别，然土人直呼为鲟，惟中土人或谓之为牛耳。重数百斤，或千斤。混同、黑龙两江，虎儿哈河皆有之。最不易得，得之则群聚而脔食之。《演繁露》载：契丹主达鲁河，钓牛鱼以占岁。《海陵集》称：与金兰酒并赐使臣（周麟之《海陵集》云：有梁大使者，先朝内侍官也。入馆传旨，赐金兰酒二瓶，银鱼、牛鱼二盘。又云：牛鱼出浑同江，其大如牛）。《二老堂杂志》亦云：一尾之直与牛同（周必大《二老堂杂志》云：周枢密麟之充金哀谢使，金主爱之。享以所钓牛鱼，非旧例也。枢密糟其首，归献于朝，同馆王龟龄目为鱼头公）。则牛鱼在辽金时已贵重矣。然其味犹在鲫鱼下。鲫鱼大者三斤，小者若滦鲫（滦鲫率重一斤，中土之贵品也），鲜美不可名状。若牛鱼，徒肥耳，不甚鲜也。塞外凡鱼皆肥美。余去时于棉花街市一鲢鱼，重十斤（价银二钱），十五人食之不尽。余欲更市一尾进吾父，同行者曰："宁古塔鱼更佳，何市为。"及至，果然。盖宁古塔城临虎儿哈河，冰开后，无贵贱大小，以捕鱼为乐。或钓或网，或以叉，或以枪，每出必车载而归，不须买也。惟冬月凿冰，则捕者少，好逸者乃买耳。

杨宾：《柳边纪略》，姜维公、刘立强：《中国边疆研究库·初编·东北边疆》第八卷，哈尔滨：黑龙江教育出版社，2014年，第52—54、56、59、62—63、67—68页。

《龙沙纪略》

贡莫贵于貂与珠，已载之《经制》。其黄羊、野彘、雉、鹿之获于野者，作边土之物贡，宜矣。至于尽其土实厥篚，惟错纳于王家，虽蔗节桴苡之微，并宜志怀方之盛焉。

海青，即海东青，出辽东鹰鹘之最俊者。《明一统志》云："小而健，能擒天鹅。"今出黑龙江左右。

鹖鸡，雉属，出艾浑深山中及札赖特地。雌者，毛色若灰；雄若浓靛，讹呼黑鸡。岁捕生者入贡。

遮鲈鱼，类白鱼，而首锐无骨，味若鲈，一名赭鲈，一名细鳞。岁贡百尾。九月，栖江滨，捕而畜之。

欧李子柔条丛生，高二尺许，花碎白实，如小李。味酸涩，宁古塔、艾浑皆有之。

花水出艾浑，色赤。望之如豆，入口成液。离枝十余日，辄化为水，以蜜收为膏充贡。

老枪菜，即俄罗斯菘也。抽薹如莴苣，高二尺余。叶出层层删之，其末层叶叶相抱如球，取次而舒。已舒之叶，老不堪食，割球烹之，略似安肃冬菘。郊圃种不满二百本，八月移盆，官弁分畜之。冬月苞纸以贡。

菱，六棱而小，产诺尼江，去皮干之。

荞麦面，更三四磨者，白如雪。

艾浑麦面，甘香胜中土，所产作饼松美。

白垩，如粉，入水十余日，制其燥涂壁不裂。

物产

杜实产艾浑，小而赤，似桑葚，味酸。

夸阑蘑菇，生卜魁城东草地内，七月入市。夸阑者，毡庐椸木所立之周遭也。木气入土生蘑，故名。今因其白色黑阑，名为花阑，乃强解耳。

111

老枪谷，茎叶如鸡冠，高丈许。实如枡榈子，深赤色，取粒作粥香美。

花有蜀葵、兔葵、萱蓼、凤仙、长春刺梅金钱。土人呼兔葵为鬼脸葵。

雀儿花色翡翠，似鸳鸯菊，而单蒂跗横枝上，如鸟之翔。

闪缎花以色名，似龙爪而小、山丹而曲。

草芙蓉，不知何以名，叶细如皂荚，花黄同菊。瓣规高者，亭亭二尺许。

万年菊花，叶类草芙蓉，色黄枝柔，蒙密延蔓。一本可百余花，或曰即层瓣高丽菊也。

高丽菊，产朝鲜，枝叶类万年菊。单瓣，色黄赤相间，如虎皮。

日奇花，类蝴蝶，花而小。一茎十数化，辰收申放数必奇，故名叶如萱。

莴苣莲，即婴粟。六月始花，高尺许，叶如莴苣，单瓣，微红。中土人携千层五色，种布之辄变。

菊亦畏霜，五月苗枝瘦弱，八月移盆入室，临南窗下。十月花大如钱。

棠梨，郊圃间有之。土人系缯条于上，曰神所凭伏，腊祀之。有戕其枝者，则怒，不知何所取义。

城南三十里，有柳丛生，细不及指，高不及肩。杏亦然。无成树者，花小不实。土人老死，不知鲜果为何物也。药味有益母草、赤白芍药、防风、黄芩、百合、木贼、蒺藜、甘草、车前子、麦蘪冬、五味子、薄荷、黄精。艾浑产黄连，然皆杂烟莽中，萎于霜雪，无采劚者。

羊草，西北边谓之羊胡草。长尺许，茎末圆劲如松针，黝色油润。饲马肥泽，胜豆粟远甚。居人于七、八月间，刈积之，经冬不变。大宛苜蓿，疑即此。中土以苜蓿为菜，盖名同也。

索伦产马，身长足健，毛短而泽。

鄂伦春无马，多鹿，乘载与马无异。庐帐所在，皆有之。用罝任去，招之即来。有杀食之，斯不复至。

鄂伦春地宜桦，冠履器具，庐帐舟渡，皆以桦皮为之。黑龙江产鱼，惟鲫一种。诺尼江无虾蟹，而鱼属皆备。五月鱼车塞路，长二尺许者，值十余钱。六、七月水涨，则大鱼不入网。江冻，凿冰取之，价十倍。夏多鲤，冬多鳊鳜，味淡而腥。

勾星鱼，鳞斑然如列星，长喙。渔者间以箸探其口，啮之至死不释。假刃之釜中，犹跃跃也。腥秽不可食。

堪达含，驼鹿也，项多肉。陆佃《埤雅》云：北方有鹿，形如驼。即此。色苍黄，无斑，角坚莹如玉。中有黑理，横截之，镂为决，使理周于外，一线匀圆。选一决于数十角，直数万钱。弟世庄有诗曰："臃肿额端欺鹿角，郎当项下斗狼胡。可怜骨碎三军指，曾助天山一箭无。"

沙鸡，鸠形，鹑毛，足高二寸许，味胜家鸡。

老枪雀，一名千里红，与雀无异，惟颠有红毛，产俄罗斯地。至以十一月囮而取之，炙食甚美，笼畜之辄死。

无蚁。

蚊不入室。

五色石，产黑龙、诺尼两江岸，通明如玛瑙。红圆者像含桃，或取以饰念珠。

空青，渔人间得之，不敢私匿。将军酬以值，遣官奏进。或弁卒自得之，即遣送京师，奏其名例，得赐纻帛。

龙骨，艾浑江岸数尺下恒有之。或曰龙蜕，或曰孽龙，谪而死者。

方式济：《龙沙纪略》，姜维公、刘立强：《中国边疆研究库·初编·东北边疆》第八卷，哈尔滨：黑龙江教育出版社，2014年，第126—128页。

《宁古塔纪略》

康熙三十年前，沿松花江而下三千里，俱设城郭，直至乌龙江而止。乌喇七百里至孤儿却，又名新城，有梅勒章京驻扎。遍地皆沙，与蒙古接壤。最多牛、马、羊、骆驼。又二百六十里至墨尔根[①]，木城、沙地，都统镇守。又一千里至圃魁，木城、沙地，都统镇守。离城东北五十里，有水荡。周围三十里，于康熙五十九年六、七月间，忽烟火冲天，其声如雷，昼夜不绝，声闻五六十里。其飞出者，皆黑石硫黄之类，经年不断，竟成一山，兼有城郭。热气逼人三十余里，只可登远山而望。今热气渐衰，然隔数里，人仍不能近。天使到彼查看，亦只远望而已，嗅之惟硫黄气。至今如此，亦无有识之者。又八百里至爱荤，木城，四周皆山。城临乌龙江，有将军镇守。与老抢连界，近索龙，出人参、貂皮。此处貂皮毛粗，不及黑斤矣。孤儿却至爱荤一带，俱极寒

---

① 墨尔根：即今黑龙江省黑河市嫩江县。

冷。六月收成，七月即霜雪，又非宁古、乌喇可比也。此皆乌喇诸友所述者。

吴振臣：《宁古塔纪略》，姜维公、刘立强：《中国边疆研究库·初编·东北边疆》第八卷，哈尔滨：黑龙江教育出版社，2014年，第152页。

《卜魁纪略》

地产桦木，其外皮为暖，内皮为桦，皆可以饰器。

栎子房生名为橡斗，今谓之橡碗，可以染衣，土人只取供柴耳。

柞亦名凿子木，取枯心以引石火，谓之木火茸。

药如赤芍、黄芩、百合、防风、土黄连、益母草、茵陈、车前子之类，境内产之。

距城东南六十余里，为呼雨哩河，有苇丛生百数十里，居民取以为柴。

蓝菊，俗名江西腊，花多蓝紫色。

雁来红，一名汉宫秋。

草茉莉实可为粉。

花多复开。地气寒，群卉至盛夏始荣，仲秋已凋。

月月红，一名长春花。

马齿，野苋名。

猪牙，野菜名。

柳蒿，野菜名，俗谓之额穆毗。清语蘩曰额穆毗，或即是此。抑蒌蒿之讹邪？

枯柞经雨生木耳，俗呼黑菜，亦曰木子。

包谷，一名蜀黍。

豆有黑、黄、赤、小之分。复有芸、蚕、豌、扁之别。

淡巴菰草，以东三省产者良，今假借烟字，谈①若蔫②。按烟有蔫音，故阏氏读为燕支。

王瓜、西瓜、甜瓜、倭瓜之属，皆可种植。

老羌瓜近日始有，西壶卢亦可食。

---

① 谈：似应为"读"。

② 蔫：似应为"焉"。

堪达汉，《尔雅》所谓麇也。角以为决，皮以为衣、裙、靴、袜，可避枪箭。亲达卑，老兔也，一名天马，生于密林，其皮毛，冬白色，春夏秋青色，为衣，最轻暖。

獭儿形似水獭而小，穴于土中。

……

贡木变石、桃皮木。六月进面，七月进鹰，十月进鲜鱼，十一月进海东青，十二月进春鱼。例进火茸、箭筒。

英和：《卜魁纪略》，姜维公、刘立强：《中国边疆研究库·初编·东北边疆》第八卷，哈尔滨：黑龙江教育出版社，2014年，第225—227页。

《打牲乌拉乡土志》

蓄养鲟鳇鱼渚：龙泉渚在松花江之左，系吉林所属界，内建有官房一所，按年派官看守。

东珠，此系奏请奉旨，始行捕打。

松子、松塔、红白蜂蜜、鳟鳇鱼①、鳟鱼、细鳞鲏鱼②、翘头白鱼、细鳞白鱼、草根鱼、鲤鱼、鲏季鱼以上十（宗历进）。

国贡以乌拉地居吉属境内之中，除本署应进贡品之外，仅叙土硝、大缸、白小米三种，其余山川生产药饵暨水木各属，谅吉省俱已载之，未便重复。

云生：《打牲乌拉乡土志》，《中国地方志集成·吉林府县志辑1》，南京：凤凰出版社，2006年，第554—555、597页。

《伯都讷乡土志》

谷属：稷、黍、蜀黍、黏蜀黍、梁、粟、秋、小麦、大麦、荞麦、玉蜀黍、西番谷、苏、脂麻、蓖麻、大麻、豌豆、豇豆、芸豆、大豆、绿豆、小豆。

蔬属：韭、山韭、葱、蒜、小蒜、菘、芥、芹、菠陵菜、莴苣、芸薹、马

---

① 鳟鳇鱼：疑为鲟鳇鱼。
② 细鳞鲏鱼：或为"细鳞鲴鱼"。细鳞鲴是鲤形目鲤科鲴属鱼类，又称细鳞斜颌鲴、板黄、沙姑子。分布于中国黑龙江、长江、珠江等流域。

东北"旧志"中松花江流域自然与风俗史料汇编

齿苋、蘼菱、秦①椒、同②蒿、蒌蒿、苦荬、地肤、萝卜、山药、越瓜、黄瓜、倭瓜、壶卢③、茄、红花菜、黄花菜、搅④瓜。

草属：苘麻、蓝、苇、羊草、狼尾草、章茅、塔子头、小青草、马兰、香蒲、菖蒲、水葱、猫儿眼草。

木属：榆、杨、桑、柞、柳、明开夜合木、棘。

花属：芍药花、生菜连、蜀葵花、向日莲、鸡冠花、草芙蓉、牵枝牡丹、山胭脂花、金盏花、玉簪花、牵牛花、绣球花、菊花、冻青花。

菜属：香瓜、西瓜、山定子、菱、棠梨、杏、蕴梨。

药属：车前、艾、防风地丁、王不留行、蒺藜、硝、牛黄、透骨草、老观嘴、茵陈、公英、紫苏、坤草、黄芪、苍耳、荆芥、百合。

禽属：鸡、雉、鹅、鸪、鸭、野鸭、蒲鸭、树鸡、鹤、鹑、黄鹂、鸦、鹊、鸳鸯、鸥、鹰、雕、鱼鹰、燕、雀、铁嘴、红料、白眼雀、靛雀、蒿雀、黄肚雀、拙老婆、画眉、三道眉、鸥鸰、千里红、铁背雀、鸽、白翎雀。

兽属：牛、马、驴、羊、豕、犬、猫、狼、狐、鼬鼠、貂、獐、艾虎、兔。

水族属：鲤、岛子鱼、鲟鳇、发绿鱼、鳢、鲕、鳇、鲍、鳡、鲦、黄鲴、赤梢鱼、鲇、船丁鱼、鳅、虾、蛙、山哈、蜊蛄、虫豸、蚕、蜂、蚁、蟋蟀、螳螂、蝶、蚓、蚊、蜻蜓、虹。

伯英：《伯都讷乡土志》，《中国地方志集成·吉林府县志辑10》，南京：凤凰出版社，2006年，第289—302页。

《吉林分巡道造送会典馆清册·盐场》

吉林食盐，皆自边外与内地商贩，向无盐场，惟宁古塔征收盐税钱贰百肆拾五吊陆百柒拾文，于光绪十一年正月奉文。

《吉林分巡道造送会典馆清册》，李澍田主编，李澍田、宋抵点校：《长白

---

① 秦：青。
② 同：苘。
③ 壶卢：葫芦。
④ 搅：茭。

116

丛书》，长春：吉林文史出版社，1988年，第170页。

《吉林分巡道造送会典馆清册·税课》

斗税按斗抽收，分别粗细粮石，每斗抽钱自拾文至叁拾文不等，无定额。

杂税，烟、酒、牲畜、木植四项。烟叶，每百斤税银贰钱。烧酒，每百斤税银肆分。牲畜，每价银壹两，税银叁分。木植，每拾根抽壹，尽征尽解。

店课，每家每年纳课银贰两（如有新开、荒闭，随时增减）。

当课，每家每年纳课银贰两伍钱（如有新开、荒闭，随时增减。光绪十三年，因郑工需款，遵照部咨，每家预交二十年课）。

牙秤，每家每年纳课银壹两伍钱。

香磨，每座每年纳课银贰两。

烧锅税课，按票征收，每领票壹张，纳课银伍百两。其吉林、长春两府，烧锅每票壹张纳课钱柒百贰拾吊作为定额，如荒闭一家，大众摊补。其新设之小烧锅，每筒纳课银贰百两。

田房税契，每价银百两，税银叁两。

山海土税，即土产，三十八宗。牛鹿筋，每拾斤税银壹钱壹分叁厘叁毫。鹿角，每拾斤税银贰分捌厘叁毫。芝麻，每斗税银捌厘柒毫。青靛，每百斤税银五分。线麻，每百斤税银捌分伍厘。苘麻，每百斤税银肆分贰厘伍毫。豆油，每百斤税银叁分肆厘。苏油，每百斤税银叁分肆厘。麻油，每百斤税银叁分肆厘。牛油，每百斤税银玖分玖厘玖毫。瓜子，每百斤税银捌分伍厘。大盐，每百斤税银捌分伍厘。花蘑，每拾斤税银肆分贰厘伍毫。榆蘑，每拾斤税银捌分伍厘。冻蘑，每百斤税银壹钱肆分贰厘。木耳，每拾斤税银五分贰厘贰毫。杂鱼，每拾斤税银捌厘伍毫。鱼骨，每斤税银贰分捌厘叁毫。蟹肉，每拾斤税银贰分捌厘叁毫。海参，每拾斤税银壹钱肆分贰厘。海茄子，每拾斤税银贰分壹厘叁毫。海菜，每百斤税银伍分陆厘柒毫。鹿茸，照每价钱壹吊税银壹分肆厘贰毫。虎骨，照每价钱壹吊税银壹分肆厘贰毫。豹皮，每张税银壹钱贰分壹厘。水獭皮，每张税银玖分壹厘捌毫。狐皮，每张税银贰分叁厘捌毫。貉皮，每张税银贰分叁厘捌毫。狼皮，每张税银叁分。貂皮，每张税银贰钱捌分柒厘。虎皮，每张税银玖分玖厘叁毫。獾皮，每拾张税银肆钱叁分贰厘伍毫。羊皮，每拾张税银捌分伍厘。狗皮，每拾张税银伍厘柒毫。骚鼠皮，每百张税银贰钱肆分柒厘捌毫。灰鼠皮,每百张税银壹钱壹分肆厘。土面碱,每斤税银贰分捌厘捌毫。烟膏,照每价钱壹吊税银伍厘柒毫。鱼税,每领网窝一处,每年纳课银贰拾两。

七厘捐由各栈店抽收,每卖钱壹吊,抽捐钱七厘(由商自行解省充饷)。

四厘捐由各栈店抽收,每卖钱壹吊,抽捐钱四厘(充宝吉钱局经费。光绪十三年六月奏准)。

洋药税,每百斤税银捌拾陆两。

洋药厘捐,每卖壹两,捐银贰分。

《吉林分巡道造送会典馆清册》,李澍田主编,李澍田、宋抵点校:《长白丛书》,长春:吉林文史出版社,1988年,第193—194页。

《吉林分巡道造送会典馆清册·吉林物产》

谷类

谷(《明一统志》:谷,有名西番者,有名高丽者。西番谷,苗高如蜀黍,穗如蒲;高丽谷,火红色如鸡冠。今谷有大、小二种,最大曰沙谷;粒稍尖者,名芝麻谷)。粱(较谷米粒大,有黄、白、青、赤诸色)。稷(《礼记》谓之明粢,《明一统志》作穄,今呼糜子米,晚种早熟,边地尤宜)。黍(稷之粘者为黍,今呼大黄米,可酿酒)。蜀黍(种始自蜀,今呼高粱,土人率多饭此)。粟(谷之最细而圆者为粟,俗呼小米)。稗(宜下湿之地,米最甘滑)。元菽(有黑黄二色,黄色者曰元豆,黑色者曰黑豆,可榨油)。玉蜀黍(茎叶似蜀黍,子藏包中,俗呼包儿米)。黏蜀黍(其性粘,一种壳黄,一种壳黑,长可为帚)。秋(俗称小黄米)。大麦(即《诗》之牟,可为面,亦可作曲酿酒)。小麦(较大麦粒稍小,色洁白,性甘滑,可为面)。荞麦(伏种秋收,宜下湿地)。薏苡(俗名草珠子米,入药,曰薏苡仁)。苏(有紫、白二种,收子榨油,通行南省)。脂麻(俗呼芝麻,可榨油)。蓖麻子(俗呼大麻子,可榨油)。火麻子(可榨油,皮沤之为线麻)。大豆(古谓之菽,俗呼黑豆)。小豆(有虉、白、青、黄、黑数种,赤者入药)。绿豆(粒粗而深绿者为上,粗润而淡绿者次之,性微寒)。豌豆(《辽史》谓之回鹘豆,今有大、小二种,俗以此为蔬)。蚕豆(俗呼树豆,豆之中唯此无枝蔓)。萹豆(色亦不一,有红、白数色，白者入药）。豇豆（青可充蔬，秋成收子为豇豆）。菜豆（如藊豆而荚长，可为蔬）。云豆（种来自云南，俗呼六月鲜）。

蔬菜

韭菜（《礼》名丰本）。山韭（独茎一叶，郊野中生）。葱（春发名羊角，夏种为小葱，秋收为之甘葱。《金史·地理志》："海兰路贡海葱"）。山葱（郊野中生）。蒜（有紫皮、白皮两种）。小蒜（生田原中，俗呼小根菜）。菘（俗呼白菜，有黄芽、箭杆两种）。芥菜（有大、小两种，白芥子入药）。芹菜（水、旱两种，赤白二色）。蕨菜（茎色青紫，生山中。《诗》言："采其蕨。"即此）。菠菱菜（俗呼菠菜）。莴苣（俗呼生菜）。芸薹（俗呼臭菜子，可榨油）。马齿苋（叶青梗赤，俗呼野苋菜）。蘼荽（俗呼香菜）。藕（宁古塔境有莲花泡，产藕，色红味甘）。秦椒（生青熟红，味至辛。又一种结椒向上者，名曰天椒）。同蒿（形气同于野蒿，亦可茹）。蒌蒿（《尔雅》作虆，今呼□蒿菜）。大茴香（《本草》作莳香）。小茴香（种自西域）。苦荬（断之有白汁，花黄似菊，俗呼曲马菜。《礼》"月令四月苦菜秀"即此）。地肤（俗呼扫帚菜，苗嫩可茹，老可为帚，子入药，名地肤子）。蓼（种类不一，花粉红，子生芽，可为茹）。芋（俗名芋头，又名地瓜，有红、白两种）。灰藿（俗名灰灰菜）。萝卜（圆而皮红者，为大萝卜；长而色白者，为水萝卜；色黄者曰胡萝卜。子入药，名莱菔子）。山药（本名薯蓣，亦可入药）。红花菜（一名山丹花）。黄花菜（一名金针菜）。南瓜（种来自南方）。倭瓜（种出东洋）。越瓜（种始自越，又名菜瓜）。搅瓜（形类倭瓜，而肉生筋丝，食时以筋搅取出之，似缕切者）。壶卢（即瓠瓜，长者名瓠，子圆者名壶卢，皆可为蔬，老而坚者可备器用）。茄（土产，旱茄色赤）。甜浆菜（生野中，叶长，色白，味甘）。蘑菇（产诸山中，生于榆者，为榆蘑；生于榛者，为榛蘑；生于枯木而色黄者，为黄蘑；又产于野而色黑者，为花蘑）。木耳（产诸山中，质厚味胜他产）。石耳（生山石上，一名灵芝，诸山中有之）。龙须菜（出海滨，状如柳根，须长尺余，俗呼麒麟菜）。鹿角菜（状如鹿角）。海带（俗呼为海白菜，又名东洋菜，产自海滨）。昆布（较海带稍细）。

食货类

煤（产诸山中，生者曰炸子，炼出浊烟者曰煤子，可代柴炭）。硝（产阿

东北"旧志"中松花江流域自然与风俗史料汇编

勒楚喀①、乌拉街一带,碱土熬成,可备军需)。蜜(产诸山中,土人于树上凿窟养取)。蜡(有黄白两种)。黄烟(吉省土产,以此为大宗,通行内地)。蓝靛(取汁染布,花入药,名青黛)。

宝藏类

金(《契丹国志》:"女直土产,有金银。"今三姓、敦化皆产金,而三姓苗尤旺,现拟设厂开采)。银(今珲春万宝山产,银苗甚旺,现在设厂开采)。东珠(出三姓东北混同、牡丹等江及海汊中,乌拉总管衙门专司捕采东珠。珠生于蚌蛤中,大者如酸枣,小亦如菽,采珠者岁以四月往,八月归,正月入贡。今以经费不充,停采)。松花玉(亦名松花石,出混同江边,玉色净绿,光润细腻,品埒端歙,可充砚材)。

草类

苘麻(土人种之田中,以此为绳)。苇(土人以此为柴)。矬草(可治木器)。羊草(生郊野中,牛羊所饲)。狼尾草(以形似狼尾故名)。章茅(可苫屋)。塔子头(洼地丛生,形如小塔)。小青草(俗呼牛毛草)。马兰草(似蒲而小,花蓝无香,可染色,子入药,名蠡实)。香蒲(生水泊中,蒻如笋,可食;茸入药,为蒲黄)。菖蒲(生水泊中,俗呼臭蒲)。水葱(生水中,如葱而长,可为席,今织蒲扇)。猫儿眼草(叶纹如猫睛)。乌拉草(性极暖,土人以此裹足,垫牛皮乌拉以御寒)。烟草(冬可御寒,土人亦多食之)。芸香草(叶类豌豆而细,可以解蛊)。星星草(产山谷中)。扁担草(生田间,可饲马)。水稗草(生田间,取以饲马)。黄背草(可代章茅,亦曰黄茅)。芦(一名萑,《诗》"蒹葭苍苍"即此,生水中)。莎草(茎宜蓑笠,根即香附)。老少年(土人谓之老来变,一名十样锦)。蘋(浮生水面,陆地者为青苹)。萍(浮生水面,或云杨花所化)。蓬(土人呼之为蓬蒿)。如意草(一名箭头草,可疗治风症)。葛藤(蔓延山谷长至数丈,土人取以束物)。菰(俗呼茭草,春生笋,亦可茹)。芄兰(蔓生,叶绿,子长数寸)。

木类

松(种类不一,诸山中最多,土人以结子者为果松;无子者为沙松;松脂

---

① 阿勒楚喀:即今黑龙江省哈尔滨市阿城区。

多者为油松)。依奇松（生省北依奇甸子，质瘦劲少，枝叶色青如松，土人因以地名依奇松）。黄蒿松（生宁古塔石甸子上，枝叶如松。又有刺儿松，其松多刺)。赤白松（理细气香，木之贵者）。柏（诸山中多有之，柏叶皆入药）。榆（种类不一，有刺榆、花榆，皆美材。刺榆可为车轴；花榆理细，可为几案，备器用）。香树（长白山中最多，可焚以祭神。土人取以为香，岁以充贡）。柞树（诸山中多有之，叶类桑。俗呼为山桑，可以养蚕）。檀（色紫赤，纹细润，可为车辕及箭竿）。槐（诸山中多有之，色青绿，纹细，可备器用，花入药，子可染色）。小刺榆（叶初生鲜可茹，结实名榆钱，亦可食，质细而坚，可作箭竿）。桦树（皮似山桃，有花纹，紫黑色，山中最多。省东北有桦皮厂，专产桦皮，可裹弓，木作箭竿，乌拉总管岁遣壮丁采取入贡）。白杨（皮白质直，可作箭竿，备器用）。柳（其质似杨，可备器用，柳条可编筐篓。又一种垂杨柳，其枝下垂）。榉（俗呼柜柳，大者可刳为舟）。柽（多产河畔，即赤茎柳也）。花柜柳（质坚致，可为枪竿）。棘（俗呼枣刺柳）。桑（种自江南，可养蚕。地寒，种者尚少）。椵（叶大，皮黑，纹细，微赤者曰紫椵。诸山人参多生椵树之下，椵皮可制绳、引火枪）。楸（类核桃树，其木可为枪竿）。山核桃（形似家核桃而长，壳坚厚，诸山中多有之）。樗（土人呼为臭椿）。栲（即山樗）。栎（亦柞类，土人多取为柴）。黄杨（山中最多，质坚可备器用）。冻青（寄生树上，叶圆子赤，凌冬不凋，青葱可爱）。青刚柳（山中多有之，亦柞类，可为弓）。楝（木理坚致，可作木碗、刀柄之用）。荆条（各江边最多，枝柔细，可为筐篓）。山藤（木之类，可为箭杆）。楛（色赤，可为矢，肃慎氏楛矢即此）。明开夜合木（一名金眼柳，木理细润，凌冬不凋）。雒常（《晋书》："肃慎氏有树名雒常，皮可为衣"）。杜仲（诸山中有之，皮入药）。白樱（木高五、七尺，坚致可为杖，其果红色，核麻而扁，仁入药曰蕤仁）。亮木（古木根茎所化，夜视有光，深山中有之）。

花类

杏花（北地较寒，暮春始开）。桃花（有红、白、粉红诸色，唯种者少，地气寒故也）。李花（暮春始开，蕊细如雪）。梨花（暮春始开，花白如雪）。长春花（黄花烂熳，逐时开放）。石榴花（有红、白二种，结子如梧子大，惟所种者少）。鸡冠花（形如鸡冠，有红、白两种）。秋海棠（秋中始开，色亦娇艳）。菊花（十月始开，种类不一）。荷花（宁古塔及五常厅有之，六月始开）。

东北"旧志"中松花江流域自然与风俗史料汇编

向日莲（黄花大如碗，向日而转，亦名葵花）。月季花（逐月开放，惟红一种）。水红花（高者丈余，多生下湿地）。芙蓉花（夏初始开，色亦娇艳）。芍药花（诸山中多有之，惟白色者最多）。江西腊（花似菊花，色不一）。玉簪花（花白如玉，香气袭人）。山胭脂花（有红、黄、紫、白诸色，俗呼茉苊花）。棠梨花（色白，较梨花稍小）。凤仙花（俗呼指甲草，有红、白、粉红诸色，子入药）。蜀葵花（花色不一，俗呼黍菊花）。婴粟花（即大烟花，有红、白、粉红诸色）。夜香花（花色不一，夜开昼合）。旋覆花（色深黄，入药，亦名六月菊）。牵牛花（色不一，俗呼喇叭花，子入药）。冻青花（春夏始开，花紫色）。绣球花（丛生如球）。金盏花（黄花如盏）。丁香（有紫、白二色，生山原者，名野丁香）。玫瑰（俗呼刺梅花，山中最多，花皆单瓣，可入食品）。牵枝牡丹（花粉红色，俗呼串枝莲）。高丽菊（单瓣，色黄赤相间）。

果品

松子（诸山中最多，土人采取以为生计）。榛子（山中最多，香美甲于他省，经荒火后，土人采取以售）。梨（有白梨、牙儿梨二种，味皆甘美）。杏（诸山中多有之，味不及内地所产）。桃（色味俱佳，惟种者少）。山楂（土人呼为山里红）。樱桃（诸山中多有之，味亦甘）。香瓜（即甜瓜）。西瓜（有大、小二种，大者相传种自回纥；小者种自西洋，名炮子瓜，其熟最早）。李（有红、黄二种，味极甘脆）。山定子（俗呼小山里红）。花红（俗呼海棠果，色红味甘）。芡实（五常厅境莲花泡产此，味极厚，亦可入药）。棠梨（即杜梨，味甘酸不一）。菱（有两角、三角、四角者，但所产甚稀）。葡萄（园产者大而味佳，有紫、碧、圆、长之别；山产者小而味酸，有黑、白二种）。菠梨（伯都讷有菠梨场产此，蜜饯入贡）。枸奈子（味酸色红）。苹果（种来自南方，花粉红色，果红碧相间）。沙果（似苹果而小）。山核桃（形似核桃而长，壳坚厚，肉味颇胜）。桑椹（味甘酸，色紫黑）。伊尔哈穆昆（出宁古塔，形类樱桃，味甘酸，俗呼高丽果①）。蜜孙乌什哈（出宁古塔，形类樱桃，味甘酸）。灯笼果（外垂绛，囊中含赤子如朱樱，俗呼红姑娘）。锦荔枝（俗呼癞葡萄，深黄色，弃皮取瓤，味甘脆）。龙葵（果小而圆，亦名天茄）。欧李子（出宁古塔，实如

---

① 高丽果：即草莓。

小李，味酸涩)。托盘(实如桑椹而短，色红味甘酸，过夜即化为水)。

药类

人参(诸山中皆产，多生椴树之下，群草拱护。采参者夏初进山，霜后出山。省中设有官参局，岁时采取入贡)。茯苓(生松树下，抱木者为茯神，诸山中多有之)。细辛(一名少辛，通行各省)。五味子(《尔雅》谓之"荎藸"，各处皆产，子少肉厚)。茱萸(诸山中皆有之，亚于吴产)。黄精(久服之可益寿。初生苗，土人采食之，名笔管菜)。玉竹(似黄精而苗小，俗呼小笔管菜)。赤芍药(即芍药根，诸山中最多，佳于他处所产)。金线重楼(出长白山，亦名柴河车)。艾(随处皆有，气味颇胜)。百合(根如蒜头，有瓣，产诸山中，形如鸡心。百合而味甘不苦)。车前子(多生道旁，布叶如轮，俗呼车轮菜)。兔丝子(生豆田中)。甘草(诸山中多有之)。桔梗(古名荠苨，即杏叶菜)。地丁(有紫、黄两种)。木通(一名通脱木)。荆芥(随处皆有，圆穗者曰荆芥；扁穗者曰假苏)。牛旁子(叶可为火绒)。商陆(即易之苋陆，随处皆有)。黄芩(中实者为条芩，虚者为枯芩)。远志(苗名小草)。透骨草(产诸山中)。贯众(一名凤尾草，入药用根)。石韦(生诸山中石上)。地榆(生于平原旷野，花可染色)。防风(诸山皆产，甲于他省)。石决明(《宋会要》："新罗出石决明。"今诸山中皆有之)。薄荷(多生野中，而香味不及内地所产)。升麻(又有一种曰绿生麻)。丹参(色紫味苦，产山谷阴处)。独活(一类二种：色黄节疏者为独活；色紫节密者为羌活)。王不留行(花如铃铎，实如灯笼，壳五棱，多生麦地)。老鹳嘴(入药治风，亦可染皂)。葳灵仙(俗呼铁脚)。紫草(产诸山中)。蒺藜(蔓生野地)。木贼(与麻黄同形，诸山中亦产麻黄)。茺蔚(俗名益母草)。大小蓟(生田原中)。麦冬(诸山中皆有之)。黄芪(荒山旷野皆有，长者如箭，名曰箭芪，通行各省)。地骨皮(即枸杞子根)。金银花(花黄、白二色，一名忍冬)。茵陈(味似蒿，随处皆有之)。

禽类

鸡(有食鸡、角鸡二种)。雉(俗呼野鸡，旷野最多，冬月群飞，土人围捕以食，味肥美)。鹄(俗呼天鹅)。鸭(亦名鹜)。野鸭(性喜水，凡江汉、河汉中多有之)。鹅(味极肥美，土人多畜养之)。蒲鸭(大于野鸭，色黄)。树鸡(俗呼沙鸡)。鹤(瘦头，朱顶，长颈，高脚，一名仙禽)。鹑(性喜斗，土人呼为鹌鹑）。黄鹂（俗呼黄雀）。鹳（水鸟，有黑、白二种，羽为箭翎）。鸦（俗呼山老鸦）。鹊（俗呼喜鹊）。鸳鸯（形如小鸭，止则相偶，飞则成双）。鸥（其性好浮，形如白鸽）。鹰（种类不一，诸山多有之）。雕（似鹰而大，色黑者曰皂雕；有花纹者曰虎斑雕；黑白相间者曰接白雕；小而花者曰芝麻雕。羽宜箭翎）。海东青（亦名海青，雕之最俊者，身小而捷，能擒天鹅）。鱼鹰（大于鸦，色黑，钩咀，食鱼）。鸢（鸥类，亦名鹞鹰）。燕（土人呼善巢者为巧燕，不善巢者为拙燕）。鸽（依人鸟也，俗呼鹁鸽，土人多畜养之）。鸠（毛色不一，通呼斑鸠。《礼·月令》："仲春之月，鹰化为鸠。"长尾者，一名布谷）。雀（依人小鸟，俗呼家雀）。铁背雀（大于家雀，灰色，尾分两白翎）。红料（色红善鸣）。白眼雀（目有白圈）。白翎雀（雀类不一，青黄色，翎白，春北秋南。白翎雀穷冬严寒，不易其处）。靛雀（色如靛）。蒿雀（多伏蒿间，俗呼蒿溜儿）。黄肚雀（俗呼黄肚囊）。拙老婆（颔下红色）。画眉（似莺而小，黄黑色，善鸣，其眉如画，山林中多有之）。三道眉（其眉似分三道）。鸱（其头如猫，昼目无见，夜则鸣，俗呼夜猫子）。千里红（顶有红毛，喜食苏子，俗呼苏雀）。蝙蝠（昼伏夜飞，粪入药，即夜明砂）。孤顶（类乌鸦，身黑嘴白）。蜡嘴〔（啄）（喙）如黄蜡，畜之可玩〕。莺（尾长嘴红，似鹊，而有文采）。铁脚（雀之大者，爪坚如铁）。

兽类

牛（《五代史》："女真地多牛、鹿、野狗。"今土人多畜之，以纯黑者为祭祀。伯都讷、农安等处多产乳皮，即以牛乳为之者）。牛黄（牛食异草则生黄，所产甲于他省）。马（长春、农安多出名马，皆蒙古人畜养之者）。驼（俗呼骆驼，食少，任重而行速）。羊（《北盟录》："女真多牛羊。"今土人多畜之）。豕（《北史·勿吉传》："其畜多猪。"今土人多畜之，运赴直省售卖，曰边猪）。犬（犬类不一，三姓之犬极健有力，能驾扒犁载物）。猫（性善捕鼠，又有野猫居山谷中，俗呼山狸子）。赤狸（似野猫，年久毛色变豹纹）。野马（三姓东北赫斤地方多产此）。山羊（生山中，似羊而大，皮灰黑色）。野猪（诸山中多有之，有重至千斤者）。密狗（生山中，嘴尖如狗，尾黑色）。虎（诸山中皆有，虎骨熬为膏，入药）。豹（似虎而小，白面、团头、色白者曰白豹；黑者曰乌豹；纹圆者曰金钱豹，最贵重）。熊罴（小者曰熊，大者曰罴。今山中熊类不一，有人熊、猪熊、猴熊、狗熊诸名）。鹿（夏至解角生茸，角可熬膏入药。

第二章　物产资源与建筑交通

又鹿筋、鹿肉土人皆珍之，有花纹者曰梅花鹿）。马鹿（形大如马，山中极多）。驼鹿（出宁古塔、乌苏哩江。颈短，形类鹿，色苍黄无斑，项下有肉囊，如繁缨）。狍（獐类，色苍赤，诸出中最多）。狼（皮毛青白者贵）。獐（鹿属，无角，一名香獐，喜食柏子。脐血入药，名麝香），豺（足似狗，瘦如柴，性猛，善逐兽）。獾（似狗而矮，皮宜茵褥）。猞猁狲（类野狸而大，有花斑，毛极长厚）。狐（色赤而大，毛极温暖。又玄狐色黑毛极暖，最贵重。又一种青狐，名倭刀）。貉（似狐，色黄黑，毛粗）。沙狐（生沙碛中，身小色白，腹下皮集为裘，名天马皮）。貂熊（大如狗，紫色，出宁古塔）。貂（诸山中多有之，惟三姓所产最佳，色黄，毛极洁润，咸贵重之）。貂鼠（《金史·地理志》："大定府产貂鼠。"今诸山中多有之。皮甚轻暖，惟毛色不及貂洁润）。银鼠（产诸山中，毛色洁白，皮御轻寒）。鼬鼠（一名骚鼠，诸山中多有之，可为冠）。貼鼠（俗呼豆鼠，多在田间）。灰鼠（诸山中多有之，以有芝麻点为佳）。松鼠（通身豹文，苍黑色，大尾，喜食松籽）。猬（脚短尾长，俗呼刺猬，皮入药）。艾虎（鼠类，能扑鼠）。白兔（多生郊原中，色纯白）。

水族类

鲟鳇鱼（形类鳣鳇鱼，而味次之。鼻细白，大者不过六尺，岁以入贡）。鳟鱼（俗呼遮鲈鱼，大者五尺，口有牙，细鳞，味极鲜美，岁以入贡）。细鳞鲀鱼（身有花文，刺少。大者不过二尺，味极美，岁以入贡）。翘头白鱼（身扁，色白，鳞细，味极鲜，岁以入贡）。细鳞白鱼（形似翘头白鱼，而鳞细，岁以入贡）。草根鱼（形似鲤鱼，淡黑色，岁以入贡）。鲤鱼（大嘴，顺鳞，长者二尺余，岁以入贡）。鲅季鱼（俗呼鳌花鱼，身有花文，腰上有刺十二道，肉极厚，岁以入贡）。淮子鱼（头扁嘴大，尾细无鳞，大者丈余）。鳝鳇鱼（嘴尖长，无鳞，大者八尺以上，味肥美，入贡）。牛尾鱼（出混同江，大者长丈余，重二三百斤，无鳞）。狗鱼（大者三四尺，嘴卷，牙如狗牙）。鳊头鱼（头大鳞细，味肥美）。鳊花鱼（身扁而宽，大者二尺，形似鲂鱼）。方口鳊头鱼（大者不过三尺，产自海边，皮可为衣）。干鲦鱼（嘴尖身圆，鳞细刺多，大者五尺余）。鲇鱼（形似淮子鱼而小，大者不过二尺）。重唇鱼（鳞大色赤，鱼唇极厚）。鲫鱼（味鲜刺多）。泥鳅鱼（形类蛇而短，头尖无鳞）。黑鱼（形似草根鱼，色黑而杂，口有牙）。发绿鱼（形似鳊花鱼，色黑而大）。赤稍鱼（身白

东北"旧志"中松花江流域自然与风俗史料汇编

翅红，俗呼红尾鱼）。江獭（出混同江，形似狗而小，长尾，色青黑，可为冠）。虾（出珲春海边，去壳曰海虾米。大者长数寸，通行各省）。蟹（出珲春海边，俗呼海螃蟹）。蛙（俗呼田鸡）。山蛤（似虾蟆而大，腹黄红色，俗呼哈什蟆，即其油也，岁以充贡）。海参（出珲春、海参崴，味肥美，甲于他省）。达发哈鱼（出宁古塔诸江中，鱼子大如玉蜀黍）。乌库哩鱼（出宁古塔，四、五月时自海迎水入江）。倒鳞鱼（出省东龙潭山顶潭中，鳞皆倒生，相传以为龙种）。海狗（出珲春海边，兽身兽头，鱼尾有斑文，肾入药，名温肭脐）。海豹（出混同江中，形大头如马者，曰猰獭；皮纹有花点者，曰海豹）。蚌蛤（形长曰蚌，圆曰蛤，诸江中多有之，内产明珠）。蛎黄（出海边，肉名砺黄，壳即牡蛎）。龙骨（产诸江岸，数尺下恒有之，入药）。

虫豸类

蜂（产诸山中，俗呼蜜蜂，土人于山中大树挖窟养之，以取蜜。乌拉总管岁以入贡）。蚁（种类不一，俗呼麻蚁）。蟋蟀（似蝗而小，秋后则鸣。又一种灶马，形似蟋蟀，喜穴灶）。螳螂（《礼·月令》："仲夏螳螂生，深秋乳子作房著树枝，是为螵蛸"）。蝶（形色黄白，大小不一，皆虫所化。山中最多，有大如掌者）。蚓（俗呼曲蟺，白头者入药）。蜻蜓（六足四翼，群飞水际）。蚊（吉省地寒蚊尚少，惟夏令山中间有之）。蛇（种类不一，多生山中）。瞎虻（生山中，夏月最多。酷啮牛马，行人苦之）。蝇（其声如翼，牡者，腹大生蛆）。蜈蚣（生山原草泽间，长者二三寸，最毒）。马蛭（一名百足，俗呼多脚虫，深山丛树间，有之）。蜘蛛（大者为蜘蛛，小者为蟢子）。蝉（种类不一，入秋始鸣）。张螂（黄色六足，蚕生室中，炕壁间最多）。

《吉林分巡道造送会典馆清册》，李澍田主编，李澍田、宋抵点校：《长白丛书》，长春：吉林文史出版社，1988年，第219—226页。

《黑龙江外记》

将军、副都统等，岁献方物，六月进白面，七月进鹰鹞，十月进鱼雉等野味，曰进鲜。十一月进年贡，亦鱼雉野猪类，而箭笱、桃皮木、火茸附，俗谓之走大车。同月进海东青。十二月进春鱼，内惟鹰鹞送木兰行在，余悉贡京师。

往岁，恭遇高宗八旬万寿，将军、副都统等呈进贡物，有鹤，有鹿，有马，有堪达汉①，有四不像，有貂鼠，有灰鼠，皆沿途谨饲以进，而貂皮、灰鼠皮、舍利狲皮、元狐皮及刮鳔如意附。嘉庆十四年，恭进皇上五旬万寿贡，敬依往制，惟元狐九张不备，购未得故也。

……

交纳貂皮，楚勒罕第一事也，选入格者充贡，余听布特哈自售，谓之玛克塔哈色克，译言掷还之貂也。在因沁屯时，入格者故为掷还，阴以贱值逼买，无问大小，概银九钱，布特哈怒不敢言，而减价之议未已。

……

选貂之制，将军、副都统坐堂上，协领与布特哈总管分东西席地坐，中陈貂皮，详视而去取之。甲乙既定，钤小印于皮背，封贮备进，然后印掷还之皮，而皆刖其一爪，如皮背无印而四爪全者，私货也，事干例禁，人不敢买。贡貂有一等、二等、好三等、寻常三等之分。嘉庆十五年，选定一等四十二张，二等一百四十张，好三等二百八十张，寻常三等四千九百四十三张，岁大略如是。而列一等者皆雅发罕俄伦春及毕喇尔物。

西清：《黑龙江外记》，姜维公、刘立强：《中国边疆研究库·初编·东北边疆》第十卷，哈尔滨：黑龙江教育出版社，2014年，第218、222—223页。

《永吉县志》

乌拉打牲考

乌拉镇，清初设总管于松花江岸，隶京都内务府，名其地曰打牲乌拉。总管职司贡献，如禹贡之玭珠暨鱼，周官之山泽虞衡。有清宗庙陵寝，禴祀蒸尝之需，悉于是取之。例贡甚夥，不暇详述。谨按其荦荦大者四端：曰采珠，曰捕鱼，曰松籽，曰蜂蜜。年终贡纳，与满清相终始焉。

采东珠 东珠即珍珠，分两种：产湘粤者为湖珠，产东省者名东珠。珠生蚌中。《说文》：蚌之阴精为珠。系贝族蛤类，形长数寸，其状如梭，产松花江流域（牡丹、黑龙等江亦有之）。秉山川灵气，聚天地精华而生，世为珍品。清代尤宝贵之，非贵族不得佩服。乌拉总管司采捕事，然非按年呈进。每逢大庆盛典（如大婚礼、万寿□庆、□封等事），由吉林将军奏请允准，名曰开河，

---

① 堪达汉：一种类似马的陆地动物。

东北"旧志"中松花江流域自然与风俗史料汇编

先经内务府颁发祭河告文，祀松花江神之净纸等项（满洲祭祀江河典礼）。吉林将军通知五城副都统并黑龙江将军，饬知水师营备大船七艘（官员乘用），小船三百九十九艘（名曰𦩖艒，采珠打牲丁用）。并由将军发给盖印装珠纸袋若干（纸制。方形，背面骑缝处盖印一颗），以备装珠之用。乌拉总管派翼领、骁骑校、委官、领催、珠轩等六十四员名，打牲丁一千二百三十七名，按照采珠河口区域图分派六十四没音（满语如采木之把头，同意，系熟习采珠者）讫，山总管于春初举行祭河。礼毕，每没音领船三五艘，每艘乘二三人，分载日用糇粮棚帐，由乌拉乘船出发，分上下游两大起。南至松花江上游长白山阴，北至三姓、黑龙江、瑷珲，东至宁古塔、珲春、牡丹江流域。

徐鼐霖：《永吉县志》，李澍田主编、点校：《长白丛书》，长春：吉林文史出版社，1988年，第898页。

二、建筑交通

（一）建筑古迹

《辽东志》

宫室

金宫（开原城内，金天眷初，以此为上京，后止称会宁府，其宫室有庆元、明德、兴圣、永祚等宫，皇极、敷德、熏风等殿，今废）、五云楼（开原城内，金皇统初建，前有殿曰"重明"，后东殿曰"龙寿"，西殿曰"奎文"，俱废）、蝎台（故东京城东北隅，金大定中修城，毁台取土得石，函中有块石破之，大蝎尾梢相钩见风死）、白庙亭（金州城西北临海）。

……

寺庙

开原

石塔寺（在开原城西南隅，有塔）。

……

古迹

古长城（即秦将蒙恬所筑，其在辽东界者，东西千余里，东汉以来，城皆

第二章　物产资源与建筑交通

湮没，本朝时加修筑）。

……

清安县（开原城东北三十里，今废）、咸平县（开原城东北隅，今废）、庆云县（开原城西八十里，有塔存焉）、归仁县（开原城北一百余里，在汉州烽墩之北）、开元城（在开原城西门外，元志开元城，西南曰宁远县，又西南曰南京，又南曰合兰府，又南曰双城，直抵高丽王都，正西曰谷州，西北曰上京，即金之会宁府，京之南曰建州，西曰宾州，又西曰黄龙府，金改为利涉军，又西曰信州，治武昌县，北曰肇州，治始兴县，东曰永州，曰昌州，曰延州，东北曰哈州，曰奴儿干城，皆渤海辽金所建，元废，城址犹存）、九连城（在开元城东北九十里，那木川东岸，城连属有九故名，国初，征纳哈出驻兵于此）、五国头城（在开原城北一千里，自此而东分为五国，故名，旧传宋徽宗葬于此）、总管府治（开原城内，故址在安远街，东有碑记，今为军营）、上京故址（开原城旧志在临潢府，金人阿骨打起迹之地，按出虎水出虎华言，金也，故号大金）、铜山县（开原城南三十里，俗传铜馆驿，即古县址）。

……

城池

开原城

洪武二十二年，设三万卫，二十五年设辽海卫，因旧土城修筑，砖砌周围十二里二十步，高三丈五尺，池深一丈，阔四丈，周围一十三里二十步，城门四，东曰阳和、西曰庆云、南曰迎恩、北曰安远，角楼四座，鼓楼在四衢之中。

教场（城北一里）

中固城（创于永乐五年，为抚顺站。弘治十六年，参将胡忠奏展，高一丈八尺，周围七百三十五丈，池深二丈，阔三丈八尺，城门二）、教场（城东一里）。

任洛等纂修：《辽东志》，刘立强、刘海洋主编：《中国东北边疆历史文献丛书》，北京：科学出版社，2016 年，第 39、41、43、45、54 页。

《全辽志》

金宫（开原城内。金天眷初，以此为上京，后止称会宁府。今废）。

……

五云楼（开原城内，今废）。

……

圆通寺（二。一前屯城西北隅，一开原城西北隅）。

……

石塔寺（开原城西南隅，有塔）。

水朝寺（开原城东二里）。

灵应寺（开原城东三里）。

东宁寺（开原城东廿里）。

开元城（开原城西门外。元《志》，开原城西南曰宁远，又西南曰南京，又南曰合兰府，又南曰双城，直抵高丽王都；正西曰谷州，西北曰上京，即金之会宁府，京之南曰逮州、西曰宾州，又西曰黄龙府，金改为利涉军，又西曰信州，治武昌县；北曰肇州，治始兴县；东曰永州，曰昌州，曰延州；东北曰哈州，曰奴几干城，皆渤海、辽、金所建，元废，城址犹存）。九连城（开原城东北九十里才那木川东岸，城连属有九，故名。国初，征那哈出，驻兵于此）。五国头城（开原城北一千里。自此而东，分为五国，故名。旧传，宋徽宗葬于此）。上京故址（开原城旧志，在临潢府，金人阿骨打起迹之地）。

……

总管府治（开原城内）。

……

清安县（开原城东北三十里，今废）。咸平县（开原城东北隅，今废）。庆云县（开原城西八十里，有塔存焉）。归仁县（开原城北一百余里，在汉州烽墩之北）。铜山县（开原城南三十里）。

李辅纂修：《全辽志》，刘立强、韩钢、刘海洋主编，韩钢点校：《中国东北边疆历史文献丛书》，北京：科学出版社，2016年，第373—378页。

《开原县志》

扶余城

扶余王之都邑也，唐乾封初，李勣为辽东行台道大总管，遣薛仁贵攻高丽以援泉男生，大破高丽，进拔扶余城，威镇辽海，高丽平。旧志谓扶余城，在开原界内，惟遗址无可考。

《开原县志》，《中国地方志集成·辽宁府县志集12》，南京：凤凰出版社，2006年，第140页。

《柳边纪略》

船厂即小吴喇，南临混同江，东西北三面旧有木城。北二百八十九步，东西各二百五十步。东西北各一门。城外凿池，池外筑土墙，周七里，一百八十步，东西门各一，北门二（康熙十二年建造）。今皆圮，惟东西北三木楼在耳。康熙十五年春，移宁古塔将军镇之。中土流人千余家，西关百货凑集，旗亭戏馆，无一不有，亦边外一都会也。

……

宁古塔西南六十里沙阑，南有旧城址（《天东小记》作火茸城），大与今京城等。内紫禁城，石砌女墙，下犹完好。内外街道隐然，瓦砾遍地，多金碧色，土人呼为东京。而中原之流寓者，皆指为金之上京，是以《盛京志》作金上京会宁府（接①《金史》：上京路，即海古之地，金之旧土也。天眷元年号上京海陵，贞祐二年迁都于燕，削上京之号，止称会宁府。大定十三年七月复为上京。其山有长白、青岭、马纪岭、完都鲁；水有按出虎水、混同江、来流河、宋瓦江、鸭子河；其宫室有乾元殿、庆元宫、宸居殿、景晖门、敷德殿、延光门、宵衣殿、稽古殿、明德宫、凉殿、延福门、五云楼、重明殿、东华殿、天门殿、混同江行宫、春亭、天元殿、世德殿、永祚宫、光兴宫、云锦亭、临漪亭）。余按史志，辽金东京在今辽阳州，土人之言固非，而《盛京志》亦未可尽信，尝考《金史·地理志》：上京东至胡里改六百三十里，西至肇州五百五十里，北至蒲与路七百里，东南至恤品路一千六百里，至曷懒路一千八百里。又洪忠宣路程：上京三十里至会宁头铺，四十五里至第二铺，三十五里至阿萨铺，四十里至来流河，四十里至报打孛廑铺，七十里至宾州（按《金史》：宾州本渤海城，在鸭子、混同二水之间），渡混同江，则是金之上京，确在今宁古塔之西，混同江之东，其去混同江仅二百六十里耳。以今之道里度之，应在色出窝稽左右。而色出窝稽岭上土城址尚在，今人指为金时关门者，安知非是？然则沙阑之金碧犹存者，其殆熙宗天眷以后之北京欤？

……

---

① 接：似应为"按"。

东北"旧志"中松花江流域自然与风俗史料汇编

五国城,就徽、钦之死断之,似一城而五国其名者。考《辽史·营卫志》:五国俱有国名,曰剖阿里国,曰盆奴里国,曰奥里米国,曰越里笃国,曰越里吉国,则非聚居一城也明矣。至其地或以为在三万卫北一千里,自此而东分为五国(载《大明一统志》),或以为在羌突里噶尚(吴汉槎曰:自宁古塔东行六百里,名羌突里噶尚,松花、黑龙二江,于此合流,有土城焉,疑即是),或以为在朝鲜北境(《扈从东巡日录》:朝鲜北境近宁古塔者,有安置徽、钦故城,在山顶之上),或以为去燕京三千八百余里,西上黄龙府二千一百里(《南烬纪闻》言:二帝初迁安肃军,又迁云州,又迁西沔州,又迁五国城。其地去燕京三千八百余里,西上黄龙府二千一百里。余按《金史》,徽、钦以金太宗天会六年七月乙巳赴上京,十月徙韩州。七年七月丁卯徙鹘里改路,地名皆不相合,此书之伪无疑),或以为宁古塔相近抢头街有旧城址五,疑即是。其说纷纷不一,而余以为徽、钦自徙鹘里改路之后,未闻再徙,则五国城自在鹘里改路境内。而鹘里改者,即虎儿哈胡里改之变书也。抢头街之说,庶几近之。

杨宾:《柳边纪略》,姜维公、刘立强:《中国边疆研究库·初编·东北边疆》第八卷,哈尔滨:黑龙江教育出版社,2014年,第20、30—31页。

《龙沙纪略》

屋皆南向,迎暄也。日斜犹照,故西必设窗。间有北牖,八月墐之,夏始启。屋无堂室,厂三楹。西南北土床相连,曰"卍"字炕。虚东为爨薪地,西为尊,南次之,皆宾位也。

土垣高不逾五尺,仅可阑①牛马。门亦如阑②,穿横木以为启闭。中土人居之,始设门。相传未立城时,惟沟其宅之四面为界。拉核墙核,犹言骨也。木为骨而拉泥以成,故名。立木如柱,五尺为间。层施横木,相去尺许,以硗草络泥,挂而排之,岁加涂焉。厚尺许者,坚甚于甓,一曰挂泥壁。工匠皆流人,技拙而直贵。土著人架木覆茅,妇子合作,戚友之能匠事者,助而不佣。草屋茅厚尺许,三岁再葺之,官署亦然。暖于瓦也。庵庙则瓦。

卜魁,栅木为城,将军公署、私第,皆在夹植大木中,实以土。宽丈许,

---

① 阑:同"拦"。
② 阑:同"栏"。

木末高低相间，肖睥睨。四门外环土城，累堡为之。周六里，西面二门。近南者临水，宽广可数百亩，江涨则通流。墨尔根、艾浑重城，皆植木为之。

方式济：《龙沙纪略》，姜维公、刘立强：《中国边疆研究库·初编·东北边疆》第八卷，哈尔滨：黑龙江教育出版社，2014年，第128—129页。

《吉林志书》

吉林城

松花江神庙五间，山门三间，牌楼一座，栅栏门二合，堆房三间，乾隆四十五年动用官项修建，嘉庆二年将土墙五十一丈改砌砖墙修建。

……

阿勒楚喀城

松花江神庙（在城小东门外江北岸，乾隆四十五年添建。每岁春秋致祭，用笾豆盘二十四个，爵杯三盏）。

……

永吉州城池

乌拉城　城北七十里，混同江之东，旧布占太贝勒所居。周围十五里，四面有门，内有小城，周围二里，东西各一门，有土台高八丈，周围一百步。

……

刷烟岛城　城北一百一十里，混同江中有岛，岛上有城，周围一里，南一门。

……

哈儿边城　混同江中有哈儿边岛。岛上有城。周围二里，南一门。

穆铁森：《吉林志书》，李澍田主编，李澍田、宋抵点校：《长白丛书》，长春：吉林文史出版社，1988年，第12、24、103页。

《双阳县乡土志》

道路　无梗塞之处，由县城南至磐石县境有大路二条。南行偏西由虫王庙经二道梁子遇将军岭，迤南过土顶子，至磐石县界。

东南行经鸭子架分水岭，过新开河五家子三家子。

至磐石县界，由县城北至长春县有大道一条，经莲花泡栗家屯，迤北至前

东北"旧志"中松花江流域自然与风俗史料汇编

后姚家城,再北奢岭口子,经小河台出柳边至长春境驿站,大路东西横贯县境,西由四区石溪河子三家子至伊通县界,东由二区长岭子渡饮马河至吉林县界。

邮政　县城设有邮政收信所,吉长磐伊四县之信件皆可直达于此。

吉人:《双阳县乡土志》,《中国地方志集成·吉林府县志辑1》,南京:凤凰出版社,2006年,第529页。

《农安县志》

交通

上古无所谓交通也,自轩辕氏命共鼓作舟楫,邑夷作车,而交通以起。陆上交通惟用牛马骆驼,水上交通则借水力风力。初仅及江河汊口,以至于海而已,故梯航重译,史氏重之。今则水陆皆用蒸汽力电汽力,近复为飞机飞艇为空中之交通。寰球之大,万里户庭,使先民闻之,必将且惊且疑,谓为一种幻想矣。吾人何幸而生此物质文明时代乎。农安距长哈铁路九十里,松江航运未兴,故百业日见萧条。近有人提倡修张家湾轻便铁路,易滞塞为活泼,实为当务之急,然而疑信者半焉。能否成为事实,犹一未来问题。兹谨列四至八到桥梁津渡,而以邮政电报电话附焉,亦《吉林通志》例也。志交通。

……

松花江自二区红石岈子入境,流至三区土门子出境,流径五十里,东至扶余县水程一百八十里,西至大赉县□□□□[①]里,东南至吉林四百里,能通五尺深之汽船。八里营子旧设停船码头搭客上下,恒由于此比年。迤南有浅水溜二道,汽船不能拢岸,每停泊孔家窝堡房后,距八里营子五里,因此船业不兴。

郑世纯修、朱衣点纂:《农安县志》,《中国地方志集成·吉林府县志辑2》,南京:凤凰出版社,2006年,第43、45页。

《永吉县志》卷十四

乌拉城　在县城北七十里,混同江之东,旧为布占泰贝勒所居(《盛京通

[①] 原书此处缺四字。

志》三十一）。城周十五里，四门。内有小城，周二里，东西各一门，中有土台临江，江边有庵曰保宁（《柳边纪略》）。《金史·本纪》云，太祖进军宁江州，十月朔，克其城，次来流城。来流即今拉林河。按辽金二史，金太祖起兵先攻宁江州，辽守将萧乌纳战败，弃城渡混同江而西，是州在江以东矣。高士奇《扈从录》[①]云，大乌喇去船厂八十余里，即辽之宁江州也（《通志》）。古宁江州应在今额赫茂（原作厄黑木）站，《扈从日录》指为大吴喇者非是。《松漠纪闻》，来流河去混同江百十里，来流城即在宁江州西。《金太祖纪》，十月朔，克宁江州城，次来流城。可证今之混同江东百十余里正额赫茂站。大吴喇在混同江边（《柳边纪略》）。

徐鼐霖：《永吉县志》，李澍田主编、点校：《长白丛书》，长春：吉林文史出版社，1988年，第223—224页。

《永吉县志》卷二十

肃慎、忽吉尚矣，古迹无存。唐征高丽，戎马在郊，城堡遗址，土人辄呼为高丽城，然亦无足征者。而名山胜水，士女之所云游，楼阁台榭，骚人之所歌咏。则在在多有，各具胜概。至若古墓、摩崖，登临其地，令人凭吊唏嘘，不免沧桑之感。引申数言，用志古迹。

苏斡延岛古城，在乡一区锦州屯西。有山脉自西蜿蜒而来，至是突然堀起，东南两面濒松花江，石壁矗立，名苏斡延岛。

……

旧站高丽城，在乡三区，去县城二十五里。相传满人一小部落沿松花江渔猎，于此起土为城，借以自卫。乡人掘土，尝获铜钱、铜锅、铜碗云。

……

小城子古城，在城西南百三十里，倒木河东南岗偏坡处。地平且坦，约五晌。其西北四里许，有石舂一。

徐鼐霖：《永吉县志》，李澍田主编、点校：《长白丛书》，长春：吉林文史出版社，1988年，第326、333、334页。

[①] 《扈从录》：即清人高士奇《扈从东巡日录》。

东北"旧志"中松花江流域自然与风俗史料汇编

《辉南风土调查录》

辉发城在县城北三十五里，建在扈尔奇山北麓，为明之辉发国故地。城南北长二里许，东西宽一里余，故址高一丈有奇，厚约三四丈，积土而成。内又包有一小城，故址颓垣，高六七尺，厚一丈余，内有土岗，多处传为故宫基址，城内放有大石□数个，土人咸称为当年高丽舂米之物，城内蓬蒿没人，乱树丛杂，有敕建庙宇一座，附祀有名罗开道者，传谓清祖幸辉发城时，有罗姓者，曾充乡导，后因争功被杀，遂封为开道神，而入祀焉。山巅有胡仙堂一座，匾额甚多，土人称此堂祈祷最灵，峰高一里有奇，北面凿有盘道，悬崖峭壁，危垂江心，令人望之肃然。

城东六十里大北岔沟四方顶子有地名佛堂，山上有庙二座，道士某前数年在大树根下掘出铜佛、铜器具甚多，铜质坚美，古色斑斓，惜无碑碣可考，不知为何代物，看其形式似为高丽古物，查辉南一带原属高句丽旧地，后被放逐，物多掩埋。今所发掘之物，殆即当日高丽所沈埋者欤？据道士云，原来掘出甚多，陆续被人携去，此等古物竟不知保存，甚可惜也。

城北二十五里辉发河之高家船口，于民国四年夏在河岸距平地三尺下发见古磁缸一口、古磁坛一具，缸内装古钱千余串，钱文多系北宋年号，自太宗迄徽、钦无一不备，坛内所贮皆崇宁大钱，此物当系宋末金粘没渴南侵，汴京陷落，徽、钦既北举，城中所有被掠一空，此处原金属地人民想亦不少。

王瑞之：《辉南风土调查录》，《中国地方志集成·吉林府县志辑4》，南京：凤凰出版社，2006年，第17页。

《布特哈志略》

古迹

夫往者，为古遗者为迹。布特哈地方，金、辽以来仅遗泰州边堡一道，至清始有庙宇碑铭之迹。爰据闻见所得者，志之以俟考古者之参证焉。

金、辽边堡去西布特哈旧总管衙门北三里许，起自嫩江右岸，蜿蜒西南，经索岳而吉山，出布特哈界，越直隶围场，抵山西归化城。屹屹若长城，史所称金之泰州边堡。即金天辅年间，宗室婆卢火屯兵于斯，为防辽裔而起之达里带石堡子也（达里带石者，译汉"屏蔽"也）。

孟定恭：《布特哈志略》，姜维公、刘立强：《中国边疆研究库·初编·东北边疆》第十一卷，哈尔滨：黑龙江教育出版社，2014年，第157页。

《怀德县志》

古城

新集城在秦家屯村东，南北长二里，东西宽一里，六址高二丈余不等。瓮门四座，城河三道，唯西南隅无壕，地势汗下，乃城内外水之归宿，四隅倍厚，似有角楼，西南隅连脊处有古树一株，径五尺余，甲辰被俄人所毁。北门东墙有一穴，侧身可入，五六尺远陡往上湾，人莫穷其究竟。好事者就穴口茸之以庙，香火不绝，名之曰大仙堂。东门路北亦有一庙，称呼如前，亦迷信之俗使然耳。城之建置，并无只字可考，以所拾古币证之，多北宋年号，稽之史册，宋之输币于辽最多，其为辽之遗址无疑。而蒙古之呼为高丽城，亦误。夫朝鲜与我同文，若大工程讵无片石只字？且唐初已南徙，安有宋代之钱耶？考《辽史·地理志》，"本越喜故地，圣宗开泰七年，以其地邻高丽，置信州彰圣军"。《全辽志》云"信州在开原东北三百十里"。《元一统志》"信州在黄龙府西"。《奉使行程录》云"由信州至黄龙府一百三十余里"，黄龙府即今农安县，以方向里数度之，则新集城即古之信州城也，音转讹耳。或谓在开原南者，又有谓凤凰厅者，里数不符，存以俟考。

又一古城在朝阳坡东南，公主岭西北，地名小城子，宽长亦不及里，修在土阜之南坡，从南望之城内无余，似此地势，恐难掩其虚实。

又一古城在三区铁路之南，宽长不及三百步。

又一古城在二区铁路北，宽长各三百步。

又一古城在八区，名毛家城子。城在土阜之巅，殊得凭高望下之势，但恐水泉不易耳。东西宽半里，南北长二百二十弓。

李宴春：《怀德县志》，《中国地方志集成·吉林府县志辑8》，南京：凤凰出版社，2006年，第472页。

（二）水陆关梁

《辽东志》

关梁

开原（桥八关五）。

东北"旧志"中松花江流域自然与风俗史料汇编

山头关（三万卫南六十里）、清河关（城西南六十里）、清河桥（南门外）、马鬃河桥（城西三十里）、亮子河桥（城西五十里）、三山桥（城南三十五里）、庆云桥（西门外）、太平桥（南门外）、安远桥（北门外）、和阳桥（东门外）、广顺关（城东六十里靖安堡）、新安关（城西六十里庆云堡）、镇北关（城东北七十里）。

……

驿传

开原在城驿（南门西）、递运所（三万卫城南门外）、中固抚顺驿（开原城南四十五里）、递运所（中固城东）。

任洛等纂修：《辽东志》，刘立强、刘海洋主编：《中国东北边疆历史文献丛书》，北京：科学出版社，2016年，第89、93页。

《全辽志》

关梁

镇北关（开原城东北七十里，夷人朝贡入市由此）。山头关（开原城南六十里）。清河关（开原城西南六十里）。广顺关（开原城东六十里）。新安关（开原城西六十里，庆云堡）。

……

女真马市（永乐初，设开原城东屈换屯，成化间，改设城南门外西，每岁海西夷人于此买卖）。达达马市（成化间。添设于古城堡南，嘉靖三年，改于庆云堡北。每岁海西、黑龙江等卫夷人于此买卖）。抚顺马市（城东三十里，建州诸夷人于此交易买卖）。广宁马市（在团山堡，朵颜、泰宁二卫诸夷于此买卖）。

（永乐三年，立辽东、开原、广宁马市，定价：上上马，绢八匹、布十二匹；上马，绢四匹、布六匹；中马，绢三匹、布五匹；下马，绢二匹、布四匹；驹，绢一匹、布三匹。其立市，一于开原城南，以待海西女真；一于开原城东，一于广宁，以待朵颜三卫）。

……

马市，开原每月初一日至初五日开一次；广宁①每月初一日至初五日，十

---

① 广宁：今辽宁北镇，明代辽东都指挥使司所在地。

六日至二十日开一次。

……

清河桥（开原城南门外）。马鬃河桥（开原城西三十里）。亮子河桥（开原城西五十里）。三山桥（开原城南三十五里）。庆云桥（在开原城西门外）。太平桥（开原城南门外）。安远桥（开原城北门外）。和阳桥（开原城东门外）。

……

障塞（迤西，南自汎河宋家泊界起，北至开原庆云堡界止，土墙一道，四十六里。迤东，抚按堡北自中固柴河堡界起，南至汎河白家冲界止，劈山土墙一道，顺长六里）。

障塞（迤西，南自铁岭平定堡界起，北至开原庆云堡界止，土墙一道，顺长三十里。迤东，柴河堡北自开原，南至铁岭抚安堡界止，劈山墙，顺长三十里）。

李辅纂修：《全辽志》，刘立强、韩钢、刘海洋主编，韩钢点校：《中国东北边疆历史文献丛书》，北京：科学出版社，2016年，第61—63、140—141页。

《吉林分巡道造送会典馆清册》

吉林府

松花江渡，城东南，康熙三十三年设渡船八只，雍正二年移二只于阿勒楚喀，现额设渡船六只。

……

长春府

松花江渡，城东北有渡口安设小舟。

……

伯都讷厅

松花江北渡船六只，城北七十里，康熙二十五年设水手十六名，三十四年裁撤，拨补各站。亏缺壮丁，由八旗闲散内挑，设水手领催二名，水手七十八名。

……

宾州厅

阿什河渡口，阿勒楚喀城北五里余，水手二名，雍正二年自松花江移设渡船二只。

……

东北"旧志"中松花江流域自然与风俗史料汇编

三姓

护江关，在城东北三十里，松花江巴彦哈达地方。

《吉林分巡道造送会典馆清册》，李澍田主编，李澍田、宋抵点校：《长白丛书》，长春：吉林文史出版社，1988年，第163—164页。

《黑龙江舆图说》

呼兰城图说

至京师水程，无陆程……东至松花江会西林河口三百五十八里，吉林借设之崇古尔库站界，南至松花江二十八里，吉林阿勒楚喀城界，西至札喀和硕台北六十里，内蒙古郭尔罗斯后旗界，北至呼兰河、通肯河会口，齐齐哈尔城界，东南至松花江会呼兰河口二十四里，吉林阿勒楚喀城界，西南至松花江二十八里，吉林拉林城界，东北至松花江、黑龙江会口九百三十二里，黑龙江城及吉林三姓城界，西北至通兴屯百四十九里，齐齐哈尔城界。

……

水则松花江，自札喀和硕台南入境，东北流，径绰勒嫩江东南流来会，又合而东北流，入吉林界。左岸所纳之水城，西曰呼兰河，即《金史》"活剌浑水"，《明一统志》所谓"忽剌温江"。源出布伦山，南流七十四里，径萨哈连阿林北迤西十余里，有青顶河，自博克托山曲曲东南流六十余里来注之。

……

硕罗河既合漂河，折东南流二十三里注于松花江。

……

绕呼兰厅治北、西、南三面，注于松花江。次东曰佛特库河，即柳树河，曲曲西南流五十里，注于松花江。

次东曰大穆伦答河，曲曲西南流七十余里，注于松花江。

次东曰察罕泊，南流注于松花江。

次东曰小穆伦答河，曲曲南流七十里，迤西南二里注于松花江。

次东曰布雅密河，《金史》所谓蒲芦买水。布雅密，国语，彼岸也。自察哈尔库山南，流八十余里注于松花江。

次东曰二道河，南流六十余里，径吉林借设之佛思亨站东，注于松花江。

次东曰噶尔噶河，俗亦谓之穿心河。自察哈尔库山，曲曲南流百余里注于松花江。

次东曰大富拉荤河，自察哈尔库山东南，曲曲南流百里，注于松花江。

次东曰小富拉荤河，南流三十余里，径吉林借设之富拉荤站西，注于松花江。

次东有二小水，先后南流，注于松花江。

次东曰西林河，源出老黑山，东南流八十四里，有穆伦河，《金史》所谓暮棱水。西南流五十里来注之。折而南流二十五里，径吉林借设之崇古尔库站西，注于松花江。

次东曰小乌那浑河，曲曲南流八十里许，径崇古尔库站东，注于松花江。次东曰华札尔塔尔哈，《金史》所谓野鹊水。南流注于松花江。

次东曰乌那浑河，即《金史》"胡刺浑水"，东南流百余里，注于松花江。

次东曰西伯河，盖以鲜卑部遗人所居，得名。东南流五十余里，径吉林借设之鄂勒郭木索站南，注于松花江。

次东曰大呼特亨河，自呼特亨山，南流迤东七十余里，径鄂勒木索站东北，又东流注于松花江。

次东曰小呼特亨河，东南流三十余里，径吉林借设之庙噶珊站西，折南流十二里，注于松花江。

……

吞河既合众水，又曲曲东流五十余里，径固木讷城①东北，其城即金屯河猛安，元初桃温万户府故城，亦即辽五国部盆奴里国，一作蒲奴里，《金史》所谓五国蒲聂部者也。又东南十二里，注于松花江。

次东曰多陇乌河，即《金史》"徒笼古水"，东南流六十里许，分两道注于松花江。

次东曰富尔涧河，亦呼濠来，即《金史》"海罗伊河"，源出哲温山西麓，东南流百三十余里注于松花江。

次东曰乌尔河，自哲温山南，东南流百余里注于松花江。

次东有水，二源，自哲温山合。而东南流六十里径郎君城南，注于松花江。

---

① 固木讷城：即辽代的盆奴里城，位于今黑龙江省汤原县。

次东曰德勒恩河，东南流八十里注于松花江。

次东曰都尔河，即《金史》所谓秃答水，源出哲温山东北麓，东南流二百一十里，径佛思亨山南，折南流十五里注于松花江。

次东曰布雅河，东南流二十余里注于松花江。

最东有水泊，自佛思亨山南，潴周可七八十里，南注于松花江。松花江自此左岸无支渠。东北流百三十里与黑龙江会矣。

屠寄：《黑龙江舆图说》，姜维公、刘立强：《中国边疆研究库·初编·东北边疆》第十一卷，哈尔滨：黑龙江教育出版社，2014年，第72—78页。

《长白汇征录》

流域：

松花江延长三千七百余里，以直接天池之二道白河为正源，以头道江、二道江合流之下两江口为江源之所汇，自此以下皆流域也。松花、混同、黑龙三江之辩，已于江源考内分证明确，兹不赘叙。惟三江流域，松花最长，自下两江口北流入吉林之蒙江州界，西南受辉发河（《水道提纲》所谓土们河，按河出柳边外之鸡林哈达东北，流经辉发城，历受色勒河、波箕河、大万两河、富太河、呼兰河等水，现名为辉发河）。又北有穆禽河自东南流入，又西北入吉林府界，拉法河自东北来会（河上源曰推屯河，出色奇窝集之西麓，南流经拉法站流入于江）。蚂蜒河自西南入焉（《水道提纲》作马烟河，自马烟岭合数水东北流入）。稍北流经吉林省城东，水势较大，可通舟楫（地名船厂，现行小火轮）。又折而西而北流过金珠鄂佛罗、打牲乌喇，有小水自舒兰河站流入。又西流经长春府北界，南受伊通河（河自伊通州北流，会伊勒门诸水流入于江）。折而西流经伯都讷城之南，水中有巨洲。又西北七十余里，嫩江自北来会（嫩江亦曰诺尼江，古名难水，又曰那河，源出墨尔根之伊勒呼里山南侧，南流经齐齐哈尔城南，迤东至茂兴站南与松花江会）。名曰三叉口（计自发源至此一千六百余里），总名松花江。又东北拉林河入焉（拉林河出拉林山，在乌喇城东北三百里）。又东流至哈尔滨，水势益盛，实当东清铁路之中央（自此以下可通入水八尺之汽轮）。又东稍北左岸为宾州府，有阿勒楚喀河流入（《水道提纲》作褚库河，即阿尔楚库河，源出于磨梭山之北麓，合二水西北流入于江）。右岸为黑龙江之呼兰府，有呼兰河流入（《水道提纲》作呼轮河，自北合五水东南流七百余里来注之）。又东北经三姓城西北（由哈尔滨水路至此约七百余里），牡丹江自南来汇（《水道提纲》作拉哈河，又曰虎尔哈河，唐时称忽汗河，金时曰按出虎水，土人皆称牡丹江，是为松花江一大支流）。又东流有倭坑河会诸小水自南流入（《水道提纲》作窝肯河，发源于三姓之阿尔哈山，源流七百余里）。巴兰河自北流入（《水道提纲》作巴蓝河，自西北会四小水东流来会。按巴兰河发源于黑龙江固木讷之巴兰窝集，源流二百余里）。两水会处作十字形，以下弯曲甚多，或南或北，就大势而论，全向东北，其支流之大且长者，厥惟吞河（《水道提纲》吞河自吞尔窝集池，南流合十数水，东南流七百余里，注于江）。又北数十里，经多陇乌噶山（山在固木讷东南界），有上下石头河流入。又东北流，富尔涧河自北注之（河发源于固木讷之札伊山）。又东汇为巨洲数十里，又东南有杜儿河，北自佛思亨山合小水东南流共注之。又东有安巴河，自南注之（河发源于三姓达完之北）。又东百余里沙洲无数，又折而东北流，与黑龙江会于查匪噶山之北，以下统名黑龙江。自此东流三百余里，而乌苏里江自南来会。三江会流始名混同江。

张凤台：《长白汇征录》，李澍田主编，李澍田、宋抵点校：《长白丛书》，长春：吉林文史出版社，1987年，第61—63页。

《鸡林旧闻录》

又拟顺黑龙江东岸至徐尔固，又顺松花江北至伯力，再沿乌苏里江东岸至海参崴。此计划线即今日阿穆尔、乌苏里两线也。查阿穆尔铁道，现方著手，预定一九十四年俄历五月告成。乌知其计划实发生三十年前也。晏子曰："为者常成，行者常至。"俄人开拓远东，基厚势固，盖非偶然。

……

照咸丰十年旧约，界限实在伯力之对岸，不料俄人明占潜侵，西进八九十里。故现在自通江口以下，南北岸皆非我有，渔樵行旅反向俄纳税。我商民不得已，凡乌苏里江之航船，恒于此舍舟登陆，绕越通江口，出伊力嘎山右，而回航于混同江。查乌苏里江，为中俄天然国界。今彼不以正流，转以通江口之沱江为界。我倘据约力争，未尝不可挽回。然将近通江口处，两岸山势环拱绥远县城，犹得为第二重门户焉。

魏声和：《鸡林旧闻录》，李澍田主编，李澍田、宋抵点校：《长白丛书》，长春：吉林文史出版社，1986年，第36—37页。

《农安县志》

第二区

由红石砬青山口迤八里营子沿松花江南岸一带，襟山带水，柳林丛密，宜设重兵驻守，扼上下游之航路，以固国防。一旦有事，东与德惠、榆树，东北与扶余，三县又可互相联络以资应援。现吉林松花江上游水上警察驻所设八里营子，以此。靠山屯南沿伊通河，柳林深处，伏莽潜滋，而万、陈两家船口，尤为长春、德惠往来之要路。

郑世纯修，朱衣点纂：《农安县志》，《中国地方志集成·吉林府县志辑2》，南京：凤凰出版社，2006年，第40页。

《辉南风土调查录》

交通

帆船

帆船惟辉发江中有之，其航路北通松花江入吉林县境内，通航经过辉发城托佛别，水程约六十余里。

王瑞之：《辉南风土调查录》，《中国地方志集成·吉林府县志辑4》，南京：凤凰出版社，2006年，第75页。

下 编

东北旧志中松花江流域的沿革与风俗

"东北旧志中松花江流域的沿革与风俗",分为区域沿革、风俗文化两章内容,包含松花江流域内历史更迭、战事、迁徙及区域治理、族群的分布、饮食、居住、出行、民风、祭祀、婚嫁、安葬等。

第三章　区域沿革

一、历史沿革

《辽东志》

沿革

禹贡冀、青二州之域，天文箕尾分野东逾鸭绿而控朝鲜，西接山海而抵大宁，南跨溟渤而连青、冀，北越辽水而亘沙漠。舜分冀东北为幽州，即今广宁。以西之地，青东北为营州，即今广宁，以东之地，商周为肃慎氏地，箕子避地朝鲜，武王即其地封之，是为朝鲜界。战国属燕，秦灭燕以幽州为辽西郡，营州为辽东郡。汉初因之，武帝拓朝鲜地，并割辽东属邑，置乐浪、玄菟、真番、临屯四郡，以太守镇之。是为真番界。昭帝罢真番筑辽东玄菟城。王莽时，乌桓据辽西，明帝末，乌桓鲜卑迭相侵据。汉末，公孙度取之分辽东为辽西、中辽郡。三国，魏灭公孙氏，置东夷校尉，居襄平，而分辽东、昌黎等五郡，隶平州。晋改辽东郡为国，仍隶平州，寻为慕容廆所据，后魏仍为辽东郡。隋初又为高句丽所据，唐高宗平高丽[①]，复其地，置盖、辽二州，又置都督府九，又置安东都护以统之。开元初，封为渤海国，寻为渤海大氏，所据大氏，始保挹娄之东牟山。武后万岁通天中，为契丹尽忠所逼有乞乞仲象者，武后封"震国公"，传子祚荣僭称"震王"，并吞海北地方五千里。中宗封渤海郡王十有二世，至彝震僭号改元，有五京十五府六十二州，为"海东盛国"。五代时，并于契丹其主阿保机，修辽东故城以居，名曰"东平郡"，铸铁凤以镇之，因号铁凤城。寻升为南京，复立中台省，号"大辽"，又改为"东京"，又析辽西为中京大定府。金初因之，后置辽阳府，以会宁为上京，改辽上京为

---

① 高丽：即高句丽。

北京，元为东京路，寻改辽阳路，建行中书省，并统高丽。本朝洪武四年，置定辽都卫，八年改为辽东都指挥使司。十年，革所属州县置卫。永乐七年，复置安乐、自在二州，今领卫二十五，州二。

任洛等纂修：《辽东志》，刘立强、刘海洋主编：《中国东北边疆历史文献丛书》，北京：科学出版社，2016年，第3页。

《全辽志》

辽东，《禹贡》冀、青二州之域。粤自虞舜，分冀东北为幽州，即今广宁以西之地；青东北为营州，即今广宁以东之地。夏商建长来王，皆属中国。周景王告晋人曰：武王克商，有天下。肃慎、燕、亳，吾北土也。肃慎，今开原之地。召公封燕。属燕封内。秦始皇虏燕王喜，以其地置辽东郡，汉因之。初，箕子封朝鲜，地在辽东东南。汉武帝克朝鲜，置乐浪、玄菟、真蕃、临屯四郡，俱在辽东徼外，止割辽东三县高显、候城、浿水属玄菟耳。昭帝罢真蕃，筑辽东玄菟城，盖并彼四郡为一郡，而辽东自若也。王莽时，乌桓据辽西。明帝末，乌桓、鲜卑迭相侵据。汉末，公孙度取之，分辽东为辽西、中辽郡。三国，魏灭公孙氏，置东夷校尉，居襄平，而分辽东、昌黎等五郡隶平州。晋改辽东郡为国，寻为鲜卑慕容廆所据。后魏，仍为辽东郡。隋初，又为高句丽所据。唐太宗伐高丽①，复其地，置盖、辽二州。高宗平高丽，尽得高丽地，置都督府九，又设安东都护府于平壤以统之。总章二年，徙都护府治辽州。玄宗开元初，以高丽别种大祚荣为渤海郡王，辽东地在勃海郡内。祚荣十二世孙彝震僭号改元，有五京、十五府、六十二州，为海东盛国。时上京龙泉府、中京显德府系辽东地，余府、州乃东夷故地，不在辽东之内，而辽西之地仍在契丹焉。五代时，契丹愈大，并渤海，尽有辽东故地，置东平郡，寻升南京，复立中台省。号大辽，又改为东京辽阳府，又析辽西为中京大定府。金初因之，后置辽阳府，以会宁为上京，改辽上京为北京。元为东京路，寻改辽阳路，建行中书省，并统高丽。本朝洪武四年，置定辽都卫；八年，改为辽东都指挥使司；十年，革所属州县置卫。永乐七年，复置安乐、自在二州。今领卫二十五、州二，隶山东布政使司。

……

---

① 高丽：即高句丽。

第三章 区域沿革

自舜虞肇分青州，置营州，属辽东，历燕秦汉晋隋唐五季，辽宋金元逮我皇明，其分裂统一之迹，略载沿革。载考元季兵寇残破居民散亡，辽阳州郡鞠为榛莽。生灵之所存者，如在焚溺。至正十一年，妖贼淮安陈祐自登州渡海，陷金州。枢密同佥老奴以兵击走之。复渡海还山东。十九年，贼将关先生[①]、破头潘、董太岁、沙刘儿引兵自开平、全宁陷大宁、懿州路并海盖复金四州，及辽阳路，所过杀掠逃窜殆尽。二十年，陷上京会宁府。二十三年，高丽人谋杀关先生，破头潘遁还浑滩镇。先是，高家奴团结乡民，结寨于老鸦山。至是，以其众袭破头潘，擒送京师。以高家奴为辽阳行中书省平章事，寻征入朝，授翰林承旨，以洪保保代之。洪惟太祖高皇帝，龙飞淮甸，剪除群雄，扫清六合，大兵方下幽冀。元丞相也速以余兵遁栖大宁，辽阳行省丞相也先不花驻兵开原，洪保保据辽阳，王哈剌不花团结民兵于复州，刘益亦以兵屯得利嬴城，高家奴聚平顶山，各置部众，多至万余人，少不下数千，互相雄长，无所统属。于是也先不花与高家奴、纳哈出、刘益等合兵趋辽阳，洪保保拒而不纳，诸军攻破之，虏掠男女畜产，城为一空。也先不花等遂执洪保保以归，既而释之。洪武三年春，高丽王颛由海道遣使称藩修贡。秩朝廷命断事黄俦赍诏，宣谕辽阳等处官民。是年冬，元平章刘益等奉表来归。洪武辛亥，大都督府断事吴立承诏赍币，至辽东赏赉新附官民，以刘益为辽东卫指挥同知。初，洪保保既得释，复收所部兵，驻得利嬴城。至是以爵赏不逮，怨益卖己，遂谋杀益而奔开原。益军惊乱，其部下前元侍郎房暠、右丞张良佐诛讨洪保保，不获，悉捕其党马彦辉等斩之。众遂定。时吴立在金州，于是暠与良佐率众迎立，总摄卫事。事闻，以吴立、房暠、张良佐为指挥。既而命马云、叶旺为龙虎将军定辽都卫指挥使，领兵由登莱海道而进，款附书者相继。檄招高家奴，不从。进军平顶山，攻破高家奴于老鸦山寨。走之，未几来降。壬子，复设辽阳府州县，以千户徐便统署府事，安集人民，柔来绥附。众咸得所。已而，罢州县，籍所集民为兵。也速、也先不花众各溃散。时纳哈出窜伏金山，窥伺边衅。尝寇盖州城，都指挥叶旺设伏于青石山，大败其众。纳哈出夜遁，仅以身免。丁卯，大军征之，直抵金山，破其巢窟。纳哈出势殚力屈而降。遂并其部落，送京师。边境悉宁。先是，设都司于辽阳城，历建诸衙门治所。初，官军

---

① 关先生：即关铎，元末北方红巾军将领。

俸粮之资仰给朝廷，衣赏则令山东州县岁运布钞绵花量给。由直隶太仓海运至牛家庄储支，动计数千艘，供费浩繁，冒涉险阻。始制屯田法，率以十，三分屯田，七分戍逻。既而，损戍逻，益屯田。至永乐间，减戍卒而增屯夫，数至十有其八。力穑者众，岁有羡余。数千里内，阡陌相连，屯堡相望。由是罢海粮运。存船十七只，专运布花。设安乐、自在二州以抚夷人，设行太仆寺、苑马寺监苑以理马政，开马市以羁縻远人。置奴儿干都司达达等夷卫所，官旗酋长，俾统其属。与夫邮驿递运、库务仓场、烽堠、坊井、道路、营舍之制，无不详悉。先命总兵官节制诸路兵马，永乐间，命都御史巡抚监军，复设备御等官防守各城，命监察御史巡历弹压之。其先设诸司，悉皆裁革。

李辅纂修：《全辽志》，刘立强、韩钢、刘海洋主编，韩钢点校：《中国东北边疆历史文献丛书》，北京：科学出版社，2016，第 43、558—560 页。

《开原县志》卷一

地理之沿革

开原为禹贡青州之域

……

舜分青州东北为营州，属营州地，又为息慎氏所居。

……

有虞氏二十五年，息慎氏来朝，贡弓矢。

商周为肃慎氏地

《方舆纪要》《天下郡国利病书》均云开原古肃慎氏地也；《孔子家语》云武王克商，肃慎氏贡楛矢石砮；《后汉书》云康王之时，肃慎复至；《汲冢周书·王会解》又称稷慎，盖稷与肃音近于息，故相传而莫辨其伪也。

秦属辽东郡

按秦分天下为三十六郡，有辽东、辽西二郡，是以辽河为区域也，开原在辽河以东，其为辽东郡所属无疑。……

汉属扶余国

《后汉书》扶余府在玄菟北千里，方二千里，最为平敞，南与高句骊，东与挹娄接。近人燕京大学历史教授王桐龄著《中国民族之研究》内云汉武帝时，徙乌桓部落于辽东，注即今辽沈道东部。又云东汉桓帝，鲜卑大人檀石槐东却吉林西境之,扶余、开原当皆在其内。

魏晋仍之

《三国魏志》:扶余去汉玄菟千里,南与高句骊,东与挹娄接,北有弱水,方可二千里,按《魏志》既云方可二千里,由今考之,黑龙江、宁古塔等处距开原曰千数百里,则是当日扶余之境,乃尽宁古塔黑龙江诸地,非止开原一县,开原特其西南边境耳。今人以吉林境内扶余已设县治,且距开原甚远,遂疑开原属扶余为旧日传闻之伪,殊属非是。

元魏属勿吉国地

《魏书》勿吉国在高句骊北,古肃慎国也。邑落各自有长,不相统一,其人劲悍,于东夷为最强。按《满洲源流考》云扶余之境南北朝为鲜卑所侵,西徙,寻为为(多一"为"字)高句丽所据。王桐龄《中国民族之研究》云晋愍帝建兴四年,鲜卑拓跋氏郁律立,英武善用兵,东兼勿吉以西(注,勿吉,今吉林黑龙江等地,似开原不属勿吉,但既云勿吉以西,今开原实东接吉林,则当日正在所属中矣)。

隋为黑水靺鞨

《全辽志》:开原,即古肃慎氏地,隋曰黑水靺鞨。《满洲源流考》:自开原以北千余里,皆扶余之境。南北朝为慕容氏所侵,寻为高句丽分据,唐灭高丽,入于渤海,是隋时犹属高丽,至唐始得复其地。《文献通考》:渤海,即粟末靺鞨附高丽者,开原本属勿吉国,为靺鞨等部所居,《全辽志》谓为黑水靺鞨,殆以此欤。

唐初以其地为燕州,寻置黑水府,后属渤海

《全辽志》:贞观二年,以其地为燕州,开原(元)中,置黑水府,以其部长为督都刺史,而置长史监之。《天下郡国利病书》:唐咸通年,渤海王玄锡强盛,以肃慎氏故地为上京,号龙泉府。

辽属黄龙府,隶东京

《辽史·本纪》:太祖平渤海,次扶余城,有黄龙见于城上,更名黄龙府。保宁七年,府废。开泰九年,迁城于东北而分置通州。按府城既迁东北,是未迁之黄龙府系今开原治城,而迁后之黄龙府始不在此。又置同(通)州镇镇安军治东平县,兼领永昌县,属东京;祺州佑圣军,治庆云县,属辽州;肃州信陵军,治清安县,属东京。按金大定二十九年,改东平曰铜山,故地在今治城南三十里，即中固是；庆云故地，在今城西四十里，即云庆堡是；清安故地，在今城东北三十里威远堡门是。

金属咸平府

大定二十九年，同（通）、祺、肃三州均废，升铜山县为咸平路，后改府，肃、祺二州旧地属之。《金史》云咸平府铜山县，南有柴河，北有清河，西有辽河。又《满洲源流考》云辽祺州统庆云县，以所俘檀州蜜云县民建为州治，金废州，以庆云县属咸平府。

元改开元路

初设南京二万户府。至元四年，改辽东总管府，三十三年，改开元路，按开元地面元时所辖甚广，吉林宁古塔以北皆在其中，《元史·志》云即唐之黑水府，《元一统志》亦云三京故国、五国旧城，则开元路之兼黑龙江无疑不得，以其后徙治开元，且明有开原之设，遂谓元之开元路仅一县之地也。《元史》云咸平府古朝鲜地，箕子所封，汉属乐浪郡，后高丽有其地，唐置安东都护以统之，继为渤海大氏所据，辽平渤海，以其地多险阻，建城以居流民，号咸州，金升咸平府，元初因之，隶开元路。金末其将蒲鲜万奴据辽东，元伐之，得其地至开元，开元（开原）之名始此。

明改为开原，以其地置三万卫

明初名元，洪武二十一年改曰开原，置三万卫。二十六年又徙辽海卫于此。永乐七年又置安乐、自在二州，并属辽东都指挥使司，后徙自在州于辽阳。《全辽志》载，明洪武二十二年，分兀良哈为朵颜、福余、大宁三卫，自黄泥洼逾沈阳，铁岭至开原曰福余卫，近边地是开原，又有福余之称，不得专指为三万卫。详细考查乃知，福余为开原合沈阳、铁岭之总称，而三万卫为开原一邑之专称也。

清康熙三年改设开原县，隶奉天府

民国初年废府置辽沈道，开原隶焉；统一后改奉天省为辽宁省，又隶焉

《开原县志》，《中国地方志集成·辽宁府县志辑12》，南京：凤凰出版社，2006年，第94—95页。

《开原县志》卷七

汉

汉时以北边之地远而难守，复修辽东故塞。东汉明帝时，辽东太守祭肜破乌桓，朝廷以外夷内附，野无风尘，悉罢缘边屯兵，可知辽水以东汉时已有故

南北朝与唐

《唐书·契丹传》：逃之潢水之南，黄龙之北。黄龙者，黄龙塞也。六朝时慕容皝登之南望柳城，北齐高宝宁据以拒周，并其处也。唐时置黄龙戍，即今黄龙冈。

辽金

辽金之际，金太祖阿古打向辽索逃人阿毓，辽不许，金主乃召其所属，备冲要，建城堡，修戎器，一战而胜辽师，辽竟以边防不修而失败。

元

元世祖有漠南一带汉地，开原实为所属，而当时征服诸部，分王各地亲族接壤徼无警，华夷合一，荡无捍蔽。

《开原县志》，《中国地方志集成·辽宁府县志辑12》，南京：凤凰出版社，2006年，第269页。

《吉林外记》

建置沿革

吉林，古肃慎氏遗墟，汉晋挹娄国，南北朝勿吉地，唐燕州黑水府，渤海大氏龙泉府，辽长春州，金恤品路，元合兰府水达达路，明设卫所。

萨英额：《吉林外记》，姜维公、刘立强：《中国边疆研究库·初编·东北边疆》第十卷，哈尔滨：黑龙江教育出版社，2014年，第45—46页。

《黑龙江外记》

黑龙江，今为东三省之一，在京师东北三千三百余里。古肃慎氏遗墟、汉鲜卑（案：鲜卑乃部种，非地名，今锡伯及俄之西伯利，皆鲜卑之转音也）、魏勿吉、隋黑水靺鞨、唐黑水府、宋契丹[①]、辽上京、金蒲与路、元开元路、明朵颜卫（案：明置建州卫、海西卫、野人卫，统名之曰朵颜三卫，又有南北关四百八十卫之称。则朵颜不得为黑龙江一省之专名），皆其地也。我朝初入版图，屡为俄罗斯属境罗刹所侵掠。圣祖遣使宣谕，仍负固，乃发大军，由吉

---

① 契丹：指辽朝。

东北"旧志"中松花江流域自然与风俗史料汇编

林水陆并进,逼所踞尼布楚城,寻纳款乞盟,以兴安岭为界。于是东南至吉林,西至蒙古喀尔喀部,北至俄罗斯,广轮数千里。镇以重臣,屯以劲旅,以齐齐哈尔为省会,而墨尔根、黑龙江、呼伦贝尔、布特哈、呼兰五城隶之。百余年来,与吉林、奉天为唇齿,屹然称重镇。

西清:《黑龙江外记》,姜维公、刘立强:《中国边疆研究库·初编·东北边疆》第十卷,哈尔滨:黑龙江教育出版社,2014 年,第 175—176 页。

《长白汇征录》卷一

历代沿革

周秦以前统名肃慎。考东方国,最古者曰肃慎。《竹书纪年·有虞氏》:"二十五年,肃慎氏来朝,贡弓矢。"《史记·虞帝纪》称息慎。《汲冢周书王会解》又作稷慎,曾贡楛矢于周。息、稷皆肃字转音,字异国同,而疆域阙如。查《后汉书》《晋书》载其国界,南包长白山,北抵弱水(即今黑龙江),东极大海(按由长白山东北图们江至入海口一千余里。兹云东极大海,则今之图们江两岸皆在其区域之内)。广袤数千里。《晋书》又云,肃慎在不咸山(即今长白山)之北,"东滨大海,西接冠漫国,北极弱水"。据汉、晋两书,肃慎幅员最广,凡长白山南北数千百里皆其辖境,则府治在周秦以前固为肃慎故墟。

前汉为乐浪郡。《册府元龟》:汉武帝元封三年灭朝鲜,分置乐浪、玄菟、临屯、真番四郡(即在今奉省南盖平、海城、复州等处)。至昭帝始元五年,诏罢临屯、真番,以并乐浪、玄菟。玄菟复徙居句丽。自单单大岭以东(单单,满语珊延,音相近,即长白山),悉属乐浪,故乐浪地势最为广袤。"旋复分岭东七县,置乐浪东部都尉。"以其时其地考之,自今之海、盖以东至长白山一带地方,均属乐浪郡。《盛京通志》:汉时乐浪在奉天省城东北二千余里,府治距奉天不过一千五百余里,其为汉时乐浪郡无疑。

后汉仍乐浪郡。夫余国始于后汉,一名扶余。始祖东明,为北方橐离国王侍婢所生,南渡掩㴲水(今高丽国有盖斯水,即此)王。夫余本濊地,用濊王之印。肃慎至此微矣。建武二十五年夫余王遣使入贡,光武厚报之。是为夫余国通汉之始。《通考》:汉安帝永初五年,夫余王将步骑七八千人入乐浪。永康元年,夫台将万人侵玄菟,是后汉时乐浪、玄菟两郡名犹未改,府治应仍隶乐浪。

魏晋时属沃沮西部。魏晋时并国于东北方者，夫余、挹娄，其部落繁盛者为沃沮。沃沮有三：曰东沃沮、南沃沮、北沃沮。东沃沮，按《后汉书》在盖马大山之东（此山在今韩国咸镜南道界内）。南沃沮，按《魏志》幽州刺史毌邱俭讨高句丽，句丽王宫奔沃沮（此沃沮即南沃沮，在沸流水之东北）。遂进师击沃沮，邑落皆破之。宫又奔北沃沮（此沃沮在今吉林珲春之南），距南沃沮八百余里。史传所称三沃沮，均系长白府东北疆界，似与本郡无涉。顾自汉时改并乐浪以后，三沃沮通属乐浪。乐浪全境增廓至单单大岭东南一带皆其区域，此外别无部落可考。是魏晋三沃沮皆两汉乐浪郡旧壤，则郡治在魏晋时其为沃沮西部无疑。

隋唐属渤海国鸭绿府神州东界，率宾府益州西南界（安图、抚松两县附）。考《新唐书》，渤海，本粟末靺鞨，姓大氏。高丽灭，率众保挹娄之东牟山。武后时，有乞乞仲象者与乞四比羽为契丹所逼，东渡辽水，保太白山之东北，阻奥娄河（即今长白山北哈达河）。树垒自固。传子祚荣，自号震国王，吞并地方五千里，奄有夫余、沃沮、弁韩、朝鲜、海北诸国。中宗朝，赐封渤海郡王，都忽汗州（在今宁古塔呼尔哈河之东），尽去粟末靺鞨国号，是为渤海王建国之始。延及大彝震，鸿才远略，建五京十五府六十二州，雄表东海，囊括长白山，纵横五千余里。按当时所建鸭绿府，领神、桓、丰、正四州，统隶西京。据唐贾耽《道里记》，自鸭绿江口舟行百余里，又小航溯流三十里至泊约（即元时博索府，去鸭绿江入海处一百三十余里）即得渤海之境。又溯流五百里至丸都城（丸都即桓州境，高丽王旧都）。又东北溯流二百里至神州。以里数计由鸭绿江口至此共九百余里，以今地理考之，长郡距鸭绿江口不过一千里有奇，西可接神州东界，率宾府益州在长白山西南，即与本郡接壤，其为益州西南界无疑。拟设之安图、抚松两县，按渤海长岭府领瑕、河二州，证以现在地名，吉林西南五百余里有长岭子，满洲语称果勒敏珠敦岭（珠敦山也，浑江之源），迤东直抵长白山龙冈，绵长一千余里。府以长岭名，应指此岭而言。州以瑕、河名，应指水名而言。此岭东西南北众水汇流，有北入松花江者，有南入鸭绿江者。近则汤河、浑河，远则赫尔苏等河。虽不敢确指为瑕、河州域，究亦不甚悬绝。去年抚松划界，与长岭最近，其为长岭府区域毫无疑义。郢、铜、涑三州，《唐书》称为独奏州。按涑州因涑末水得名（松花江即名涑末水）。去年划安图界，系由红旗河下流，上至娘娘库河入松花江者皆涑末水

东北"旧志"中松花江流域自然与风俗史料汇编

上源。以地理考之安图即涞州境。渤海疆域名称旋为契丹所毁,惟《辽史》略存梗概。统计长白府与安、抚两县区域跨有神州、瑕州、河州、涞州四州之地。

辽为率宾府益州区域。考《续通典》,辽太祖亲征渤海大諲撰,拔夫余府,破忽汗城,改渤海为东丹国,渤海亡。辽建上京于长春州,旧名鸭子河(即松花江)。凡松花江以南,鸭绿江以北,宁古塔以东,皆其区域。东南府治惟率宾府最大,尽括有渤海时鸭绿府区域。所有旧年鸭绿府名虽是,而地非其旧。以今地理考之,在我朝发祥之鄂多理城之南。鄂多理城即今延吉厅之敦化县。敦化县与去年拟设安图县东北界毗连。查率宾府疆域,西北至上京(即长春州)一千五百七十里。以道里计之,当在长白山东北,所领华、益、建三州。华州区域不详。考鸭绿江,一名益州江,益州当与鸭绿江相近。方位在长白山西南,府治南控鸭绿江,北枕长白山,东西南北均有五百余里,确系益州属地。所有渤海时神州区域,已多改革,即建州之名,辽金以后虽历代相沿,而地势互有迁移,均非渤海建州之故壤也,与本郡无涉。据其疆域远大而论,则安图、抚松皆属率宾府。按:渤海五京十五府六十二州,幅员广大,规画周详,旋为契丹所毁,《辽史》仅存其名,而或并或移,渐失旧制,有名存而地没,地存而名革者。沿革纷更,难归划一。仅按现在山川地形里数证诸史乘,略具大凡,以资考核,迄金元后而渤海旧制荡然矣。

金为上京会宁府南界,而分隶率宾、海兰两路。自宋南渡,金太祖遂崛起于白山黑水之间,国号金,建上京于会宁(地在今宁古塔西,混同江东,吉林城东北二百余里)。会宁府界,据《元一统志》,去长白山六十里。《金史》称会宁府东南至率宾路一千六百余里,南至海兰路一千八百余里。会宁为上京奉天府,广轮千里,包有长白山、青岭、玛奇岭、巴延淀(淀即甸)、绿野淀河、勒勒楚哈河、混同江等地在内。以今地理考之,拟设安图县治红旗河、娘娘库河、五道白河地方皆会宁旧壤。率宾路一名恤品路,为渤海率宾府故地,在会宁府之南,金时改并,辽时州县最多。率宾府旧领华、益、建三州,已统括于率宾一路,而尽去其名。长郡东北即直接率宾路西南境,海兰路又在率宾路东南,今长白山东北有海兰河(在延吉厅境内),距图们江较近。《皇舆全图》:海兰路与高丽相近者,有安巴、海兰必喇、阿济格。海兰必喇在宁古塔南四百一十里,以里数远近考之,即指此海兰河而言。是海兰河一带实金之海兰路,其疆域延袤至率宾路之西南。《金史》所称合懒与海兰同音路亦即海兰路。考诸《金史》，参以去年勘界员报告，长白山以北属会宁者居多，长白东南、西南则属率宾、海兰两路，是本郡为会宁府南界，而东北与西南分隶于率宾、海兰路可知已。按：金太祖志在中原，准高丽王之请，以抱州①与之，而以鸭绿江为国界。凡金之全境与高丽相接之地，均以鸭绿江为界。金史、朝鲜史备载之，是鸭绿江为中高国界自金太祖始。

元为开元路。元太祖奇渥温铁木（真）起（幹）〔斡〕难河，灭辽，灭金，建都和林格伦，立开元（在金上京界内）、南京两万户府。世（宗）〔祖〕忽必烈至元（元）〔十六〕年灭宋，都燕京，以京畿为中书省，以满洲为辽东行中书省，分路七：曰辽阳路、广宁路、大宁路、沈阳路、开元路、海兰、硕达勒达路（硕达勒达，满洲语隐僻处也，旧作水达达，今改正）。《元一统志》，开元路南镇长白之山，北浸鲸州之海。三京故国，五国旧城，为东北一大都会。又按《明志》，鄂多理城在开元东北千二百里。鄂多理城即今敦化县。敦化县西南界距长白府不过九百里上下，据此则本郡属开元路，证之以里数，考之以方向，似无疑义。《元史》中统三年，又割辽河以东隶开元路，是开元路之四围广袤实为七路之冠。今开元县在奉天省北，后人谓原即元字，误以为开元故地。岂知明初改开元为卫所，地已缩小，况今之开原仅区区一县耶，其非元代之开元，章章明矣。至海兰路在今吉林宁古塔境，较金时海兰府亦缩小，与本郡无涉。

明初属建州、率宾、海兰诸卫，后分隶于长白山讷殷部、鸭绿江部。明初都金陵，而辽沈一带疆域率多阙略。永乐间增设卫所三百七十有六，虽亦有建州卫、率宾卫、海兰卫等名，而卫所辖境最隘，究难指本郡所属之定名。惟天万年间，辽东诸部落有苏克素护河部、浑河部、完颜部、栋鄂部、哲陈部、长白山之讷殷部、鸭绿江部等名。以其名其地考之，长郡在前明时确隶于讷殷、鸭绿江两部。

张凤台：《长白汇征录》，李澍田主编，李澍田、宋抵点校：《长白丛书》，长春：吉林文史出版社，1987年，第22—28页。

---

① 抱州：即鸭绿江入海口处的保州。

《长白汇征录》卷三

唐虞禅位，文教覃敷，重译来朝。肃慎氏闻风款阙，首先输诚，虞、夏、商、周贡献不绝。泥古之儒遂谓东方多君子之国，以文弱不以武胜，抑犹一隅之见也。周末文极而竞武，王纲不振，伯雄分驰，并于嬴秦，而纵横之习延蔓朔方。燕人满乃东渡辽塞，置吏筑障，役属真番，朝鲜各君长主盟海外，以辽东浿水（在今海城盖平地方）为界，遂成独立之国。东北边割据之势实始于此，而兵机之祸以伏。自此以后，燕、齐亡命之徒，率皆逋逃盘踞，恃为渊薮。至汉元封二年，满子孙右渠勾引汉朝亡人侵掠边塞。武帝遣楼船将军杨仆、左将军荀彘等浮海出击，于是乎有朝鲜之役。继而分朝鲜为四郡，以杀其势，真番、临屯、玄菟、乐浪是也。旋复徙玄菟于辽西，罢临屯，真番以并乐浪，自王险（即今平壤）至单单大岭以东悉隶乐浪，而朝鲜亡矣。而夫余之兵起矣。夫余王金蛙无嗣，祷于太白山（即长白山）而侍婢吞卵生子于鸭绿室中，曰朱蒙。以善射名，以弓矢刀矛为军器，英武绝伦，国人畏而服之，遂王夫余，易国号曰高句骊。而夫余微矣。而高句骊之兵遂横行于鸭绿江流域矣。安、顺之朝屡寇乐浪、玄菟。魏晋时，其子孙曰宫、曰钊，有勇力，好攻战。一败于毌邱俭，一败于慕容元真，兵威稍挫。越数世，广开境土好大王天生神武，赫怒兴师，又东夷之铮铮佼佼者也。新罗、百济、三韩皆其甥舅兄弟之邦，畏威畏力，皆俯首于高句骊之庭。于此时也，倭人亦乘间西略，发愤为雄，然究不敢与高争。终五代之世，南北朝分崩离析，而国富兵强，囊括辽东五千余里，足与中原相抗衡者，厥惟高句骊。晋义熙年间，封为都督营州诸军事高丽王乐浪公；高丽之名至此而著，都平壤，号长安城。黑水靺鞨皆附焉。白山南北诸部落震其余威，唯命是从。隋则不遑远略也。唐太宗扫荡神州，武夫悍将所向克捷，适新罗遣使告急，是以有亲征高丽之举。当时如李勣、王道宗、薛仁贵、刘仁轨等，或由浿江横渡，或由鸭绿挂帆，夺马邑山，拔乌骨城，电扫雷奔，直趋平壤。高丽从此不竞矣。无奈天未厌乱，而万岁通天中，已有渡辽水，倚太白山，阻奥娄河，树垒养晦以自雄者，渤海氏之磨牙欲噬，盖已胚胎于太宗班师之日矣。嗣后英君豪长，改号改元，则有若大祚荣，有若大武艺，有若大钦茂，蠕蠕蠢动，不奉唐朔。越至大彝震崇修宫阙，建五京十五府六十二州，层层钤制，声威赫濯，兵力之雄，实跨越三韩、三沃沮、新

第三章 区域沿革

罗、百济之上。一时辽东七十余国,主齐盟而执牛耳者,非渤海其谁属哉?初不料猛虎在山,而猎人已伺其后也。当諲撰式微之时,契丹在西,铁骊在北,亦皆秣马厉兵以待,而耶律阿保机竟着先鞭,统兵南下,急取荆州,于是乎有忽汗城之捷,俘其王大諲撰,封为东丹国,而渤海灭矣。其余灰残烬,如爝火袅袅于盖马大山之间者,只有一高丽耳。抑谚语曰:蕞尔小国,契丹以为不足图也,乃以鸭绿江北之地尽予高丽,高丽筑六城聊以自固。辽太祖破龙州城后,又迁其人而空其地,仍以之予高丽,誓以鸭绿江为界,各不相犯。东北边兵燹之祸为之稍熄,此亦春秋弭兵之计也。然而中原多事矣。始而辽胜于金,凡鸭绿、松花两江之源皆为辽有。如乌舍(即珠舍里)、布库里(即今布库里山),各国兵队,悉归调遣,八部之兵名震松漠。迄萧太后专制国权,遂大举入宋,而有澶州之役。继而金胜于辽,坚摧镔铁,瑞献黄龙,立马吴山,徽钦北狩。盖自辽金以后,中原之王气自南而北,渐钟于白山黑水之间,是为古今中外盛衰强弱之一大关键也。故用兵之道,亦以东北为最雄,史册有言曰:女真兵满万,便不可敌,兵威之雄,亦概可见矣。洎乎有元奇渥温铁木真,圣威天赐,用兵如神,不数年而灭宋灭金,奄有中原,殆亦汉高祖、唐太宗之流亚欤!自古以东北起兵,控驭西南,吞八荒而跨九州者,吾于元太祖首屈一指焉。历观辽海之部落,君长分争角立,忽焉而分,忽焉而合,与春秋战国之局,后先如一辙。揆形度势,论世知人。朝鲜、肃慎则辽东之鲁、卫也;夫余则宋襄也,高句丽则齐桓也,渤海氏则晋文也,百济、三韩则吴、楚也,新罗、三沃沮则郑、宋也,契丹则嬴秦也,室韦、铁骊则燕、赵也。兵连祸结,迄无宁岁。自辽、金两太祖崛起东陲,纵横扫荡数千里,已开一统之先声,卒以继世无人,不数传而相继沦亡。直待有雄才伟略,超越古今,如元太祖者一戎衣而东西朔南,始定于一焉。虽运会递嬗,兴亡靡定,总之兵强者存,兵弱者亡,此其大较也。辽、金、元三朝英主,皆志在中原,略近图远,内患潜滋,以致三姓构难,世相仇敌。辽、金末造,余烬复燃,天道循环,殷忧启圣,将降大任以开满洲之统。顾其时,千戈初动,杀伐犹未张也。明承元祚,建都金陵,鞭长不及辽沈。永乐年间增设辽东卫所,颇具远略,但仅示以羁縻之义,而武卫不严,边陲仍多扰攘。延至隆、万之朝,东海三部、扈伦四部,长白山两部,满洲五部争相雄长,戎马倥偬,又变为纷争之局。幸我太祖高皇帝承肇祖之余烈,为下国之缀旒,于前明万历十有一年,大兴挞伐之师,将满

东北"旧志"中松花江流域自然与风俗史料汇编

洲各部落以次削平。明犹不悛，扰荡边陲，我是以有萨尔浒之捷。兵事之有关国势也，顾不重哉。传曰：天子有道，守在四夷，系就关锁时代而言。至门户洞开，则四郊多垒，非筹边不足以图存，非练兵不足以守边。腹地重文教，边疆重武卫，自古为然。现长郡孤峙大东，与敌人共一江之险，击柝相闻，枕戈待旦，此其时矣。列兵事门。

……

周秦以前兵事：《史记·虞帝纪》：南抚交趾、北发、西戎、析枝、渠庾、氐、羌、北山戎、发、息慎。长郡在肃慎南界，其云北发息慎者，是为本郡用兵之始。《尚书·序》：成王既伐东夷，息慎来贺。似又为兵威所慑，而谓上古之世专以文教服远人者，尚属迂阔之论。况肃慎氏楛矢之利，《汲冢周书》《孔子家语》记载不绝，其地方尚武之风，不问可知。《晋书》：肃慎氏人性凶悍，以无忧哀相尚。父母死，男子不哭泣，哭者谓之不壮。种族尚武之性，亦可概见。肃慎为东北一大部落，又以弧弓雄天下，若仅以文教慑服之，恐三代圣主亦有所不能也。故特引《虞帝纪》《尚书·序》用兵之轶事，以补兵事之阙。

两汉兵事：汉时乐浪为本郡故壤。《册府元龟》：汉武帝元封三年，灭朝鲜，分置乐浪、玄菟、临屯、真番四郡。迩时本境虽经兵革，而汉史载之不详。《通考》：汉安帝永初五年，夫余王始将步骑七八千人入乐浪。《魏志》：汉殇、安之间，高句丽王宫在长白山南，数寇辽东玄菟。辽东太守蔡风、玄菟太守姚光以其为二郡害，兴师伐之。宫诈降请和，二郡不进。宫乃密遣军攻玄菟，焚烧堠城，入辽杀吏民。又顺、桓之间，高句丽复攻辽东，寇新安居乡，又攻西安平，于道上杀带方令，略得乐浪太守妻子。灵帝建宁二年，玄菟太守耿临讨之，斩首虏数百级，高句丽降，属辽东，又乞属玄菟。其后复攻玄菟，玄菟太守与辽东兵合击，大破之。按本境在玄菟之南，高句丽之北，戎马倥偬，本郡适当其冲，池鱼林本之殃，其能免乎。

魏晋六朝间兵事：《魏志》：汉武时，沃沮属玄菟，后改属乐浪。汉以土地广远，在单单大岭之东，分治东部都尉，治不耐城，别主岭东七县，时沃沮亦皆为县。汉光武六年，省边郡，都尉由此罢。其后皆以其县中渠帅为县侯，不耐、华丽、沃沮诸县皆为侯国。夷狄更相攻伐，唯不耐濊侯至今犹置功曹、主簿，诸曹皆濊民作之。沃沮诸邑落渠帅，皆自称三老，则故县国之制也。是魏晋间，沃沮为独立部落，本郡即其旧治。然其国小，迫于大国之间，臣属句丽。句丽尝加之以兵，岁责租赋。《毌丘俭传》：正始中，俭以高句丽数侵叛，督诸军步骑万人出玄菟，从诸道讨之。句丽王宫将步骑二万人，进军沸流水上，大战梁口，宫连破走，俭遂束马悬车，以登丸都，屠句丽所都，斩获首虏以千数。句丽沛者名得来数谏宫，宫不从其言。得来叹曰：立见此地将生蓬蒿。遂不食而死，举国贤之。俭令诸军不坏其墓，不伐其树，得其妻子，皆放遣之。宫单将妻子逃窜，俭引军还。六年，复征之，宫奔沃沮，遂进师击之，沃沮邑落皆破之，斩获首虏三千余级。宫奔北沃沮，俭又遣玄菟太守王颀追之，过沃沮千有余里，至肃慎氏南界，刻石纪功，刊丸都之山，铭不耐之城，诛纳八千余口。本郡所遭兵燹，当以此役为最惨。晋及六朝，中原扰攘，异族凭凌，本境属在东北边陲，兵事较少，史文阙如，亦地势使然耳。

隋唐间兵事：《隋书》：靺鞨，在高丽之北。邑落俱有酋长，不相统一。凡有七种：其一号粟末部，与高丽相接，胜兵数千，多骁武，每寇高丽。以地势考之，当即本境区域。其国西北与契丹相接，每相劫掠。隋高祖时，因其使来，诫之曰：我怜念契丹与尔无异，宜各守土境，岂不安乐？何为辄相攻击，甚乖我意。使者谢罪，高祖因厚劳之，令宴饮于前。使者与其徒皆起舞，其曲折多战斗之容。高祖顾谓侍臣曰：天地间乃有此物，常存用兵意，何其甚也。及唐，渐次强盛，黑水白山等部皆役属之。《新唐书》：万岁通天中，契丹李尽忠杀营州都督赵翙反，有舍利乞乞仲象者，与靺鞨酋乞四比羽及高丽余种东走，渡辽水，保太白山之东北，阻奥娄河，树壁自固。武后封乞四比羽为许国公，乞乞仲象为震国公，赦其罪。比羽不受命，后诏玉钤卫大将军李楷固、中郎将索仇击斩之。是时，仲象已死，其子祚荣引残痍遁去。楷固穷蹑，度天门岭，祚荣因高句丽、靺鞨兵拒楷固，王师大败，楷固脱身而还。于是契丹附突厥，王师不克讨。祚荣即并比羽之众，恃荒远，乃建国，自号震国王。地方五千里，户十余万，胜兵数万，尽得夫余、沃沮、弁韩、朝鲜海北诸国。睿宗先天中，遣使拜祚荣为左骁卫大将军、渤海郡王，以所统为忽汗州，领忽汗州都督，自是始去靺鞨号，专称渤海。开元七年，祚荣死，子武艺立，斥大土宇，东北诸夷畏臣之。未几，黑水靺鞨使者入朝，帝以其地建黑水州，置长史临总。武艺召其下谋曰：黑水始假道于我与唐通，异时请吐屯于突厥，皆先告我，今请唐官不吾告，是必与唐腹背攻我也。乃遣弟门艺及舅任雅相发兵击黑水。门艺尝质京师，知利害，谓武艺曰：黑水请吏而我击之，是背唐也。唐，大国，兵万倍我，与之产怨，我且亡。昔高丽盛时，士三十万，抗唐为敌，可谓雄强，唐兵一临，扫地尽矣。今我众比高丽三之一，王将违之，不可。武艺不从。兵至境，门艺又以书固谏，武艺怒，遣从兄壹夏代将，召门艺，将杀之。门艺惧，俗路自归，诏拜左骁卫将军。后十年，武艺遣大将张文休率海贼攻登州，帝驰遣门艺发幽州兵击之，使太仆卿金思兰使新罗，督兵攻其南。会大寒，雪袤丈，士冻死过半，无功而还。其后武艺卒，传七世至仁秀，颇能，讨伐海北诸部①，开大境宇，为海东盛国，建五京十五府六十二州，官府制度灿然大备。至北宋之末，其国犹存。然此数百年间之兵事，见于史乘者寥寥无几，惟《辽纪》称天显元年太祖亲征渤海，破忽汗城，获王大諲撰，遂并其地，改渤海为东丹国。此后则本境区域，入辽之版图矣。

宋、金、元、明间兵事：自宋迄明，本境不更兵革。虽辽、金、元起灭相代，亦不过兵及首都，余则传檄而定。即地方建置率皆沿袭前代旧制，不甚经营，明人尤未尝一履其地。故兵事差少，史亦略而不书。

张凤台：《长白汇征录》，李澍田主编，李澍田、宋抵点校：《长白丛书》，长春：吉林文史出版社，1987年，第77—86页。

《双阳县乡土志》

沿革

（一）古代沿革

隋唐以前为高句骊地，以书阙无征，不能详考。辽金为宁江州旁境，明为依尔们河卫、苏完河卫。

（二）近代沿革

清初于沿边近地移置旗民，设台立门，而台有波什库门，有章京以统治八旗各户，惟旗民重要之诉讼，仍归吉林。至乾隆二年，于苏完延河南设苏干延站，即今县城之地也。宣统二年，经吉林巡抚陈昭常奏请，改站为县，始与吉林县分治，迄今十六周年矣。

吉人：《双阳县乡土志》，《中国地方志集成·吉林府县志辑1》，南京：凤凰出版社，2006年，第513页。

---

① 海北诸部：指当时东北地区的各个民族。

第三章 区域沿革

《扶余县志》

第一章 扶余县之名义及沿革

扶余县治，东经八度十七分，北纬四十五度十五分，在吉林省城西北六百里。隋朝高句丽强盛时代，高句丽之北部，即今日人所称之北满洲，有靺鞨民族之一支□居之，其民族又有伯咄之部。在《隋书》谓"伯咄之部，居粟末部之北"，《唐书》谓"伯咄部居粟末部之东北"，而《吉林通志》则谓"即今之伯都讷地方"。唐时并属渤海，金为上京近畿地，县北犹存金世宗所立之得胜陀碑。自西历纪元九一六年至一一二五年，现在本县地域，即当时辽朝北部所称达鲁噶之一部居在地是也。金女真皇帝即位以来（自一一二五年至一二三四年），以至元朝，称本县为肇洲。元时并视为殖民地，编入万户府巷，移民万余于此，专从事于农业（但当时之万户府省，不止现在扶余一县而已，同包括邻县地方在内）。迨至明朝（自一三六八至一六一六）改万户府为三岔河卫，于明末时，复被哈拉沁蒙古人侵领。清初抚定蒙人，遂仿照明时所设之护卫队，于各农村设立官立军队站，而各站均以旗兵编成之义勇守备兵以镇慑之。即以军队站，担任中央政府与地方政厅蒙古诸王间文书往还之输送事务。在清初时，蒙古人称之讷尔汗（即现在距县城北十三里，离松花江畔九里之地点）者，即当时之伯都讷站。自伯都讷站设后，而当时哈拉沁之蒙人，因大势所迫，不得已均迁居于松花江之左岸。当时讷尔汗之小村落，至今其残垣败壁犹存，见之令人怀古。嗣因伯都讷站距江弯远，文化进步以来，势不能不遴选商业适当地点，于是康熙三十二年（一六九三），遂择定现在之县城，筑城为市，而名之曰新城。三十三年，因旗军制之颁布遂设有副都统，其后国人之往还愈多，更不得不设文官，因以副都统兼任知事。雍正时，又改称长宁县。乾隆元年（一七三八），复废县制，改设州同巡检及办理蒙古事务主事等官。至二十六年，复归其权于副都统，为补助副都统之不足，复设理藩院之行政机关以佐之。今之扶余、榆树两县，隶其管下。后嘉庆十六年，分理藩院为伯都讷及大榆树两大警务区，设同知专理往来移民事情，其副都统之军权，则毫不变更。光绪八年（一八八二年），抚民同知衙门移治孤榆树（即今榆树县），改设分防巡检。三十二年春，升巡检为新城府，自此遂与榆树县分治。民国二年三月（一九一一年），改县。三年一月因避县名重复，改为扶余县，盖在中国后汉

163

时，有扶余种族占据北满一带，今之农安县，即当时扶余县之首府，因以名焉。

张其军：《扶余县志》，《中国地方志集成·吉林府县志辑10》，南京：凤凰出版社，2006年，第347—348页。

《农安县志》

沿革

星球环转，世界沧桑，溯自洪荒邃古，以来已亘数千百年于兹矣。于此数千百年中，而欲详其部族、辨厥疆域及一切废兴分合之故，一一如数家珍，胡可易言。农安旧隶戎索，往事无征，其见诸载籍者，肃慎立国仅贡楛矢，挹娄易号夫余西来，《隋书》不为夫余立传，其入高丽无疑，此扶余城所以有高丽之号也。大氏自以渤海称雄，乃去靺鞨故号，此扶余府所以加渤海之称也，虽断简残编、书缺有间，而蛛丝马迹、墨尚留痕，无难辨者。独至于黄龙府于此于彼见各不同，几成为历史上之争点，或以为慕容氏故城是，殆以黄龙国为黄龙府也，或以开原当之，是又以开元路为开元县也，不知龙州本属上京开元，东连五国。黄龙现城上扶余，自此更名，白马渡江来济州于焉，锡号辽泽有河，岂曰伊秃，开原有塔，不名隆安，故谓辽南曾号黄龙，可也。谓辽南，金改济州不可也，谓开原本于开元可也，谓开原即金隆安不可也。爰为考厥兵事，辨以邻境，合以道里，并证以江河及图书，则农安为黄龙府已无疑义，况农安之于隆安，音韵皆有可通，龙安又号龙湾，俗称尤为近古，元驻开元路总管于此，后移开原，其远征也。明征元太尉，将军冯胜驻军隆安，其近据也。志沿革。

虞为息慎，夏至周为肃慎，亦曰稷慎。

《史记·五帝纪》：至于荒服，北山戎发息慎咸戴舜之功。

《山海经·大荒北经》："大荒之中，有山名不咸，有肃慎之国。"（《吉林通志》"不咸即长白"）

《史记·周本纪》："成王既伐东夷，息慎来贺，王使荣伯作贿息慎之命。"（《集解》：孔安国曰贿赐也）按成周之会称稷慎，康王之时肃慎复至，郝氏懿行谓"声转字通，实一国也"。《满洲源流考》："其国，南包长白，北抵弱水，东极大海，广袤数千里。"又贾耽《道里记》："渤海王城，临忽汗海，其西南三十里古肃慎城。"考其地为今宁古塔。韦昭云："去夫余千里。夫余，农安也。"与今至宁古塔道里相符。玩包字之义，当为肃慎西南境。

汉及晋为夫余。

《后汉书·东夷传》："夫余国在元菟北千里，南与高句骊，东与挹娄，西与鲜卑接，北有弱水，地方二千里，本濊地也。"

编者至此而疑焉：考《吉林通志·农安沿革表》，肃慎之后，继以夫余，肃慎未曾失地，夫余胡为至此？比读《后汉书·挹娄传》："挹娄，古肃慎之国也。"汉兴以后，臣属夫余，盖自肃慎改号，其西境已属夫余，故曰东与挹娄接。又《三国志·东夷传》："夫余在长城之北，本属元菟，汉末公孙度雄张海东，夫余王尉仇台更属辽东，时句骊鲜卑强，夫余介二虏之间。"故曰西与鲜卑接。又《后汉书·东夷传》："元朔元年（武帝年也），濊君南闾等畔，右渠率二十八万口诣辽东内属，帝以其郡为苍海郡。"《通鉴辑览》注："今奉天府凤凰城及朝鲜江源道皆其地。"故杜佑《通典》夫余传其印文，言"濊王之印，国有故城曰濊城"。何时入夫余则不可考，书称濊地者当即指此。至昭帝始元五年，徙属乐浪，则在高句骊南，非夫余境也。元菟自在朝鲜。《前汉书·东夷传》：武帝元封三年定朝鲜，为真番、临屯、乐浪、元菟四郡，昭帝时罢临屯、真番以并乐浪、元菟，则元菟之邻于乐浪可知。又《后汉书·郡国志》："辽东郡，雒阳东北三千六百里，玄菟郡，雒阳东北四千里。"则玄菟之非辽东郡更可知。《前汉书·地理志》：高句骊元菟"属县有南苏水，西北经塞外"。考南苏水即今赫尔苏河，出奉天海龙厅经伊通北出塞，是则今伊通州地为高句骊北境，夫余在元菟北千里，南与高句骊接。《吉林通志》谓农安为夫余国地，已无疑义。

《晋书·四夷传》："夫余在元菟北千里，南接鲜卑国，有古濊城，本濊貊之地也。"

按《晋书》不为高句骊列传，其北境已入鲜卑。观《晋书·载记》慕容恪攻克高句骊南苏城，可见，故曰南接鲜卑，非南与西之有误，乃晋与汉之不同也。至国有濊城，则是沿《后汉书》之旧，非徙后之濊地也。

北魏为高丽北境。

《魏书·高句骊传》："世祖遣员外散骑侍郎李敖拜琏（钊曾孙）为都督辽海诸军事，征东将军，领护东夷中郎将，辽东郡开国公。"敖至其所居平壤城，

东北"旧志"中松花江流域自然与风俗史料汇编

访其方事,云辽东南一千余里,东至栅城,南至小海,北至旧夫余。

按后汉时高丽疆域北接夫余,汉晋两书皆有夫余传,自后无闻,盖自晋末已为高丽所并,故称旧夫余以别之。

隋为高丽夫余城。

《隋书·东夷传》:"其国东西二千里,南北千余里,都于平壤。"

按以南北道里考之,与元菟至夫余同城。详后。

唐初为高丽夫余城,后为渤海夫余府境。

《旧唐书·东夷传》:"高丽者,出自夫余之别种也,其国都于平壤,即汉乐浪郡之故地,东渡海至于新罗,西北渡辽水至于营州,南渡海至于百济,北至靺鞨,东西三千一百里,南北二千里。"

按《吉林通志》:"唐时其地北至靺鞨,是已越夫余直拓至郭尔罗斯旗农安。"郭尔罗斯前旗地也,扶余城仍属高丽。夫何待言。

《资治通鉴》:"乾封二年,高侃进至金山与高丽战,薛仁贵拔南苏、木底、苍岩三城。"

又"总章元年,薛仁贵既破高丽于金山,遂拔夫余城(原注扶余国之故墟,故城存其名)。扶余川中四十余城,皆望风请服"。

按《吉林通志》:扶余今农安县,南苏今伊通州(以南苏水得名)。此唐兵渡辽自南而北进兵之道路也,乘破竹之势,故川中四十余城皆望风请服。考《旧唐书·薛仁贵本传》拔城次第,与此皆合。乃《新唐书》先拔扶余、次战金山、拔南苏等三城,则是自北而南作逆击势,越国以侵远,必不可得之势也。省志谓新书为得其实,则窃未之敢信矣。

《新唐书·北狄传》:"扶余故地为扶余府,常屯劲兵捍契丹,领扶、仙二州。"

按《满洲源流考》,扶、仙二州辽时皆废,扶州即因扶余得名,当为负郭所属,县名见《辽史》。

《吉林旧闻录》:"农安县城即扶余国旧都,自魏晋以来视为要地,唐渤海大氏即其地改为扶余府。"

按《满洲源流考》,渤海大祚荣所都在长白山东北,大钦茂又东徙三百里直忽汗河之东,今宁古塔呼尔哈河也,呼尔哈河汇于宁古塔城西一百里之毕尔腾湖,湖广五六里,袤七十里许,中有三山,即所谓忽汗海也。德林石在其北，即德里镇所在。然则渤海上京及忽汗城实在宁古塔城旁，不在辽阳也。

辽为上京道之长春州东南境，东京道之龙州黄龙府。

《辽史·地理志》："长春，韶阳军下节度使。本鸭子河，春猎之地。兴宗重熙八年置。隶延庆宫，兵事属东北统军司。统县一：长春县。"（县本混同江地，燕蓟犯罪者流配于此，户二千）

按《辽史·本纪》：圣宗太平四年，改鸭子河为混同江。又《皇朝通志》：松花江上游至那尔混河来会。又北会混同江，即鸭子河。考那尔混今作那尔轰，混同江即松花江。又《满洲源流考》：长春州滨混同江，今都尔伯特、札赉特皆州之北境，则辽长春州当与今伯都讷相近。又《通鉴辑览》注：长春州，今郭尔罗斯地，考郭尔罗斯，光绪十五年为农安县。合《源流考》证之，当为州之东南境。

《辽史·地理志》："龙州黄龙府本渤海扶余府。太祖平渤海，道至此崩，有黄龙见，更名。保宁七年，将军雅尔丕勒①叛府，废。开泰九年，迁城于东北，以宗州、檀州汉户一千复置。统州五，县三：黄龙县，本渤海长平县，并富利、佐幕、肃慎置；迁民县，本渤海永宁县，并丰水、扶罗置；永平县，渤海置。"（考长平、富利本属渤海之龙州。辽破龙州，迁其民于通州之地而被以旧州之名，与渤海龙州实非一地，特此两县犹可籍，《辽史》以考见其名，其佐幕、肃慎、渤海旧属某州则不可考矣）

按《吉林通志》，黄龙府本渤海扶余府，与通州为渤海扶余城者似为一处，但通州所属有扶余等县乃扶余旧县，黄龙府所属之富利、长平乃渤海龙州旧县。以史文测之，盖太祖既破龙州，迁其民于扶余府东北境，亦设龙州，如南朝侨郡故。通州先名龙州，又改扶余府为黄龙府，属龙州，故黄龙府冠以龙州也。及迁黄龙府于东北，乃初设龙州之地，故府所属及系龙州旧县，而通州自保宁置于扶余旧城，故所属皆扶余旧县也，考据精详，谨为照录。

又按辽黄龙府前为渤海扶余府，后为金之济州，衔接一气，毫无牵就，若开原黄龙府设于何时、后改何名，史均无考。不过因元之开元路误以为开元县耳。至《契丹国志》："黄龙府即慕容氏和龙城。"《续通典·州郡序》："契丹本鲜卑之地，世居辽泽，南控黄龙，北带潢水。"是皆自黄龙国误之。若农安之

---

① 雅尔丕勒：《辽史》作燕颇。

东北"旧志"中松花江流域自然与风俗史料汇编

为黄龙府,其证有五:

一有证于兵事者

《辽史·地理志》:"信州彰圣军,本越喜故城,渤海置怀海府,圣宗以地邻高丽。开泰初,置州,以所虏汉民实之,兵事属黄龙府都部署司。又宾州怀化军节度本渤海城,统和十七年,迁乌舍(原作兀惹)户置鸭子河、混同二水之间,后升兵事,隶黄龙府都部署司。又益州观察,属黄龙府,统县一:静远县。又威州武宁军刺史,属黄龙府。又清州建宁军刺史,属黄龙府。又雍州刺史属黄龙府。又祥州瑞圣军节度,兴宗以铁丽户置兵事,属黄龙府都部署司,统县一:怀德县。"

按《金史·地理志》:"信州次肇、隆二州之后。"《续通志》亦以肇隆信三地并称,当去隆州不远。又《松漠纪闻》:"黄龙府南百里曰宾州,州近混同江。"当在在①农安县东南濒江处。《金史》:"太祖自将攻黄龙府,进临益州。"州在农安县东,威州在农安县西南,祥州今长春府东北,均见省志。又《元一统志》:废祥州在宾州西南。除清、雍二州无考外,余皆于农安为近属而隶之。宜矣。

一有证于邻境者

《续通典·州郡典》:"通州安远军节度,本扶馀国王城,渤海号扶馀府,辽太祖改龙州,圣宗更今名。景宗保宁七年以黄龙府叛人燕颇余党置升节度使。"《元一统志》:宾州之西曰黄龙府,即石晋出帝初安置之地。

……

金为上京之隆州,东京之泰州

《金史·地理志》:"隆州,下,利涉军节度使……天德二年,置上京路都转运司,四年,改为济州路转运司。"大定二十九年,嫌与山东路济州同,更今名。贞祐初时,升为隆安府……

按《全辽志》:龙安城在一秃河西岸,一秃即伊通同声,字册说城周七里,门四,旁有塔,亦名农安。今农安县在伊通河西二里,门四,旁有塔,皆与册符。又《吉林旧闻录》:塔为辽圣宗时所建,明初此地尚称隆安,冯胜征元太尉,军次隆安,是也。

---

① 衍一"在"字。

第三章 区域沿革

《金史·地理志》："泰州德昌军节度史（使），辽时本契丹二十部族牧地。海陵正隆间置德昌郡隶上京。大定二十五年罢之。承安二年复置于长春县，以旧泰州为金安县隶焉。"（长春州韶阳军天德二年降为县，属肇州）按《吉林通志》："泰州为今科尔沁左翼前旗及郭尔罗斯前旗地，所属长春县为今农安县西北境。"《方舆纪要》："边人呼为新泰州是也。"

元初为开元路治，后为开元路属境

……太祖阿古打灭辽，即上京设都，海陵迁都于燕，改为会宁府。金末其将蒲鲜万奴据辽东。元初癸巳岁，出师伐之，生擒万奴，师至开元，率宾东土悉平，开元之名始见于此。乙未岁，立开元南京二万户府，治黄龙府。至元四年更辽东路总管府。二十三年改为开元路。

《满洲源流考》："……开元路其初寄治黄龙府，后徙于开元县地……"按元志开元路即金会宁府，又开元万户治黄龙府。……考《金史·地理志》："会宁府山有长白、青岭，水有按出虎、混同江、涞流河。"《吉林通志》谓"按出虎即阿什河，涞流河即拉林河，皆在今阿城县境。其谓白城为金上京会宁"，信而可征。又会宁旧县二：宜春、曲江。宜春大定七年置，有鸭子河，开元无有也。且会宁自会宁、黄龙府自黄龙府，谓开元治黄龙府可也，谓开元即黄龙府不可也。开元固非今开原一县地也。又《元一统志》：开元路南镇长白山，北浸鲸州之海，三京故国、五国故城，亦东北一都会也，观此可以知开元之为开元，并可晓然于黄龙府之所在矣。

明初为三万卫，后属蒙古科尔沁部

《明史·地理志》：三万卫（元开元路），洪武初废，二十年十二月置三万卫于故城西，兼置兀者、野人、乞例迷女直军民府。二十一年府罢，迁卫于开元城，南距都司三百三十里。按《吉林旧闻录》："明初为伊屯河卫，旁境又伊尔们河卫。永乐十五年与伊屯河同置，旧讹衣迷，今伊尔们河在吉林城西一百四十里，会伊通河入混同江，皆流经农安。"

《文献通考·舆地考》："科尔沁……辽为上京道之东境，东京道之北境……元为开元路之北境。"明初，以元后乌梁海置外卫，自黄泥洼逾铁岭至开元，曰福余卫地。

……

郭尔罗斯……辽置泰州昌德军，属上京道。金因之，大定间废，承安二年

169

移州于长春县,以故地为金安县隶之。元为辽王纳颜分地,明为科尔沁所据,后分与其弟,是为郭尔罗斯。

郑世纯修,朱衣点纂:《农安县志》,《中国地方志集成·吉林府县志辑2》,南京:凤凰出版社,2006年,第10—15页。

《辉南县志》

据《文献通考》谓挹娄即古之肃慎,《通典》谓挹娄在不咸山北千余里,按不咸山即长白山,故在汉应属挹娄地。考《魏书》勿吉国在高句丽北旧肃慎国,其国南有徒太山,北有速末水,按徒太山即长白山,速末水即松花江。在南北朝时应属勿吉国地,又《北史》勿吉一曰靺鞨。按隋唐之际,靺鞨分黑水、粟末两部,粟末即速末转音。故隋唐之际应为靺鞨氏地而属粟末部者。又唐时靺鞨人大祚荣建渤海国,其子大武艺奄有松花江以南之地,建五京于其间,按渤海五京之中京显德府在今辉发江下游。故在唐于国属渤海而辖于中京显德府者,宋属女真,辽避兴宗讳改称女直,故在辽属女直地,金为上京会宁府,元属海兰府,又曰曷懒,音不同也。考《海国志》明扈伦国之辉发部在辉发河滨,故在明为扈伦国之辉发部落。明季又置海西卫,清初入版图。

白纯义:《辉南县志》,《中国地方志集成·吉林府县志辑2》,南京:凤凰出版社,2006年,第554页。

《布特哈志略》

布特哈地方伊古为穷荒之域,土人随各游牧处所而成部落,其首领曰酋长、部长,每部各自为政。中国治则通而来宾,不治则叛而互相吞并,争为雄长。至士马日强,土宇日广,恒与中国为敌。此即三代之肃慎、汉之索离、魏之勿吉、隋之靺鞨、唐之室韦、五代之女真,代有兴替,名称不一。以至辽、金、元递世兴亡,而以陈习争尚武功,文治缺然。季清,虽经居于黑龙江外五城之一,因在武备之下未遑讲文,至于略有备具之档案,庚子俄乱,焚毁一空,典籍莫稽,曷胜遗憾。今则五族一家,部落化为县治,牧地变成良田,江山不可复识。而人类又呈复杂,于是恐其久将入于五里雾也。爱征求山川部落之古今名称与士老遗传之旧闻语音,见诸史册而符合者,志历代沿革。

布特哈古息慎氏地(《山海经·大荒》之中有山名曰不咸,有肃慎之国郑氏康成说息慎即肃慎。郭璞《山海经注》肃慎国去辽东三千余里。按：不咸山即长白山，肃慎指宁古塔。黑龙江诸境而言，则布特哈在其地矣。《孔子家语》周武王时，肃慎氏贡楛矢，唐虞曰"息慎"。《竹书纪年》"帝舜二十五年，息慎来朝贡弓矢"，是为东荒绝域国，见于中国历史之始云），汉属北夷索离国（索离，《魏略》作橐离，《梁书》作囊离，《辽史》作橐离。《后汉书》云："索离王出行，其侍儿于后妊身而生男，名曰东明王，患其为祸也，欲杀之。东明遁南至掩㴲水，以弓击水，鱼鳖皆浮为桥。行渡至扶余地而王，是为扶余建国之始云。"按：扶余在吉林西北，索离又在扶余之北。淹㴲水为难水，即今之嫩江。布特哈人随嫩江流域落居者为多索离，之后索伦人仍在该处不少。且斯地土传上古王与子生忌，其子逃遁，渡难水，赖其鱼鳖为桥，事尚相符。则现在之布特哈地方即古之索离境无疑矣），魏为勿吉国黑水部（勿吉，即古之沃沮，又称窝集、乌稽、阿集，皆音转所致。沃沮系满语译汉"森林"也。《魏书》："勿吉在高句丽北，旧肃慎国也。"《北史》云：勿吉一曰靺鞨，其部落凡有七种，曰粟末、伯咄、安车骨、拂涅、号室、黑水、白山。魏延兴中，勿吉遣使乙力支朝贡，从难河水道往返。乙力支返国知魏不复东略，南夺扶余旧壤而疆理之。《隋书》所称靺鞨七部，其基于是役云。按：难河者，即今之嫩江，土人至今以难水称之。则布特哈为其地无疑矣），隋属黑水靺鞨（靺鞨七部原属勿吉，最南者为白山部，最北者为黑水部。则布特哈属黑水部境无疑也），唐时嫩江以东为黑水府境，嫩江以西为室韦地（靺鞨黑水部于唐高宗季年犯边，为李多祚击破。玄宗开元十年，更为府，拜其酋长李献诚为黑水府都督。时有室韦国在西，东与黑水靺鞨为邻，服唐朝贡，唐羁縻之。契丹兴遂为所有。阻午可汗置突吕不部，戍长春州西。阿保机置突吕不室韦部，戍泰州东北。涅剌拿古部戍泰州东。自嫩江以西，索岳尔吉山以东俱役服之。则布特哈其地无疑矣。按：室韦系锡窝之转音，即蒙语译汉"树丛"。盖因上古此处山深林密，土人藏居其间，出没无常，始尔得其名也），五代时契丹属生女真地（至五代时，黑水靺鞨及渤海地皆附属契丹，蔓延于松花、鸭绿间。在松花江西南为熟女真，松花江东北者曰生女真，则布特哈在其地矣），辽曰上京路东边突吕不室韦部（辽上京临潢府即今内蒙（古）巴林东北一百四十里之坡罗城。契丹耶律阿保机挫败室韦而置突吕不室韦部，戍泰州东北。其地自嫩江以西，索岳尔吉山以东，则属布特哈矣。按：耶律系蒙语"磊落光明"之意。阿

171

东北"旧志"中松花江流域自然与风俗史料汇编

保系鄂博之转音,即"土堆"之谓。机系额齐之平音并简即头也。盖因其人尖顶,性情磊落而得姓名者也),金属蒲与路泰州地(金蒲与路,南至上京六百七十里,东南至胡里改一千四百里,今黑龙江以西,松花江以北,嫩江左右。系以扶余得名,即明之福余卫地,惟疆界赢缩互殊耳。时金宗室婆卢火从太祖攻黄龙府及平东方诸部,以功授谋克。天辅五年,太祖以旧部瘠卤不如泰州腴可种,遂择诸猛安谋克中民户万余,使婆卢火统之,屯于泰州地。泰州者,故契丹二十部族牧地,辽之长春州是也。金兵既西略诸部族,咸西北徙为边患。婆卢火内修农业,外饬边备,起达里带石堡子。达里带石者"屏蔽"也。西南直抵临潢,浚壕立界为堡。《二十有四史》所称长春边堡是也。其迹迄今在西布特哈总管署北三里之遥。起自嫩江右岸,西南直抵直隶。围场屹屹若长城可稽,则布特哈为泰州地无疑矣),元属黑水府达达路,为东北诸王封地(契丹盛时,他部可以纪者有塔塔尔、泰赤乌,有达达女真代兴,咸隶属焉。元太祖帖木真幼与札木合戏水斡难河,即鄂嫩河,长为塔塔尔部长游牧、捕鱼儿,阔连两海子间。兀儿失温上即今之呼伦贝尔乌尔顺河,女真达达远路在其东云。至于元初,封建诸王于东方,自临潢东北泰宁路、松花嫩江等处皆别里古台封地,则布特哈在其境矣。元为蒙古即东胡、匈奴、鲜卑、突厥、回纥更迭占据之地。唐时有蒙兀室韦,为此族之起源。蒙兀之先尝服属于东胡,东胡族即通古斯之转音,故人种学家称其同出于东胡族。至金时,合不勒为部长,自号大蒙古国,即蒙兀之转音。成吉斯汗时,兵力直达欧州(洲),泰西人因以蒙古为黄种之代表,同称黄种为蒙古利亚种云),明属福余卫(明初,以元后乌梁海置外卫,自大宁,历喜峰,近宣府,曰朵颜卫,本元之朵颜元帅府也。迨成祖弃大宁,以赐朵颜,其地益广,今热河特别区及其北境之地皆属之。西界泰宁卫,北界福余卫。正统十二年,卫拉特强盛,以兵侵三卫。朵颜、泰宁皆不支乞降,惟福余卫长奎孟克率所部走嫩江,据其地而国。则布特哈在福余境无疑矣。福余系金之蒲舆,即扶余之转音),清曰布特哈(清系满洲爱新觉罗氏。爱新者译汉"金"也。满洲之在关东自称为朱申,即女真之转音,则生女真阿骨打灭辽建金,清为其后无疑。三代之肃慎即女真之先祖。肃慎之转音为女真,犹如女真之转音为朱申。至布特哈者译汉"打牲"也。盖因土人打牲生活得名),康熙二十八年设置总管衙门,驻防于嫩江右岸宜卧奇地方,辖理该处八旗事宜(八旗系厢黄、正黄、正白、正红、厢白、厢红、正蓝、厢蓝八色旗筛。清制，国军专由旗户，分旗编练，以备用武。布特哈地方因有达斡尔、索伦等部落人杂居，设九十二佐，分编八旗，统设总管衙门一，置索伦、达斡尔、满洲三总管合理之。衙署建于西北，倚金、辽边堡，东南临嫩江流域及尼尔吉渡口，山环水抱之宜卧奇后屯。其辖境，西南自索岳尔吉山起，西北经呼伦贝尔，以内兴安岭为界，东北与墨尔根，即今之嫩江县连界，东南行讷谟尔河源，经呼兰、齐齐哈尔，即与今之龙江县为界。同治季年以后，历任满洲总管曰诺们德勒、和尔巴彦、蒙库良忠、富尔增布，均为齐齐哈尔旗人。达斡尔总管曰萨尼布，东布特哈他本沁屯人；曰胡格精额，东布特哈霍奇屯人；曰业普春，东布特哈德都拉屯人。索伦总管曰富勒兴阿，东布特哈开阔沁屯人；曰文成，东布特哈托木沁屯人；曰恩特恒额，东布特哈嘎布喀屯人；曰凌丰阿，西布特哈阿尔拉屯人。其同治季年以前官名，因庚子俄乱布特哈衙门档案在博尔多副都统衙门同时焚毁殆尽，以致无从查考，暂付阙如。其衙门内部之组织，分户司、兵司、堂司，每一司设正堂一人，副堂一人，司官笔帖式各若干人，书记亦若干人，分担各该司内事宜）。光绪二十年裁并三总管，改置副都统总理其事。其衙门移设于嫩江东五十里讷谟尔河北岸博尔多站地方（博尔多站，即今之讷河县旧街基。讷河县系以讷谟尔河得名。其历任副都统，曰业普春，东布特哈德都拉屯人，系以总管升充；曰额勒精额，东布特哈伯尔科屯人；曰双福，齐齐哈尔旗人。副都统衙门内部之组织仍如总管衙门，分三司，惟其司官、笔帖式员额较前增多耳）。光绪三十二年，裁撤副都统，就原有旗屯坐落，以嫩江分界，划为东、西两路布特哈，各分组八旗，设总管一人，掌本路旗属事宜（旧设九十二佐，至是悉裁撤。每路布特哈新组八旗，旗设佐领一人，骁骑校一人，归各本路总管辖理。两路总管署内组织仍分三司，惟其司员、笔帖式员额较前副都统衙门减少耳）。东路布特哈总管衙门仍设于副都统衙门旧基，至民国初裁撤总管，改为八旗筹办处，设总办一人，文牍一人，翻译一人，办理筹划旗属生计事宜。地方行政创设讷河县公署治理之（其历任总管曰福龄，齐齐哈尔旗人；曰纯德，呼兰人。筹办处总办曰德宏，东布特哈开阔沁屯人；曰额勒春，东布特哈温察尔屯人）。西路布特哈总管衙门移设于嫩江西岸宜卧奇后屯[①]旧总管衙门处，民国十年创设布西设治局。地方行政事

---

① 宜卧奇后屯：位置在今内蒙古呼伦贝尔鄂伦春自治旗。

宜归局治理，局址建于尼尔吉城基。总管署亦移于设治城内，办理筹划旗属生计事宜（其历任总管曰常云，西布特哈凯和屯人；曰明德，东布特哈多金屯人；曰常庆，齐齐哈尔旗人；曰宜铿额，东布特哈满乃屯人；曰庄善，齐齐哈尔旗人；曰金纯德，呼兰汉军旗人。按：布特哈地方，蒙古原属斯地，驻防旗人，出则荷戈从戎，入则负担旗役。赖天然荒野，到处驰驱牧猎，间随土宜，稍事耕种，以维口食外，向无分理疆界，开辟大段地亩，专务农田之事。至清帝逊位，改为中华民国，汉、满、蒙、回、藏五族共和国家成立之初，查勘该处为可以垦殖，除蒙旗村落附近划留旗户生计地外，余均谓之浮闲荒地，悉收价出放，招徕垦户。于是，内地汉民纷纷来居，人烟辐辏，县治、创组事详经政门）。

按：上列布特哈地方名称沿革如是。其土著旗人则分索伦、达斡尔两部。索伦人，按满语认明确为三代之肃慎，汉之索离，魏之勿吉，隋之黑水靺鞨（靺鞨系木克之转音，满语译汉"水"也），五代之女真，金后即金及满洲之北边别部。达斡尔人，按蒙语纯系唐之蒙兀室韦，契丹之贵族辽裔，即今内蒙（古）之东北与满洲北部接连为邻之一部，金初避而北移黑龙江上游斡难河（即鄂嫩河）、郭贝尔河、精奇里江、苏都里河等处牧猎生活，后以所居河流之名称而得姓氏。元为太祖铁木真本部，故不在封疆之列，至清，内附。所谓达斡尔或达虎里者，契丹盛时，中国人以其关外东胡人，尊称曰大胡人。于是，本族人亦以大胡人自称。契丹之君号因之曰大贺氏，嗣经注籍音转字误致为今名。斯地土老遗传达斡尔人，自元灭后遗留于黑龙江上游地方，游牧、渔猎生活。时领首者曰哈兰德坎汗，及其子萨吉尔迪汗，继续统辖。于是，本族人曾记祖来之汗萨吉尔迪之名，无不知晓尊崇，且道其故事者，则不能不谓无因。惜明季时代，达斡尔人隔居黑水北岸，稀尚往来，消息不通，致无史纪遗传，文献缺乏，无所取材，未即确认。为是，姑记之以待专门名家之考定焉。

孟定恭：《布特哈志略》，姜维公、刘立强：《中国边疆研究文库·初编·东北边疆》第十一卷，哈尔滨：黑龙江教育出版社，2014年，第105—110页。

《东丰县志》

从来地域之沿革恒随朝代而变迁，故舜有四海划宇内为一十二州，秦并六邦分天下为三十六郡，汉建郡国，宋置军州，元乃称路，明始名省。朝代既更，地域斯变焉。县境居三省之中部，处辽宁之北边，山岭错纠，草禽蕃息，非第有清围场时无居人，即明宋唐汉以前亦率附庸于各部国，而乏土著之民焉。今则设治不过念余年，阡陌纵横，人烟骈集，于是草木棘荒之区，变为文物开启之域，由此前进，虽与内地先进各县比隆可也，兹将县境自上古以迄近今，其间疆土皆隶属于何部、何国，著之于篇，所以详今而略古者，只期实用，弗矜考据云尔。

王瀛杰、李耦：《东丰县志》，《中国地方志集成·吉林府县志辑10》，南京：凤凰出版社，2006年，第14页。

《长春县志》

舆地志一

沿革

长春位于中国之东北隅，三代[①]**以前属于肃慎。**

《竹书纪年》：帝舜有虞氏二十五年，息慎氏来朝，贡弓矢。

《史记·五帝本纪》：南抚交趾，北发西戎、析枝、渠搜、氐、羌、北山戎、发息慎（《集解》郑玄曰息慎或谓之肃慎，东北夷。《索隐》此文省略山戎，下少一北字）。

《竹书纪年》：周武王十五年，息慎来宾。

同上，周成王九年，肃息氏来朝。

《书序》：成王既代东夷，肃慎来贺（孔氏传：肃慎马本作息慎云，北夷也）。

《逸周书·王会解》：正北方稷慎大尘（孔晁注：稷慎，肃慎也）。

《左传·昭九年》，肃慎燕亳吾北土也（杜注：肃慎，北夷，在玄菟北三千余里，《正义》韦昭曰肃慎东北夷之国，去扶余千里。晋之玄菟，即在辽东东北，杜言玄菟北三千里，是北夷之近东者，故杜言北夷，韦言东北夷）。

《山海经·海外西经》：肃慎之国，在白民北。

《山海经·大荒北经》：大荒之中有山名曰不咸，有肃慎氏之国（郭璞注：肃慎国去辽东三千余里，今名之为挹娄国）。

谨案：《满洲源流考》谓肃慎或谓之息慎，又作稷慎，息、稷与慎音转之

---

① 三代：指夏商周三个朝代。

东北"旧志"中松花江流域自然与风俗史料汇编

讹,其为一国无疑,《吉林通志》云息慎稷慎肃慎,郝氏懿行谓为声转字通,实一国也,又云其疆域则郭璞云去辽东三千余里,汉晋千里大抵得今里六百有余。晋辽东为今辽阳州地,由道里考之,正当今宁古塔。杜预云在玄菟北三千里,玄菟去辽东千里,其北三千里则当在今三姓地。韦昭云去扶余千里,与今由长春至宁古塔境,道里亦复相符,则是辽东以北直至混同江南北之地,在周以前固皆为肃慎国疆域。综上所考,息、稷、肃为一音之转,固无疑义。惟考肃慎之疆域,尚有未了之处,盖三代之肃慎立国于今之宁安,《松漠纪闻》所云古肃慎城在渤海国都三千里者,即其地也,而其属境则甚广。漠今之长春盖其国境之西南。凡郭璞杜预韦昭所谓之肃慎皆指其古城而言也,迨至汉代肃慎已易名为挹娄,而其西南境又被割于夫余,非复曩日之旧故。《后汉书·东夷传》云挹娄古肃慎之国也。在夫余东北千余里,而韦昭所云去扶余千里之肃慎,亦指挹娄而言,非三代之肃慎也。夫余国境据有今吉林之西部,实包今长春在内,与三代之肃慎国境包有长春者,疆索不同,今人多不知分别,故详辨之。

两汉三国西晋皆属夫余。

《后汉书·东夷传》夫余国在玄菟北千里,南与高句骊,东与挹娄,西与鲜卑接,北有弱水,地方二千里,本濊地也。

《三国志·东夷传》夫余在长城之北,本属玄菟,汉末公孙度雄长海东,夫余王尉仇台更属辽东,时句骊、鲜卑强,夫余介二虏之间。

《通典·边防》夫余国后汉通焉,初北夷索离国王有子曰东明,长而善射,王忌其猛而欲杀之,东明奔走,南渡掩㴲水,因至夫余而王之。

《晋书·四夷传》夫余在玄菟北千里,西接鲜卑国,中有古濊城,本濊貊之地。太康六年为慕容廆所袭破,其王依虑自杀,子弟走保沃沮,明年夫余后王依罗还复旧国。

同上。永和二年,夫余为百济所侵,西徙近燕。

《山海经·内西经》郭璞注:今夫余国即濊貊故地,在长城北,去玄菟千里。

谨案:《吉林通志》谓汉玄菟郡属县三:西盖、马上、殷台,两县为今吉林府境并府境以外南际长白山之地,高句骊县为今伊通州磨盘山境,并兼即奉天海龙厅之地,据此所说则长春地方南与高句骊县接壤,似属于玄菟郡矣,实

第三章　区域沿革

则不然。考之《册府元龟》汉武帝元封三年灭朝鲜，始以其地置玄菟郡。昭帝始元五年，复徙玄菟居句骊，是玄菟郡初本在南，后北徙句骊故地，在今奉天辑安、临江等县境，沿鸭绿江上流一带之地，去长春尚远，不得谓接近句骊也。再考，夫余之建国始在汉初，《后汉书·东夷传》云高句骊出于夫余，高句骊好大王碑云昔始祀邹牟王之创基也，出自北夫余天帝之子，母河伯女。高句骊始祖邹牟王之建国在汉元帝建始二年（据《三国史记》），则夫余之立国必在汉元帝之前，不问可知，《吉林通志》亦谓高句骊出于夫余，高句骊之世，数见其秘记者云不及九百年。则自唐高宗时溯之，高骊盖兴于汉初，夫余其所出，宜在秦汉间矣。虽其所说高句骊与汉初微有舛误，而其立国不在东汉以后明矣。

又案：《吉林通志》云：扶余在玄菟北千里，南与高句骊接，则今伊通州以北为夫余国地无疑矣。又考《魏志》注：鲜卑东接辽水。《通典》云：鲜卑，汉初窜辽东塞外。辽水，即今东辽河，为赫尔苏河出塞之名，而昌图府境实古辽东塞外之地。夫余西接鲜卑，则固在昌图以东。史云：方二千里。约略计之，方每当得四五百里，昌图斗入伊通、长春之间，不及百里，不足以画夫余之境，则自南而北，长春及伯都讷两府厅为夫余故地无疑矣。挹娄，今之宁古塔也。史言在夫余东北千余里，中间更无他国，则自五常、宾州以东为挹娄地，伯都讷、双城以西为夫余国地无疑矣。旧说以奉天开原县为夫余故国，按之四至，无一合者，固不足置辨。《汉书》注，以掩溉水为浿水。若然，则夫余乃在高丽之南，亦显与史文不合。据此，所考辨者至为明确，夫余国之四境，自当以《后汉书·东夷传》所说为准。夫余国境南与高句骊接，则长春地方当然在夫余国境之中，惟汉代鲜卑居地，在今洮南及热河东部一带，为内蒙古科尔沁右翼以西地方，在今昌图之西北。《吉林通志》仅举昌图，语尚欠晰。洮南地方，正当今长春、农安（旧属长春）、扶余（即旧伯都讷）等县之西，按之山川方位，则长春地方当属于扶余无疑。

又案：《后汉书·东夷传》谓夫余为濊地；《山海经》郭注亦云：今夫余国即濊貊故地；《晋·四夷传》亦云，夫余王印文称"濊王之印"，国中即古濊城。凡此所云，最足令人迷罔。考之《后汉书》及《三国·魏志》，皆云濊与北高句骊，南与辰韩接，东穷大海，今朝鲜之地也。《汉志》又云：武帝元朔元年，濊君南闾等率二十八万口诣辽东内属。武帝以其地为沧海郡，数年乃

177

罢。详译此文，濊实在今朝鲜国中部，东边滨海之地，南不逾元山，北不逾吉林省之珲春，与夫余国渺不相接，何缘谓夫余为濊貊故地，夫余王而有濊王之名，此真不可解者。细心考之，始知其误。《高句骊好大王碑》谓：始祖邹牟王出自北夫余，又云东夫余旧是邹牟王属民，中叛不贡，王躬率往讨，而骈首归服。《韩国小史》云：北夫余别有一支，移居加叶原，谓之东夫余。盖夫余有北夫余，立国最早，初只谓之夫余，在玄菟北千里，为邹牟王之所从出。后又分一支东南下，居朝鲜东边滨海之地，谓之东夫余，此即居濊貊故地之夫余，亦即谓为濊王之国。撰《好大王碑》时，以两夫余不易别，故分北、东之名。《三国志》撰于晋初，尚知辨此，故于夫余之外，别有东夫余之名。《后汉书》撰于南宋，《晋书》成于唐初，夫余久亡，不知北夫余与东扶余之分，混为一说，故有此误。非按图考索，博稽众籍，不能知也。愚又疑晋以后人，似以百济为东夫余。《三国志》谓：东夫余王尉仇台更属辽东。《隋书·东夷传》叙述更详，谓百济之先出自高丽，其王有侍婢生东明，及长，王忌之，东明惧，逃至淹水，夫余人共奉之。东明之后有仇台者，始立国于带方故地，初以百家济，因号百济。出自高丽，即《通典》之索离，亦名藁离，实皆夫余之讹。此事当以《好大王碑》为据，其他皆因传闻而异辞也。《吉林通志》谓东夫余即北夫余，北夫余则应在北郭尔罗斯及北黑龙江地。此所谓愈说愈远，不足置辨者矣。

又案：夫余自汉初立国起，即居今长春、农安、扶余等地方。迄晋武帝太康六年，始为慕容廆所破出走，明年复国。又至穆帝永和二年，始西徙，此后夫余国事遂不见于史册。据此断定，自前汉讫晋穆帝永和二年，长春地方属于扶余。

又按：《晋书》：夫余为百济所侵，西徙近燕一语，疑有讹误。按《魏书》《后周书》《北史》皆谓其地东极新罗，北极高句丽，西南俱作大海，东西四百五十里，南北九百余里。夫余又在高句丽之北，百济之兵何能越界而侵之？即谓东晋之世，百济壤地稍广，然其时高句骊尤强大，建国于丸都，正在百济之北，百济之兵虽欲飞越而不能也。此百济疑为高句骊之讹，容俟别考。

东晋、南北朝为高句骊北境。

《魏书·高句骊传》：北至旧夫余。

《文献通考·四裔考》：高句骊自东晋、宋至于齐、梁、后魏、后周，其主皆受南北两朝封爵，分遣贡使。其国东至新罗，西渡辽二千里，南接百济，北邻靺鞨一千余里。

谨案：《吉林通志》云：《魏书·高句骊传》言：北至旧夫余，似其称名至魏而止。意者，经慕容氏破灭之后，旋即复国，终于不振，故《魏书》以后遂不复见。据此所说，似尚未知《晋书》有夫余为百济所侵（百济应作高句骊），西徙近燕之语，盖亦百密之一疏也。东晋之末，夫余与高句骊接壤，日见侵逼，不得已而西，未徙几遂亡。是长春及农安一带，于东晋之末已入高句骊之版图矣。故谓长春为高句骊之北。《隋书·靺鞨传》云：靺鞨在高丽之北，凡有七种，其一号粟末部，与高丽相接。《吉林通志》谓松花江旧名粟末水，则吉林乌拉一带为粟末旧部，其说自为可信。意者，当时高句骊之北境迄扶余城而止。扶余城即今农安城，亦即夫余国部。其北、其东皆属靺鞨，南以长白山为界。故《魏书》谓高句骊国界北至旧夫余。而《新唐书·北狄传》又云粟末部南抵太白山（即长白山）也。《文献通考》谓高句骊北邻靺鞨一千余里，亦包扶余城在其境内，自东晋迄初唐皆然。

隋及唐初为高丽之扶余城境。

《辽史·地理志》：开皇中，粟末靺鞨与高丽战，不胜。厥稽部长都塔济（原作突他稽）率八部胜兵数千人，自扶余城西北举部内附，置顺州以处之。

《旧唐书·东夷传》：高丽者，出扶余之别种也。东渡海至于新罗，西北渡辽水至于营州，南渡海至于百济，北至靺鞨。东西三千一百里，南北二千里，其王高建武。贞观五年筑长城，东北至扶余城，西南至海，千有余里。

《资治通鉴》：乾封元年六月，以营州都督高侃为行军总管，讨高丽。乾封二年，高侃尚在新城，泉男建遣兵袭其营，左武卫将军薛仁贵击破之。侃进至金山，与高丽战，不利，高丽乘胜逐北。仁贵引兵横击，大破之，拔南苏、木底、苍岩三城。总章元年，仁贵既破高丽于金山，乘胜将三千人攻扶余城，与高丽战，大破之，杀获万余人，遂拔扶余城。扶余川中四十余城皆望风请服。

《新唐书·东夷传》：乾封三年二月，勣率仁贵拔扶余城，它（他）城三十皆纳款。仁贵战金山不胜，高丽鼓而进，仁贵横击，大破之，拔南苏、木底、苍岩三城，引兵略地与勣会。

谨案：《吉林通志》云：高丽四至，隋唐时北至靺鞨，是已越扶余而北，直拓至今郭尔罗斯。《通典》云：至隋渐大，不信然欤。唐时从其西鄙进攻扶余、南苏。夫余今农安县，南苏今伊通州（南苏当因南苏水得名，说者以为在金州境，盖以金州在辽时曾设苏州，因是致误）。是当日用兵之道，固历历可指也。唯取两城次第，《通鉴》《新书》所记先后互异，仁贵取道，本系自北而南，窃疑《新书》为得其实。又明嘉靖《辽东志》：开原城西北三百八十里有东金山，又西北四百里有西金山，皆在辽河北岸。又《明一统志》：龙安、一秃河，在三万卫西北金山外，大将军冯胜征纳哈出，兵驻金山，遣副将于此受其降。又《全辽志》图：龙安城在金山之东，比缉诸书，知唐初用兵之途，系自西而东。《通鉴》叙破金山于拔扶余城之前，次第固不误，疑南苏、木底、苍岩三城当在金山附近，扶余城尚在其东，而非在北。否则，扶余城城坚难下，兵转而南，先拔三城，而后扶余城随之而下也。《吉林通志》以《新唐书》为得实，考之尚有未确。扶余城即今农安城，亦即今《辽志图》之龙安城。长春城在其南九十里，当日必为其所属无疑。

渤海属扶余府。

《旧唐书·北狄传》：渤海靺鞨大祚荣者，本高丽别种也。高丽既灭，祚荣率家属徙居营州。圣历中，自立为振国王。其他（地）在营州之东二千里，南与新罗相接，越嘉靺鞨东北至黑水靺鞨，地方二千里。

《新唐书·北狄传》：祚荣恃荒远，乃建国，自号震国王。地方五千里，尽得扶余、沃沮、弁韩、朝鲜海北诸国。唐遣使拜为渤海郡王。

同上，扶余故地为扶余府，常屯重兵杆（捍）契丹，领扶、仙二州。

同上，扶余，契丹道也。

《满洲源流考》：按扶余府扶、仙二州，扶州即因扶余得名，当为附郭。所属县名，见于《辽史》，属龙州者八：长平、富利、佐慕、肃慎、永宁、丰水、扶罗、永平；属通州者七：扶余、布多、显义、鹊川、强师、新安、渔谷，当即扶、仙二州所隶。盖龙州所属长平等县，为扶州属邑；通州所属扶余等县，为仙州属县也。

谨案：《辽史·地理志》：东京龙州黄龙府，本渤海夫余府，太和[①]平渤海还，至此有黄龙见，更名。又《太祖本纪》：天赞四年十二月，亲征大諲撰，夜围夫余府。天显元年正月庚申拔之。又《金史·地理志》：隆州，古扶余之

---

① 和：误，应为"祖"。

地，辽太祖时有黄龙见，遂名黄龙府。天眷三年，改为济州。金大定二十九年，嫌与山东路济州同，更今名。贞祐初，升为隆安府。据此，则金之降州、龙安，即辽之黄龙府，亦即渤海之扶余府，唐初之扶余城。辽太祖东征渤海，首经扶余府，以达上京龙泉府，此《新唐书》"扶余，契丹道也"一语之所据也。扶余府，初改黄龙，后名隆安，明代称之为龙安城，今称之曰农安，皆足证今农安城为渤海之扶余府。扶余府所属扶、仙二州已不可考，然扶州为附郭州，长春又去农安甚近，其为扶州属境，又无疑矣（《吉林通志》谓仙州在长春境，似为得之，然无明征）。

辽属东京道之龙州黄龙府。

《辽史·地理志》：通州，安远军节度，本扶余国王城。渤海号扶余城，太祖改龙州，圣宗更通州。保宁七年，以黄龙府叛人雅尔丕勒（原作燕颇）余党千户置，升节度，统县四：通远县，本渤海扶余县，并布多县置；安县，本渤海显义县，并鹊川县置；归仁县，本渤海强师县，并新安县置；渔谷县，本渤海县（《吉林通志》云：通州，今长春东北朱家城子境）。

同上，龙州黄龙府，本渤海扶余府。太祖平渤海还，至此崩，有黄龙现，更名。保宁七年，军将雅尔丕勒叛，废。开泰九年，迁城于东北，以宗州、檀州汉户一千复置，统州五、县三：黄龙县，本渤海长平县，并富利、佐慕、肃①置；迁民县，本渤海永宁县，并丰水、扶罗县置；永平县，渤海置（《吉林通志》云：龙州，今长春府境）。

《辽史·本纪》：太祖所崩行宫，在扶余城西南两河之间，后建升天殿于此，而以扶余为黄龙府。

《辽史·地理志》：湖州兴利军刺史，渤海置，兵事隶东京统军司，统县一：长庆县。

同上：渤州清化军刺史，渤海置，兵事隶东京统军司，统县一：贡珍县，渤海置（《吉林县志》云：湖、渤二州当在今长春县之西北）。

同上：祥州瑞圣军节度，兴宗以铁骊户置，兵事属黄龙府都部署司，统县一：怀德县（《吉林通志》云：祥州，今长春府东北）。

谨案：辽之龙州黄龙府，即渤海之扶余府，亦即唐初之扶余城。此本一

---

① 肃：应缺"慎"字，当为"肃慎"。

地，而《辽史》于通州下则曰：本扶余国王城，渤海号扶余城；于龙州黄龙府下则曰：本渤海夫余府，一若夫余城为二地者，此不可不有说，以折其纷也。《辽史·本纪》不云太祖所崩行宫，在扶余城西南两河之间，后以为黄龙府乎？《地理志》不又云开泰九年迁城于东北乎？盖扶余城、扶余府，皆为今之农安城。迨辽太祖薨于扶余城之西南，又因有黄龙见，遂即其地设黄龙府。后以军将雅尔丕勒叛，迁城于东北旧扶余城，正在新建黄龙府之东北，所迁者即在是，非别营新城也。至通州者，乃当日安置叛人之所，因州下有"以黄龙府叛人雅尔丕勒余党千余户置"之语而知之。撰《辽史》者，于辽代之疆域多未甚悉，每州下亦云本某某地，太半不足据。例如，黄龙府本名龙州，而通州下亦云太祖改龙州，一龙州而有二地，其舛误可知也。撰《辽史·地理志》者，虽憒于当代地理，而所列次第必有所据。兹考通州、银州、韩州之前，必在奉天境，而龙州、湖州则相比，湖、渤二州必与龙州相近。今既以龙州当农安，则湖、渤二州当长春境，似为近之。至《辽史》于详（祥）州下仅云属黄龙府都部署司，据此断其在长春境内，亦似失之武断也。兹不轻下断语，仅云长春属龙州黄龙府，以示存疑之义。

金属上京路之隆州。

《金史·地理志》：隆州下，利涉军节度使，古扶余之地。辽太祖时有黄龙见，遂名黄龙府。天眷三年，改为济州，以太祖来攻城时，大军径渡，不假舟楫之祥也，置利涉军。天德二年置上京路都转运司，四年改为济州路转运司。大定二十九年，嫌与山东路济州同，更今名。贞祐初，升为隆安府（亦作龙安），县一：利涉（与州同时置，有混同江、拉林河），镇一（与县同时置，有混同馆）。

谨案：《吉林通志》云：渤海扶余，辽为黄龙府，金天眷中改为济州，大定中更为隆州，贞祐初升隆安府，此历代沿革之迹也。考《松漠纪闻》：过混同江七十里至北易州，五十里至济州东铺，二十里至济州。此自北而南道里也。《资治通鉴》注云：隆州北至混同江一百三十里。此自南而北道里也，虽小有同异，而无大差殊。核以今由逊扎堡站渡混同江至农安县道里，一一符合，知隆州之即农安毫无疑义。又《全辽志》言：龙安城在一秃河西岸，一秃即伊通，同声字。《册说》：城周七里，门四，旁有塔，亦名农安。今农安县治正在伊通河西二里，城基与塔皆与册符，知农安、隆（龙）安皆隆安传写之讹，非实有两地也。据此所说，今农安城即为金之隆州，已属至确。又考金上京路所属，有会宁府，即今之阿城；肇州，即今之扶余；信州，即今之奉天怀德县（用曹廷杰说）。又有扶余路、率宾路、哈斯罕路、呼尔哈路，皆在今吉林省东部，与长春皆不相蒙，且长春去农安只九十里，以他州壤地之广例之，知长春之属于隆州必矣。

又案：《辽史·地理志》有长春州之名，《今（金）史·地理志》亦有长春县。曹廷杰《东三省舆图说》释此最晰，其略云：锡伯城东约四百里为郭尔罗斯前旗界。当陀喇河入嫩江之处，有他虎城，周八里有奇，门四。《蒙古游牧记》谓建置无考。查《辽史》，上京有他鲁河，《金史》上春县有挞鲁古河。辽圣宗四年春正月，如鸭子河，二月己未，猎挞鲁河，诏改鸭子河曰混同江，挞鲁河曰长春河。又《辽史·地理志》：长春州韶阳军，本鸭子河春猎之地，兴宗重熙八年置，统县一：长春县。《金史·地理志》：泰州昌德军，本契丹二十部族牧地，大定二十五年罢，承安二年复置于长春县。北至辽四百里，南至懿州八百里，东至肇州三百五十里，县一：曰长春，即辽长春州。《金史》：收国元年正月，太祖自将亲攻黄龙府，进临益州，州人走保黄龙，留罗索尼楚赫守黄龙。上自率兵趋挞鲁噶城，其时辽天祚帝率蕃汉兵十余万，出长春路，分五部北出骆驼口，太祖乘其未阵，三面击之，天祚大败，退保长春。太祖乘胜遂克黄龙，平渤海、辽阳等五十四州。按以上诸说，是陀喇河即他鲁河，亦即挞鲁古河；他虎城即挞鲁噶城，亦即辽之长春州韶阳军治，金复置之泰州昌德军，长春县治所在也。盖按北至边四百里推之，金之北边与辽至胪朐河正同。由东至肇州三百五十里推之，今至他虎城，东至逊札堡站东北之珠赫城，道里亦符，且陀喇河归喇里河合流之后，东南流数十里，即分为二派：一南流，西岸锡伯城在焉；一东南流十余里，又分一支，先合南派，又东南流三百里，至喀沙图站之东南，复合而东流百余里又折东北，经科尔沁右翼后旗南界，又东至札赉特旗南，汇为纳喇萨喇池，犹华言月日池也。池西南有他虎城，为郭尔罗斯前旗地。又东流入嫩江，又东南入松花江。查纳喇萨喇池，在他虎城东北数十里，今通呼月亮泡〔按：月亮泡，泡当作泊，土音续（读）泊如泡，相沿既久，字随音改，今多直书作泡，非本字本义也〕，与《营卫志》所载：鸭子河泺东西二十里，南北三十里，在长春县东北三十五里，适相符合，故曰陀喇河即挞鲁河，他虎城即长春州也（曹说至此）。愚谓曹氏之说极确极当，后有

183

论者蔑以加矣。《吉林通志》谓泰州在今农安县西北,亦为得之,但未实指其地耳。愚初疑金长春县去今长春不远,今春长(长春)之南有长春堡,或即其地。后考长春去农安至近,不容于隆州之外别有所谓泰州。且《金史》明言泰州东至肇州三百五十里,肇州为今扶余县逊札堡站东北十余里之珠赫城(《金史》名出河店),泰州又在其西,则今长春与金之长春县无关,明矣。

元为开元路属境。

《元史·地理志》:开元路,古肃慎之地。隋唐曰黑水靺鞨,唐以其地为燕州,置黑水府,东濒海,南界高丽,西北与契丹接壤,即金鼻祖之部落也。太祖阿古达既灭辽,即上京设都,海陵迁都于燕,改为会宁府。金末,其将布希万努(原作蒲鲜万奴)据辽东,元初癸巳岁出师伐之,生擒万努,师至开元、率宾,东土悉平。开元之名,始见于此。乙未岁立开元、南京二万户府,治黄龙府。至元四年,更辽东路总管府,二十三年改为开元路,领咸平府,后割咸平为散府,俱隶辽东道宣慰司。

《元一统志》:开元路南镇长白之山,北浸鲸州之海①,三京故国,五国故城,亦东北一都会也。

谨案:《续通志》曰:《元史·志》:开元路,即金会宁府。又云:开元万户治黄龙府。考辽黄龙府,金改为隆州,非会宁也。开元西北曰会宁府,西曰黄龙府,是会宁、黄龙与开元相近,而非即开元也(以上《吉林通志》引)。《方舆纪要》辽东都司三万卫下,引王氏曰:开元者,金上京境内地名,元平辽东,引师至此,遂定其地。时上京一带俱已残毁,因改建开元路,以三万卫为即会宁故地者,误也。《满洲源流考》引此文而释之曰:其初,寄治黄龙府,后徙于今开元原县地,明初因以设卫,亦非今开原县即黄龙府也。综此上引各文,应辨明者有二事:其一,元初置开元路,治黄龙府。其二,元开元路始终未尝移治今之开原。据王氏所说,开元本为金之旧名,因上京一带残破,引而置之黄龙府。此《元史·地理志》谓乙未岁立开元万户,治黄龙府是也。《续通知②志》谓黄龙与开元相近,而非即开元,则立语殊误。迨至至元四年,更辽东路总管府,开元万户府废。二十三年,复立开元路,而以咸平府隶焉。咸

---

① 鲸州之海:泛指鄂霍次克海、日本海。
② "知"为衍文。

平府治今之开原县，元代隶于开元路，而非开元路治是也。其后，割出咸平为散府，与开元路俱隶（辽）东道宣慰司，而开元路之名自在，亦未尝因领咸平府而南移。细绎元志之文，脉络甚明，而《吉林通志》乃云改为开元路，治咸平府，再徙于今开原县地，如是改隶为治，以证开元以南徙，实则无以解于割咸平为散府之语。何则？开元路既治于是，一经割出，又须他徙，则所徙之地又在何方？此盖因《满洲源流考》"后徙今开原县地"一语而致误也。《明舆（史）·地理志》谓明初设三万卫于开元路故城，则元代开元路始终治于今之农安，至其南徙之时，不在元末，乃在明初，已有名征矣。兹将开元路所在及其设置，一一阐明，则今之长春县必在开元路属境，更无疑矣。

金毓黻：《长春县志》，《中国地方志集成·吉林府县志辑1》，南京：凤凰出版社，2006年，第15—31页。

二、区域沿革

《辽东志》

开原（在辽阳城北三百三十里，北路参将驻镇于本城内）。

三万卫（古肃慎氏地，后曰挹娄。元魏时，号曰勿吉。隋曰黑水靺鞨。唐贞观二年，始以其地为燕州，开元中，置黑水府，以其部长为都督刺史，而置长史以监之。元和以后，服属渤海，为上京龙泉府，契丹攻渤海黑水，乘间复其地，号熟女真，后灭辽遂建都，国号曰金。后迁都于燕，改为会宁府，号上京。金末，其将蒲鲜万奴据辽东，元伐之，得其地，治开元。"开元"之名始此，立开元南京二万户府，治黄龙府，后更辽东路总管府，又改开元路，领县七：咸平、新兴、庆云、铜山、清安、崇安、归仁，元末纳哈出据之。本朝洪武二十一年平定东土，改元为原，置兀者野人乞列迷女真军民万户府，二十二年罢府设卫领千户所八）。

辽海卫（洪武十一年置，初治牛家庄，二十六年徙治开原城，领千户所九）。

安乐州（永乐七年置，治以抚新附夷人，在开原城内）。

任洛等纂修：《辽东志》，刘立强、刘海洋：《中国东北边疆历史文献丛书》，北京：科学出版社，2016年，第6页。

东北"旧志"中松花江流域自然与风俗史料汇编

《柳边纪略》

　　黄龙府,《盛京志》作开原县。按《金史·地理志》:天眷三年改黄龙府为济州。而《娄室墓碑》载,室"葬于济州之东南奥吉里"。今其墓在船厂西二百里之薄屯山,则当日黄龙府治,应在今石头河、双阳河之间。又《松漠纪闻》:黄龙府南百余里曰宾州,州近混同江。其说亦合。若开原,则去混同江六百余里,金太祖安能一渡江即据有之耶?

　　……

　　宁古塔,周曰肃慎氏,汉曰挹娄,六朝属勿吉,在白山、拂涅二部之间(按《太平寰宇记》及《北史》,勿吉有七种:其一曰粟末部,与高丽接;二曰骨咄部,在粟末北;三曰安车骨部,在汩咄东北;四曰拂涅部,在汩咄东;五曰号室部,在拂涅东;六曰黑水部,在安车骨西北;七曰白山部,在粟末东南。今以古今地势考之,在白山、拂涅之间)。唐初属黑水靺鞨,后属渤海。宋曰生女真(女真本朱里真之讹,后避契丹兴宗名,改为女直)。金曰鹘里改路。元曰呼里改万户府,属合兰府水达达路(按水达达所属军民万户府五:曰桃温,曰呼里改,曰斡朵怜,曰脱斡怜,曰索苦江[①],分领混同江南北之民)。

　　杨宾:《柳边纪略》,姜维公、刘立强:《中国边疆研究文库·初编·东北边疆》第八卷,哈尔滨:黑龙江教育出版社,2014年,第20、24页。

《吉林分巡道造送会典馆清册》

吉林府沿革

　　唐虞三代肃慎地,汉、晋挹娄地,北魏勿吉,隋靺鞨,唐初为新罗北境鸡林州都督府,后为渤海涑州地,辽设涑州刺史,兼有宁江州地,金为咸平路玉山县地,元隶开元路,明初设额伊瑚卫、乌拉卫、伊罕河卫、玛斑山卫、讷穆河卫、佛尔们河卫、伊拉齐河卫、伊努山卫、推屯河卫、奇塔穆河卫、噶哈卫、库呼讷河卫、屯齐山卫,后为乌拉国地,国朝征抚其国,雍正五年设永吉州,属奉天府,乾隆十二年罢永吉州,改设吉林理事同知,属将军管辖,光绪八年改设吉林知府,州一县一。

　　……

---

① 索苦江:联系下文似应为"孛苦江"。

第三章 区域沿革

伊通州沿革

唐虞三代肃慎地，汉、晋挹娄，北魏勿吉，隋靺鞨，唐初属新罗西北境，后为渤海强师县地，辽东京道通州安远军归仁县兼有女真辉发部地，金为咸平路归仁县兼有上京隆州地，元属开元路，明初设雅哈河卫、伊屯河卫、伊尔们河卫，后为叶赫、辉发两国地，国朝征抚其国，初属永吉州，后为吉林厅辖境，光绪七年设伊通州，隶吉林府。

……

敦化县沿革

唐虞三代肃慎地，汉、晋挹娄地，南北朝勿吉，隋靺鞨，唐为渤海率宾府建州地，辽为布库哩国，金分属海兰路，明属建州卫，国朝为吉林厅辖境，光绪七年设敦化县，隶吉林府。

……

长春府沿革

唐虞三代肃慎地，汉、晋、南北朝、隋夫余地，唐初属高丽，后入渤海，为扶余府地，辽属龙州黄龙府兼有益州地，金属隆州，元隶开元路，国朝为蒙古廓尔罗斯前旗游牧地，嘉庆五年因流民越垦，奏设理事通判，治长春堡，道光五年移厅治于宽城，光绪四年改长春厅抚民通判，十五年改为长春府，县一。

……

农安县沿革

唐虞三代肃慎地，汉、晋、南北朝、隋夫余地，唐初属高丽，后入渤海为长平县，辽初为东京龙州黄龙县，后升黄龙府，金为隆州，后升隆安府，元为开元路，明属三万卫，国朝为蒙古廓尔罗斯游牧地，嘉庆五年为长春厅辖境，光绪十五年设农安县，隶长春府。

……

伯都讷厅沿革

唐虞三代肃慎地，汉、晋、北魏、隋夫余地，辽为长春州东境，金为肇州，原为肇州宣慰司，明属三万卫，国朝康熙三十三年调吉林副都统于伯都讷城，嘉庆十五年设理事同知，光绪八年改伯都讷厅抚民同知，移治孤榆树。

……

五常厅沿革

唐虞三代肃慎地,汉、晋挹娄地,南北朝勿吉,隋靺鞨,辽为宁江州地,金属会宁府,元属海兰府硕达勒达等路,明设默伦卫,国朝光绪八年设五常厅抚民同知,治欢喜岭。

……

宾州厅沿革

唐虞三代肃慎地,汉、晋挹娄地,南北朝勿吉,隋靺鞨,辽为生女真部,金为上京会宁府,元属海兰府硕达勒达等路,明设费克图河卫、阿实河卫,国朝雍正三年设协领阿勒楚喀驻防,乾隆二十一年改设副都统镇守,光绪七年设宾州厅同知,治苇子沟。

……

双城厅沿革

唐虞三代肃慎地,汉、晋、北魏、隋夫余地,金属夫余路南境,兼有肇州地,元分属肇州宣慰司,明属三万卫,国朝乾隆九年设拉林副都统驻防,三十四年裁拉林副都统,设总管于双城堡,光绪八年裁总管,设双城厅通判。

……

宁古塔城沿革

唐虞三代肃慎地,汉、晋挹娄地,北魏勿吉,隋靺鞨,唐为渤海上京龙泉府,金为呼尔哈路,元海兰府硕达勒达等路,明设沃楞卫、海兰城卫、塔拉河卫、呼尔哈河卫、费雅河卫、扎津卫、祜实哈哩卫、布拉卫、萨尔布卫、克音河卫、索尔和绰河所,国朝征取呼尔哈部,顺治十年设宁古塔昂邦章京、副都统镇守,康熙元年改设镇守宁古塔将军,十五年移宁古塔将军镇守吉林乌拉之船厂,雍正三年置泰宁县,隶奉天府,七年裁泰宁县。

……

三姓城沿革

唐虞三代肃慎地,汉、晋挹娄地,北魏勿吉,隋靺鞨,辽属五国部,金呼尔哈路,元属开元路,国朝康熙五十三年设协领驻防,雍正七年设副都统镇守。

《吉林分巡道造送会典馆清册》,李澍田主编:《长白丛书》,长春:吉林文史出版社,1988年,第166—169页。

第三章　区域沿革

《吉林外记》

显德府

在吉林城东南。《新唐书·渤海传》：“上京……南为中京，曰显德府，领卢、显、铁、汤、荣、兴六州。”《地理志》：“自鸭绿江口，舟行百余里，乃小舫。溯流二百里至神州，又陆行四百里至显州，天宝中王所都。”按：显州即显德府，唐先天二年，赐名呼尔罕州①是也。《辽史》谓即平壤城，又以辽所置东京之显州为本显德府地。皆误。

长岭府

在吉林城西南。《新唐书》：“长岭营州道，又渤海长岭府，领瑕、河二州。”《辽史·地理志》：“东京长岭府。”《辽史·本纪》：“太祖天显元年，遣康默记、韩延徽攻长岭府，八月下长岭府。”按：长岭府，辽志不详沿革，或仍渤海之旧。长岭亦作长领，古字相通。今吉林西南五百里有长岭子，国语谓之果勒敏珠敦。南纳噜窝集，北接库勒讷窝集。自长白山南一岭环绕至此，为众水分流之地。东北流为雅吉善、辉发等河，入混同江；西北流为英峩、哈达、叶赫、黑尔苏等河。长岭府之名当取诸此。锦州、复州虽亦有长岭，皆不如此之最著，则渤海长岭府地为吉林长岭子无疑。

鸡林州

《旧唐书》：“龙朔三年，诏以其国为鸡林州都督府，授其王金法敏为都督。”《新唐书》：“王居京城环八里。龙朔元年，以其国为鸡林州大都督府。咸亨五年，王金法敏略百济地守之。上元二年，刘仁轨破其众于七重城，以靺鞨兵浮海略南境。”吉林乌拉四字，国语今以古鸡林作证，从汉字音也。

宁江州

在吉林城北，混同江东岸。《辽史·地理志》：“宁江州，混同军，清宁中置。统县一：混同县。”金废。《金史·本纪》：“太祖进军宁江州，十月朔，克其城，次来流城。”来流，即今拉林河。《大金国志》：“太祖十三年起兵，攻混同之东宁江州，辽高仙寿败，失宁江州。辽再遣萧嗣先屯珠赫店，临白江与宁江州女真兵对垒。女真潜渡混同江，掩击之，嗣先兵溃。”《松漠纪闻》：“宁江

---

① 呼尔罕州：即忽汗州。

东北"旧志"中松花江流域自然与风俗史料汇编

州去冷山百七十里,地苦寒,每春冰泮,辽主必至其地为乐。金祖起兵首破此州。"按:辽金二史,金太祖起兵先攻宁江州,辽守将萧乌纳战败弃城,渡混同江而西,是州在江以东矣!高士奇《扈从录》云:"大乌拉去船厂八十余里,即辽之宁江州也。"

河州

在吉林境。《辽史·地理志》:"河州,德化军,置军器坊。"按明人地志云,废河州在黄龙府北,辽置河州,有军器坊。又引《一统志》:"开元东北五百里,有温登河,源出坊州北山,北流入松花江。"所谓坊州疑即河州矣。考辽金无坊州,第因河州有军器坊,而遂以坊州属之,亦恐未足为凭也。又按:黄龙为开原境,则河州在吉林境内无疑。特旧址今无考。

白都讷

肇州

在白都讷城南。《金史·地理志》:"肇州防御使,旧名珠赫店。天会八年,以太祖兵胜辽,肇基王迹于此,遂建为州。"《金史·本纪》:"辽都统萧嘉哩、副都统托卜嘉将步骑十万,会于鸭子河北。太祖自将击之,黎明及河,辽兵方坏陵道,选壮士十辈击之,大军继进,遂登岸,与敌遇于珠赫店。会大风起,尘埃蔽日,乘风击之,辽兵溃,逐至沃浪泺,杀获不可胜计。辽人尝言女真兵若满万,则不可敌,至是始满万云。"今白都讷城东南,阿勒楚喀河西岸,古城二十里内,子城周四里,南距吉林城三百四十里,东去会宁城六百里,与《金史》道里相合,疑即肇州遗址。又按《北盟会编》:"辽天庆四年,金太祖会集诸部,全装军二千余骑,首破混同江之宁江州,大败渤海之众,获甲马三千。又败萧嗣先于珠赫店及拉林河、黄龙府、咸州、好草峪,四路都统诛斩不可胜计。"据此,则肇州在拉林河之东,吉林之北,益明矣。

长春州

其旧址应在今白都讷地及杜尔伯特、扎赉特阶州之北境。《辽史·地理志》:"长春州,韶阳军,本鸭子河春猎之地。兴宗重熙八年置。统县一:长春县。本混同江地,户二千。"《金史·地理志》:"泰州,昌德军。本契丹二十部族牧地。大定二十五年罢,承安二年,复置于长春县。北至边四百里,南至懿州八百里,东至肇州三百五十里。户三千五百四。县一,曰长春,即辽长春州。天德二年降为县,隶肇州,承安三年来属。"《大金国志》:"太祖十四年,辽天祚帝率蕃汉兵十余万,出长春路,分五部北出骆驼口,太祖乘其未阵,三面击之，天祚大败，退保长春，太祖乘胜遂平渤海、辽阳等五十四州。"

三姓

五国部

在宁古塔城东北，亦曰五国头城。《辽史·营卫部族志》："五国部：博和哩国、博诺国、鄂罗穆国、伊垯图国、伊勒希国。"《元一统志》："混同江发源在长白山北，流经渤海建州西五十里，会诸水，东北流上京，下达五国头城北，又东北注于海。"《明一统志》云："五国头城，在三万卫北一千里，自此而东分为五国。旧传宋徽宗葬于此。"高士奇《扈从录》："自宁古塔东行六百里，曰章图哩噶善。松花、黑龙二江合流于此。有大土城，或云五国城。"按：五国城之说不一，或谓宁古塔东，松花、黑龙二江合流之处，有土城焉；或以为在朝鲜北境，近宁古塔，有故城在山上；或以为去燕京三千八百里，西至黄龙府二千一百里；或谓宁古塔相近抢头街有旧城址五，疑即是也。据《金太宗本纪》云："天会六年，徙昏德公、重昏侯于韩州；八年，再徙瑚尔哈路，则实在宁古塔地。"《宋史》称韩州五国城，误合为一地，第诸书皆约略之辞，未有实据，今三姓地方有五国城遗址。读《宋史》，徽、钦二宗初徙韩州，后移冷山①，遍考不知何地。元年，将军富俊奉命，赴边外昌图厅八面城，查办地亩控案，得一土埋铜镜，周篆"内清斯外，昭明光辉象，夫日月心忽扬而顾照，虽塞而不泄，长毋相忘见日之光"三十一字，背面楷书铸"韩州刺史"四字。八面城为金之韩州已有确据矣。金太祖克宁江州，次来流即拉林河。《松漠纪闻》："宁江州去冷山百七十里，地苦寒。"以拉林上下河口度之，冷山去阿勒楚喀不远，五国城似在阿勒楚喀界。金太宗天会六年，徙昏德公、重昏侯于韩州；八年，徙瑚尔哈路，五国城似在宁古塔界。高士奇《扈从录》云："大乌拉去船厂八十余里。"即辽之宁江州，五国城似又在吉林界。自萨英额高祖由京升吉林正黄旗佐领至今，五世为吉林人，留心考查，无此城基。常见阿勒楚喀、三姓各官访问，皆云阿勒楚喀并未闻有五国城遗址及冷山之名。阿勒楚喀时令寒暖，与吉林相同，惟三姓城东北一千余里，松花江南岸有五城遗址，地极寒冷，不种五谷，北岸有一大山，疑即《松漠纪闻》所言冷山也。又《元一统志》："混同江东北流上京，下达五国城头，东注于海。"按：松花江发

---

① 冷山：在今黑龙江省五常市冲河镇的大秃顶子山。

东北"旧志"中松花江流域自然与风俗史料汇编

源于长白山,北至吉林折而东,北出法特哈边门至伯都讷,又东北至三姓,北受黑龙江东入于海。五国城近临松花江,非宁古塔界可知矣。高士奇《扈从录》:"松花、黑龙二江合流之处为五国城。"与《元一统志》所称之地无异。考论古今,五国城在三姓无疑。《松漠纪闻》《士奇录》(此处"《士奇录》"似应为"《扈从录》")里数、地名传闻互异,似不足为证。姑论此,以俟后之博览君子。

阿勒楚喀

云锦亭

又有临漪亭,并金世宗建,为笼鹰之所。《金史·地理志》:"在阿勒楚喀水侧。"

宾州

在阿勒楚喀境,本渤海城。《辽史·地理志》:"宾州,怀化军节度。本渤海城。统和十七年,迁乌舍户,置刺史于鸭子、混同二水之间,后升。兵事隶黄龙府都部署司。"《金史·本纪》:"太祖十三年,命布呼等攻拔宾州,乌舍楚古尔苏来降,辽将彻格尔战于宾州,布呼败之,铁骊王以所部降。"《松漠纪闻》:"翁舍展国最小,不知其始所居,后为契丹徙置黄龙府南百余里,曰宾州,州近混同江,即古之粟末河。部落杂处,以其族之长为千户,统之。又契丹自宾州混同江北八十里,建寨守御女真。"《契丹国志》:"宋政和五年,金太祖攻辽,破宾州。"《元一统志》:"上京故县,古肃慎氏地,渤海大氏改为上京。金既灭辽,即上京建邦设都,后改会宁府。京之南曰建州,京之西曰宾州,又西曰黄龙府。又废祥州,在宾州西南。辽祥州,瑞圣军。统怀德县,属黄龙府。"《辽史·地理志》:"祥州,瑞圣军,节度。兴宗以铁骊户置,兵事隶黄龙府都部署司。统县一:怀德县。"《金史》:"太祖十三年,乌达布复败彻格尔萧伊苏于祥州,东斡珲等两路降。又废威州在宾州南,辽置,亦曰武宁军,属黄龙府。"《契丹国志》:"宋政和五年,金太祖攻辽,取祥、威二州,进薄益州。"按:鸭绿江一名益州江,则益州实与鸭绿江近,当在长白山西南,但《辽史》不言,仍渤海之旧,今故址无考。

萨英额:《吉林外记》,姜维公、刘立强:《中国边疆研究文库·初编·东北边疆》第十卷,哈尔滨:黑龙江教育出版社,2014年,第125—133页。

第三章 区域沿革

《黑龙江舆图说》

又东迤北百十有五里，左纳毕占河。右东迤南五十里，径奥里米东故城北，松花江东北流来会。又东北流入吉林界嫩江，亦曰诺尼木伦，《魏书》谓之难水，《唐书》谓之那河，亦即狙越河，《辽史》《金史》谓之鸭子河，《元史》谓之猱河，亦谓之纳兀河，又谓之恼连水，或谓之那江，《秘史》谓之纳浯江，《明一统志》谓之脑温江。

……

松花江，国语曰松嘎里乌喇，译言天河。《明一统志》语讹为松花，即古速末水也，亦作粟末或作涑沫，《辽史》《金史》谓之混同江，《金史》亦号黑龙江，或曰宋瓦江，《元史》谓之乌剌江，《秘史》谓之浯剌江。源出长白山颠他们泊。西北流径吉林府城南，又西北径伯都讷城南，又径其城西，又西北流至金肇州故城南，与嫩江会。土名三汊口。《金史》所谓爻剌春水之地也。既会嫩江，松花江折东北流二百二十四里，径郭尔罗斯后旗牧地黑龙江借设之博尔济哈台、察布齐尔台、鄂尔多图台、布拉克台。又东北流六十八里，径札喀和硕台南，右纳吉林之拉林河，即《金史》来流河，《元史》剌怜河，左岸入呼兰城界。又东北流八十四里，右纳吉林之阿勒楚喀河，即《金史》按出虎水。又东北流十一里，左纳呼兰河。又东北流三十二里，右纳匪克图河，即《金史》匹古敦水。又北迤东流七十六里，左纳硕罗河，又东径呼兰厅南，迤而南流二十八里，右纳吉林之察巴拉河。又北东折而南，又折而东流百余里，右纳吉林之色勒站沟子。又东流四里，左纳察罕泊水。又东流二十四里，左纳布雅密河。松花江既纳布雅密河，又东流八里，右纳海伦固尔河，即《金史》海古水，亦作海姑。

屠寄：《黑龙江舆图说》，姜维公、刘立强：《中国边疆研究文库·初编·东北边疆》第十一卷，哈尔滨：黑龙江教育出版社，2014年，第20—21页。

《长白汇征录》

附录　建州沿革考

考《新唐书·渤海传》，率宾府领华、益、建三州。建州之名始此，在今吉林乌拉境内，属渤海率宾府。辽世宗迁率宾府人户置所属，有率宾县，其志

东北"旧志"中松花江流域自然与风俗史料汇编

云本渤海率宾府地,属显州,是辽时率宾府已非渤海率宾府故地。《辽史·营卫志》:孝文皇大弟敦睦宫又以渤海建、沈、岩三州户置属州三:曰建,曰沈,曰岩,是为建州分置之始。世宗朝石晋太后求于汉城侧耕垦自赡,许于建州四十里,给地五十顷。州在灵河之南,是为建州移置河南之始(在今锦州)。圣宗时屡遭水患,又迁居河北唐崇州故地,初属武宁军,隶永兴宫,后隶敦睦宫,是为建州移置灵河以北之始(在今蒙古土默特右翼)。金置建州保靖军刺史。元初建州属北京路,至元七年改北京为大宁,建州属焉。金元建州地与辽同,与渤海异。《元一统志》,海兰河经故建州东南一千里入于海;混同江北流经故建州五十里,会诸水东北流经故上京,下达五国头城。此建州乃渤海建州故地,因名之。故建州与辽时移置之建州,在灵河南北者不同。明初分建州为三:曰建州,曰海西,曰野人,而建州居中雄长,地最扼要。永乐元年又置建州卫,正统年间又剖置建州为左右卫,是为建州置卫之始。

我肇祖原皇帝迁都赫图阿拉,正当明建州右卫之地,邦旧命新,大启厥宇。自此以后,收服栋鄂、哲陈、辉发、叶赫,长白山之讷殷部、鸭绿部,皆入版图,是建州为我朝造攻之始基。明臣黄道周《博物典汇》载有《建州考》一篇,考据最为详赅。查东方立国肃慎、新罗、百济,以后浃浃大风表东海者,厥惟渤海氏,官度详明,组织严密,创立五京十五府六十二州,襟带山河,超绝古今,其所领各府州县星罗棋布于白山黑水之间,莫可殚述。惟建州为幽岐旧壤,自辽金以来名地互异,窃恐神州圣域致蹈混珠之讹,特书之以资考证。

……

长白山

其由水路行者,乘小舟顺松花江逆流而上,共七日同至讷阴地方(即头道江与二道江合流处,地名下两江口)。

历代沿革

虞夏时为不咸山。《山海经》:"大荒之中,有山名不咸,在肃慎氏之国。"汉为单单大岭。《后汉书·东夷列传》:武帝元封三年,灭朝鲜,分置乐浪、临屯、玄菟、真番四郡。至昭帝始元五年,罢临屯、真番,以并乐浪、玄菟郡。玄菟复徙居句骊。自单单大岭以东,沃沮、濊貊悉属乐浪。《魏志》《通考》同。

元魏为徒太山。《魏书·勿吉列传》：勿吉国南有徒太山，魏言太皇，有虎、豹、罴、狼不害人。人不得山上溲污①，行经山者皆以物盛云。

南北朝为从太山。《北史·勿吉列传》：勿吉国南有从太山，华言太皇，俗甚敬畏之（从字恐系徒字之讹）。

唐为太白山。《唐书·黑水靺鞨（靺鞨）列传》：粟末部南抵太白山，亦曰徒太山，又粟末水源于太白山。

金为长白山。《金史·世纪》：生女真地有长白山。昭祖耀武至此祭祀，志大定十二年封长白（山）神为兴国灵应王，建庙宇。十五年三月奏定封册，遣使致祭如岳镇礼。

附录册文，其文曰："自两仪剖判，山岳神秀各钟于其分野。国将兴者，天实作之。对越神休，必以祀事。故肇基王迹，有若岐阳。望秩山川，于稽虞典。厥惟长白，载我金德，仰止其高，实惟我旧邦之镇。混同流光，源所从出。秩秩幽幽，有相之道。列圣蕃衍炽昌，迄于太祖，神武征应，无敌于天下，爰作神主。肆予冲人，绍休圣绪，四海之内，名山大川靡不咸秩。矧王业所因。瞻彼旱麓，可俭其礼？服章爵号非位于公侯之上，不足以称焉。今遣某官某，持节备物，册命兹山之神为兴国灵应王，仍敕有司岁时奉祀。於戏！庙食之享，亘万亿年。维金之祯，与山无极，岂不伟欤！"自是每岁降香，命有司春秋二仲择日致祭。

明昌四年十月，复册为开天宏圣帝。元明因之。

……

三江源流

序

历考辽金元三史、《明一统志》、顾祖禹《方舆纪要》暨我《大清一统志》《发祥世纪》《开国方略》以及齐召南《水道提纲》、李绅耆《皇朝舆地全图》并《盛京通志》《吉林外记》等书佥称：鸭绿江发源于长白山西，图们江发源于山东，松花江发源于山北，历代相沿。究其实在方向尚多舛误。燊烛之见，直谓三江源皆发于长白山天池，语尤笼侗。兹于设治余暇，据生平所见所闻，与该勘界员等面稽口授，互相印证，其源委方向似觉稍有依据，不敢谓补古人

---

① 溲污：指排泄。

之缺，抑可就正于后人焉尔。

……

长春府　府东距吉省二百四十余里，南至奉天，北至哈尔滨，轮车皆一日可达，是为陆路之要冲。松花江在府东南，由江道至伯都讷，沿呼兰城至佛斯亨山，抱混同江口，是为水路之要冲。咸丰八年，已与俄定约，准两国民人在松花江行船。同治七年，又要求由松花江至伯都讷。现《延吉草约》第六条内又载有吉长铁路接展至延吉等语。是为日俄交注之要冲。康熙年间，于吉林创建船厂，练习水师，专为备俄而设。今日俄注视长春较吉省尤重。松花江流域之险要，如伯都讷、哈尔滨、三姓等处，皆与长春为犄角形，实有密切之关系。筹东省防务者，应以长春为根据地，而以松花江流域为水路进军之地，以珲春、延吉为中路，以安东为右翼，以瑷珲为左翼，以奉天为后盾。此其大略形势也。至平时应如何布置，临时应如何变通，运用之妙，存乎一心，是在膺阃权者，因时因地以通其变耳。

张凤台：《长白汇征录》，李澍田主编：《长白丛书》，长春：吉林文史出版社，1987年，第28—29、51—55、101页。

《鸡林旧闻录》

自来中国兵力能及今吉林省界者，只两度：一在三国曹魏时。《魏志》毌丘俭讨高丽，绝沃沮千余里，到肃慎南界（《松漠纪闻》：肃慎城在渤海国西三十里；元《一统志》渤海上京城，古肃慎也。按渤海大氏故都，今宁安县东京古城是），其进师之道史不详，大抵与清初绕避叶赫、乌拉，攻取野人卫之师一辙，必沿浑江（佟佳江）上游，以东北进者。缘其时，朱蒙之裔建高句丽国，方振势于浿水沿岸（今鸭绿江），毌丘追剿败军遂至于此。一在明洪武二十年，冯胜攻元太尉纳克楚于金山（金山，《满洲源流考》作额勒金山，今名饽饽图山，在奉天辽源县界，东辽河汇□北二十里），纳克楚分军为三，其一军于隆安伊图河，即今农安县境之伊通河也。胜率师进压其营，乃降其将士妻子。在松花江北，胜遣和通谕降之。计其地望，盖在今新城界矣。然是役以后，永乐、洪熙间，师船东发，累次击并诸夷（见前）。武功之盛，亦足照耀史册。惜明自中叶以后，威德不张，前功卒隳耳。

按：吾国帝王武功之盛，无逾汉、唐。顾于吉林一省，独无军事地理关系，即三国时毌丘俭、明初冯胜两役，亦俱以追讨故及此，且仅及吉林边界。后之水师累出，亦只耀兵于东夷。括言之，自古中国兵力未有震慑松花江以北，能永久保存胜势者（明成祖兵力，及今江省呼伦贝尔，则自开平（多伦诺尔）至库伦海子（呼伦湖），系由漠南进师）。盖累朝为保固燕齐所以用兵辽东；内卫中原，所以攘寇大漠。吉省僻远，适非争点，逐若瓯脱，形势然也。顾今则轮轨交通，于兹绾毂，介居南北满洲，俨为襟要，古今地理之不同，相悬绝矣。

魏声和：《鸡林旧闻录》，李澍田主编：《长白丛书》，长春：吉林文史出版社，1986年，第73页。

《扶余县志》

松花江，即唐粟末水，辽名鸭子河，后改混同江。原名松阿里乌拉，即满语天河之意。自金元以迄有明，称宋瓦江。明宣德年间，始获松花江名称。俄人称为斯安里（CCHAHSV），日人仍之。以长白山北直接天池之二道白河为正源，至上两江口汇富尔岭河，水势始大，乃名二道江。至下两江口与头道江口汇流，始名松花江。由吉林西北流至扶余县西北七十里之三岔江地方汇嫩江，转而东北流，为本县与黑龙江肇州县天然之界限。吉黑两省，初不以松花江为界，至前清光绪三十四年，吉林省属地之在江北省，均改归黑龙江管辖，而松花江遂成为吉黑两省之界。然界限矣，改流至滨江（哈尔滨），有瑚尔哈河注之。又东北与黑龙江相会，称混同江，流行于省北之中俄边界。源出吉林长白山，长约三千二百余里，水量较黑龙江为多。可通船处，亦二千余里。自一八九五年，俄国官船曾由黑龙江进航吉林，是为松花江轮船发现之始。越年，东清铁道会社组织成立，社内设有河川汽船，部计有汽船四只。中国官船，当时复有六只，小汽船亦六七只，边防巡逻舰七只，□船曰六百余只。现在虽无详确调查，但已大有两岸风景船满江之势矣。惜航权则屡被侵占，近日苏俄代表□拉汉氏，复对于松花江航权，一再要挟。呜呼！江景如画，主权如灰，松水欤？祸水欤？不禁为之兴感。

张其军：《扶余县志》，《中国地方志集成·吉林府县志辑10》，南京：凤凰出版社，2006年，第447—448页。

东北"旧志"中松花江流域自然与风俗史料汇编

《农安县志》

大事

虞舜二十有五载,肃慎氏来朝贡弓矢。

周武王十又四年,贡弓矢。楛矢石砮,长尺有咫,王欲昭令德之致远,铭其栝曰肃慎氏之贡矢。

十有五年,息慎氏来宾。

成王九年,肃慎氏来朝,王使荣伯锡肃慎氏命。

《逸周书·王会解》成周之会正北方稷慎大尘。孔晁注:稷慎,肃慎也。

新莽始建国元年,班符命于天下,其东出者至扶余。

后汉光武皇帝二十五年,夫余王遣使贡献,光武厚答报之,于是使命岁通扶余国,后汉通焉。初,北夷索离国王有子曰东明,长而善射,王忌其猛而欲杀之。东明奔走,南渡掩㴲水,因至扶余而王之。

安帝永初元年,夫余犯塞,杀伤吏人。

夫余王始将步骑七八千人寇钞乐浪,杀伤吏民,后复归附。

永宁元年,夫余王遣子诣阙贡献。

夫余王遣嗣子尉仇台诣阙贡献,天子赐尉仇台印绶金彩。建光元年冬十二月,高句骊、马韩、濊貊围元菟城,夫余王遣子与州郡并力破之。句骊王宫率马韩、濊貊数千骑围元菟,夫余王遣子尉仇台将二万余人与州郡并力讨破之,斩首五百余级。延光元年春二月,夫余王遣子将兵救元菟,击高句骊、马韩,破之,遂遣使贡。是年三月丙午,改元延光。

顺帝永和元年春正月,夫余王来朝。其王来朝京师,帝作黄门鼓吹角抵戏以遣之。

桓帝延熹四年十二月,夫余王遣使来献。是年,遣使朝贺贡献。

永康元年,夫余王夫台寇元菟,元菟太守公孙域击破之,斩首千余级。

《通志》尉仇台传位居中,并无夫台名号,疑有误,或其别号。《吉林通志》作元台,未知孰是。

灵帝熹平三年,夫余国遣使贡献。

献帝延康元年,夫余王遣使贡献。

考范书献帝纪建安二十五年三月,改元延康。十月,帝逊位。是十月以前犹为汉也。

魏正始中，幽州刺史毌邱俭讨句骊，遣元菟太守王颀诣夫余，位居遣犬加郊迎，供军粮。

晋武帝太康六年，夫余为慕容廆所袭破，其王依虑自杀，子弟走保沃沮。

帝为下诏曰：夫余王世守忠孝，为恶虏所灭，愍念之。若其遗类足以复国者，当为之方计，使得存立。有司奏护东夷校尉鲜于婴不救夫余，失于机略，诏免婴，以何龛代之。

七年，夫余后王依罗遣诣龛，求率见人还复旧国，仍请援。

龛上列遣督邮贾沈以兵送之。廆又要之于路，沈与战，大败之，廆众退，罗得复国。尔后每为廆掠其种人，卖于中国。帝愍之。又发诏以官物赎还。下司、冀二州，禁市扶余之口。

穆帝永和三年，皝遣世子俊及广威军渡辽，恪折冲慕舆根三将军率骑万七千袭夫余，虏其王元及部众五万余口而还，皝署元为镇军将军，以女妻之。

晋孝武帝太元九年，故夫余王荣阳太守余蔚率其众来降，拜蔚为征东大将军统府左长史，仍封夫余王。

魏文成帝太安元年冬十二月，扶余国朝献。

按魏隋书不为夫余立传，兹犹见之，岂肃慎贡晋、渤海朝唐之类欤，后虽不免为高丽所并，而晋武之兴灭继绝，实有足多者焉。

隋开皇中，粟末靺鞨与高丽战，不胜，厥稽部长都塔济率八部胜兵数千人自夫余城西北举落内附，置顺州以处之。

按《隋书》炀帝初，渠帅度地稽率其部来归，即其事。

隋炀帝大业七年春，下诏征高丽。高句骊出于扶余，自言先祖朱蒙至普述水遇三人，一著麻衣，一著衲衣，一著水藻衣，同至纥升骨城，遂居焉，号曰高句骊。因以为氏，朱蒙死，子闾达立；闾达死，子如栗立；如栗死，子莫来立。乃征夫余，夫余大败，遂统属焉。《通典》至隋渐大，至是下诏征之。八年春，诏左十二军出盖马、南苏、元菟、扶余、沃沮等道，左十二军出肃慎等道征高丽也。

唐太宗五年，高丽筑长城。诏遣广州督都府司马长孙师收瘗隋时战亡骸骨，毁高丽所立京观。建武惧伐其国，乃筑长城，东北自扶余城，西南至海，千有余里。

东北"旧志"中松花江流域自然与风俗史料汇编

高宗龙朔元年正月,鸿胪卿萧嗣业为扶余道行军总管,以伐高丽。

总章元年二月,李勣等拔高丽扶余城。先是,李勣拔高丽新城,遂进攻一十六城,皆下之。已而左武卫将军薛仁贵击破高丽兵于金山,乘胜将攻扶余城。诸将以其兵少,止之。仁贵曰:"兵不必多,顾用之如何耳。"遂为前锋以进,与高丽战,大破之,遂拔扶余城。

圣历中,渤海靺鞨大祚荣自立为振国王。渤海靺鞨大祚荣者,高丽别种也。高丽既灭,祚荣率家属徙居营州,渡辽水,又渡天门岭。万岁通天中,东保桂娄之故地,据东牟山,筑城以居。靺鞨之众及高丽余烬,稍稍归之。圣历中,自立为振国王。其地直营州东二千里,南与新罗相接,越喜靺鞨北至黑水,地方二千里。又渤海本粟末靺鞨附高丽者,姓大氏。高丽灭,率众保挹娄之东牟山。地直营州东二千里,南北新罗以泥河为界,东穷海,西契丹,尽得扶余、沃沮、弁韩、朝鲜海北诸国。先天中,遣使拜渤海郡王,以所统为呼汗州都督,自是始去靺鞨号,专称渤海。

辽太祖天赞四年十二月乙亥,诏亲征渤海大諲撰。四月壬辰,祠木叶山。己酉,次色克山。丁酉,次商岭,夜围扶余府。天显元年春正月庚申,拔扶余城。丙寅,夜围忽汗城。辛未,諲撰出降。二月壬辰,以青牛白马祭天地,大赦,改元。以平渤海,遣使报告唐。甲午,如忽汗城。丙午,改渤海国为东丹,忽汗城为天府,册皇太子倍为人皇王以主之。丁卯,幸人皇王宫。癸未,宴东丹国,僚佐颁赐有差。乙酉,班师,以大諲撰举族行。四月丁亥朔,次撒子山。六月丙午,次慎州。七月甲戌,次扶余府,帝不豫。辛巳,上崩。丁亥,契丹述律后使少子安端少君守东丹,与长子突欲奉契丹主之丧,将其众发扶余城。

阿保机兵力雄盛,东北诸番多臣属之,以渤海土地相接,常有吞并之志。下渤海,未几即死。渤海王命其弟率兵攻扶余城,不能克,保众而退。

按《五代史·四夷附录》,阿保机攻渤海,取其扶余一城,以为东丹,不知扶余乃渤海一城,忽汗州乃其国都也。

太宗天显三年春正月己未,黄龙府娄泥河女直、达罗噶来贡。女真本肃慎国也,本名珠理真,番语讹为女真,或以为黑水靺鞨之种,而渤海之别族。有七十二部落,无大君长,极远而近东海者谓之东海女真,多黄发,鬓皆黄目睛绿者谓之黄头女真。

隋开皇时，曾入贡。其族分六部，有黑水部，即今女真。唐贞观中，靺鞨来朝，太宗问其风俗，因言及女真之事，自是中国始闻其名。契丹目之曰虑真。五代时始称女真，后避契丹主宗真讳，更为"女直"，俗讹为女质，阿保机吞并北方三十六番，此其一也。

五年四月乙未，人皇王归国。十一月戊申，东丹奏人皇王浮海适唐。

初阿保机死，长子东丹突欲当立，其母述律遣其幼子爱端少君之扶余代之，将立以为嗣。然述律尤爱德光，德光有勇智，素已服其诸部，安端已去，而诸部希述律意，共立德光。突欲不得立，长兴元年，自扶余渤海奔于唐，明宗因赐其姓为东丹，名曰慕华。

大同元年春正月辛卯，封晋主重贵为负义侯，徙之黄龙府。

契丹制降晋少帝为光禄大夫、检校太尉，封负义侯，黄龙府安置。癸卯，遣赵莹、冯玉、李彦韬将三百骑，送负义侯及其母李氏，太妃娄氏，妻冯氏，弟重睿，子延煦、延宝等于黄龙府安置，仍以其宫女五十人。内宫三人，东西班五十人，医官一人，控鹤四人，庖丁七人，茶酒司三人，仪驾三人，健卒十人从之。

世宗天禄三年春二月，迁故晋主重贵于建州。

汉乾祐二年二月，徙帝、太后于建州。自辽阳东南行千二百里至建州，节度使延晖避正寝以馆之。去建州数十里外得地五十余顷。帝遣从行者耕而食之。

穆宗应历十四年夏四月丁巳，黄龙府甘露降。

景宗保宁七年秋，黄龙府卫将雅尔丕勒叛，遣敞史耶律曷里必讨之。黄龙卫将雅尔丕勒杀都监张琚以叛，遣敞史耶律曷里必讨之。九月，败燕颇于治河，遣其弟安抟追之。燕颇走保兀惹城，安抟乃还，以余党千余户城通州。

圣宗统和五年春三月癸亥，幸长春宫。赏花钓鱼，以牡丹遍赐群臣，欢宴累日。

太平二年春三月甲戌，如长春州。

四年春庚寅，如鸭子河。二月乙未，猎塔鲁河，诏改鸭子河曰混同江，塔鲁河曰长春河。

五年春正月乙酉，如混同江，是日如鱼儿泺。三月，如长春河、鱼儿泺其水。一夕，有声如雷，越沙冈四十里别为一陂。

六年春，黄龙府请建保障三，烽台十，诏以农隙筑之。

兴宗景福元年冬十月，赈黄龙府饥。

重熙八年冬十一月己酉，城长春。

九年十一月甲子，女直侵边，发黄龙府铁骊军击之。

十三年夏四月己酉，遣东京留守耶律浩善知黄龙府事。

二十二年闰七月，长春州置钱帛司。

二十四年春正月癸亥，如混同江。二月癸巳，如长春河。三月癸亥，皇太弟重元生子曲，赦行在及长春、镇北二州徒以下罪。

道宗清宁二年冬十一月戊戌，以北院大王耶律仙童知黄龙府事。七年冬十一月壬午，以知黄龙府事耶律勒札为南院大王。

咸雍三年夏六月辛亥，宋以即位遣使来告，即遣知黄龙府事萧托古斯，中书舍人马铉往贺。

咸雍四年七月一日，女直完颜阿固达生。

太康二年春二月戊子，赈黄龙府饥。

八年三月庚戌，黄龙府女直部长钟鼐率部民内附，予官，赐印绶。

天祚帝乾统元年，是岁，生女真部节度使英格死，传于兄之子武雅淑，淑死，其弟阿固达袭。

以后多记女真事，故谨书之。

天庆二年春二月丁酉，如春州，幸混同江钓鱼。

生女真酋长在千里内者，以故事皆来朝，适遇"头鱼宴"，酒半酣，上临轩，命诸酋次第起舞，独阿固达辞以不能，论之再三，终不从。他日，上谓枢密使萧奉先曰："前日之宴，阿固达意气雄豪，顾视不常，可托以边事诛之。否则，必贻后患。"奉先曰："麓人不知礼义，无大过而杀之，恐伤向化之心。假有异志，又何能为。"

四年春正月，如春州。秋七月，阿固达以尼楚赫、伊埒罗、索栋摩等为帅，集女真诸部兵攻辽。冬十月，取宁江州。时帝在庆州射鹿，遣海州刺史马仙寿统渤海军以援。萧托卜嘉遇女真，与战于宁江东，败绩。

九月，阿固达进军宁江州，次寥晦城。诸路兵皆会于来流水，得二千五百人。致辽之罪申告于天地，遂命诸将传挺而誓，明日次扎只水，将至辽界，先使宗斡督士卒夷堑。既渡，遇渤海军，攻其左翼，七谋克众少却敌军，直犯中军。斜也出战，哲垤先驱。阿固达曰："战不可易也。"遣宗斡止之，宗斡驰出斜也前，控止哲埕马，斜也遂与俱还。敌人从之，耶律色实坠马，阿固达射杀之，子宗斡与数骑陷辽围中，阿固达救之，免胄战。或自旁射之，阿固达顾见射者，一矢而毙。谓其下曰："尽敌而止。"众从之，勇气百倍，辽军大奔，蹂践死者十七人。萨哈在别部闻之，使其子宗斡、完颜希伊来贺，劝其称帝。阿固达曰："一战而胜，遂称大号，何示人浅也。"进军宁江州，填堑攻城。宁江人自东门出，邀击，尽殪之。冬十月朔，克其城。十一月，辽遣都统萧嗣先伐女真，阿固达迎战于混同江，辽军大败。辽主闻宁江州陷，以司空萧嗣先为东北路都统，萧托卜嘉副之，发契丹奚军三千及京中禁兵等七千屯珠赫店。阿固达率众来御。未至混同江，会夜方就枕，若有扶其首者三。寤而起曰："神明警我也！"即鸣鼓举燧而行，黎明至混同江，辽兵方坏陵道，阿固达选壮士十人击走之，因帅众继进，遂登岸。与辽兵遇，会大风起，尘埃蔽天，阿固达乘风奋击，辽兵溃，将士多死，获免者十有七人。十二月咸宾祥三州及铁骊、乌舍皆叛入女真。伊实往援宾州，南军诸将实喇、图烈等援咸州，并为女直所败。五年春正月，女真完颜阿固达称帝，国号金，改元收国。阿固达既屡胜辽，其弟乌奇迈率将佐劝称帝，不许。鄂兰合玛尔等复言之，阿固达乃用杨朴策，于正月朔即皇帝位，曰辽以宾铁为号，取其坚也，宾铁虽坚，终亦败坏，惟金不变不坏。金之色白，完颜色尚白。况所居爱新水之上，于是国号大金，改元收国。

金击辽兵于达罗克城，大败之。金主自将攻辽黄龙府，进薄益州，州人走保黄龙，金取其余民而去。辽遣都统额尔德、副统薛伊锡、右副统耶卓诺、都监萧谢佛哩将骑二十万戍边，且屯田以为长久计。金主闻之，率众趋达罗克城，登高望辽，兵若连云灌木状，顾谓左右曰："辽兵心贰而情怯。虽多不足畏！"遂趋高阜为阵。穆哩库以右翼先驰辽左军，左军却。洛索、尼楚赫冲中坚，陷阵力战，尼玛哈以中军助之，辽军遂败。金兵追蹑至其营，会日暮围之，黎明辽军溃围出，金人逐北至阿鲁冈，辽步卒尽殪，耕具皆为金所获。

九月，取辽黄龙府。金主攻黄龙府次混同江，水深无舟以渡，金主使一人导前，乘赭白马径涉曰："视吾鞭所指而行。"诸军随之，才及马腹，遂克黄龙府。天辅二年春三月庚子，戍黄龙府。以罗索言，黄龙府地僻且远，宜重戍守，乃合命诸路穆昆以罗索为万户镇之。冬十二月，黄龙府仍附于辽，宗辅讨平之。五年二月，分诸路明安穆昆之民万户屯泰州，以博勒和统之，赐耕牛五十。时伐辽取泰州，徙辽降人居之，命千户穆昆宗雄按视泰州地土，宗雄包其土来奏曰："其土如此，可耕种也。"

太宗天会八年秋七月辛亥，诏给泰州都统博勒和所部诸穆昆甲胄各五十。

十年秋七月甲午，振泰州路戍边户。

八月甲申，黄龙府置钱帛司。

熙宗亶大眷二年，以黄龙府为济州军，曰利涉。

皇统五年春二月乙未，次济州春水。

海陵王天德四年春二月戊子次泰州。是年金主亮三月始改元贞元，故仍称天德。

世宗大定二年春正月甲午，命咸平、济州军三万人屯京师。二月庚寅，诏平章政事伊喇元宜泰州路规措边事。秋七月壬戌，诏发济州、会宁军在京师者，以五千赴北京都统府。

按北京会宁也，贞元元年春三月改。

三年春三月，诏临潢汉民逐食于会宁、济、信等州。

九年冬十一月丙戌，振泰州诸明安民。

十八年夏四月，命泰州所管诸明安遇丰年多和籴。

二十一年夏五月戊申，增筑泰州临潢府等路边堡及屋宇。二十五年夏五月癸卯，遣使于泰州劝农。按《金史·地理志》泰州德昌军节度使，辽时本契丹二十部族牧地，海陵王隆间置德昌军，隶上京。大定二十五年罢之。承安二年复置于长春县，以旧泰州为金安县隶焉。故自承安以后，凡言泰州皆新泰州也。章宗承安元年冬十一月庚寅，特们、契丹图卜苏、德寿反，泰州军讨平之。太和二年夏四月，以北边无事，敕尚书省，命东北路招讨司还治泰州。

冬十二月丁未，敕临潢泰州路兵马都总管承裔等修边备。

宣宗贞祐初，耶律瑠格聚众隆安，金人讨之，为所败。尽有辽东州郡，称辽王，都于咸平。

元太祖七年春正月，故辽人耶律瑠格聚众隆安，自为都元帅，遣使来附。

太祖起兵朔方，金人疑辽民有他志，瑠格不自安，岁壬申遁至隆安韩州，剽掠其地，数月众至十余万，太祖命按陈诺延呼塔噶行军至辽，遇之，问所从来，曰："将往附大国。"按陈曰："我奉命讨女真，适与尔遇，岂非天乎！"

……

建置　金

龙安城在一秃河西，金川东。

城周七里，四址尚存，旁有塔亦名农安。

……

职官　辽

南面蕃府官

黄龙府

知黄龙府事

按《辽史·本纪》开泰初，大康乂出知黄龙府。是知黄龙府事不始于耶律瓯鲁斯也

同知黄龙府事

黄龙府判官

黄龙府侍卫亲军马步军都指挥使

黄龙府侍卫亲军都指挥使

黄龙府侍卫亲军副指挥使

黄龙府侍卫马军都指挥使

黄龙府侍卫马军副指挥使

黄龙府侍卫步军都指挥使

黄龙府侍卫步军副指挥使

黄龙府学

博士

助教

北面边防官

黄龙府兵马都部署司（同上）

黄龙府铁骊军详衮司（同上）

按都部署司各官乃长春路诸司，控制东北诸国者也，东北路兵马详衮司各官乃东北路诸司也，概称北面边防官。

南面方州官

宾州怀化军节度兵事，隶黄龙府都部署司

祥州瑞圣军节度兵事，隶黄龙府都部署司

益州观察，属黄龙府

安远州怀义军刺史，属黄龙府

威州武宁军刺史，属黄龙府

清州建宁军刺史，属黄龙府

南面财赋官

长春州钱帛都检点

长春路钱帛司

北面部族官

乌延突厥部，隶北府，属黄龙府都部署司（《辽史·营卫志》）

阿雅突厥部司（同上）

北唐古部，隶北府节度使，属黄龙府都部署司（同上）

五国部博和哩国、富珠哩国、鄂罗土国、伊呼图国、伊垎济国，圣宗命居本部，以镇东北境，属黄龙府都部署司（同上）

北面属国官

黄龙府女直部大王府

……

金

隆州济州隆安府

辽太祖破渤海扶余府，有黄龙现，遂名黄龙府。天眷二年改为济州，置利涉军。天德二年改济州路转运司。二十九年嫌与山东路济州同名，更今名。贞佑初升为隆安府

诸府尹一员正三品，同知一员正四品，少尹一员正五品，府判一员从六品，掌纪纲众务、分判吏户礼案事，专掌通检推排簿籍推官一员正七品，掌同府判兵刑工案事，府教授一员，知法一员

诸节镇节度使一员从三品，掌镇抚诸军，防刺，总判本镇兵马之事兼本州管内观察使事，其观察使所掌并同府尹兼军州事，管内观察使同知节度使一员正五品，通判节度使事兼州事者仍带同知管内观察使副使一员从五品，节度判官一员正七品，掌纪纲节镇众务佥判兵马之事，兼制兵刑工案事，观察判官一员正七品，掌纪纲观察众务佥判吏户礼案事，通检推排簿籍知法一员、州教授一员、司狱一员正八品。

诸防御州防御使一员从四品，掌防捍不虞，制盗贼，余同府尹，同知防御使事一员正六品，通判防御使事判官一员正八品，掌金州事，专掌通检推排簿籍知法从九品，州教授一员、司军从九品，军辖兼巡捕使从九品。

诸府节镇录事司事一员正八品，判官一员正九品，掌同警巡使。

……

教育

辽

道宗清宁元年，诏设学养士，颁五经传疏，置博士、助教各一员。时五京黄龙兴中二府及诸州县皆有学，其设官并同咸雍时。

按辽自圣宗开泰元年始设学，黄龙府之设学始见于此。

金

世宗大定十三年，诸路始设女直府学，以新进士为教授。府州学二十二，隆州其一也。定制，每穆昆取二人。

……

军警

辽

黄龙府正兵五千，五京警巡院，警巡使，警巡副使。

金

金之初年，诸部之民无□徭役，壮者皆兵，平居则听以佃渔射猎习为劳事，有警则下令部内及遣吏诣诸孛堇征兵，凡步骑之仗糗，皆取备焉。其部长曰孛堇，行兵则称猛安、谋克，从其多寡以为号。猛安者，千夫长也；谋克者，百夫长也。谋克之副曰蒲里衍，士卒之副从曰阿里喜。部卒之数初无定制。太祖既位之二年，既以二千五百破耶律谢十，以三百户为谋克，谋克十为猛安，继而诸部来降，率用猛安谋克之名以授其首领而部伍其人。出河之战，兵始满万，而辽莫能敌矣。

按女真旧无铁，邻国有以甲胄来鬻者，景祖倾赀厚价以与贸易，亦令昆弟族人皆售得铁既多，因之以修弓矢，备器械，兵势稍振，自盈格募兵得千人，兄子阿固达喜曰："有此甲兵，何事不可图也。"先是，女真兵未尝满千，至是满千，故云。辽人曾云女真兵若满万，则不可敌。至是果满万，则辽人之言验矣。

东北"旧志"中松花江流域自然与风俗史料汇编

诸京警巡院

警巡院使一员,正六品,掌平理狱讼。警察别部总判院事副一员,从七品,掌警巡之事。判官二员,正九品,掌检稽佥判院事。

……

兵事

天生五材,谁能去一。农安自古为用武之地。

……

夫余　晋武帝太康六年,夫余为慕容廆所袭破。其王依虑自杀,子弟走保沃沮。

高丽　唐高宗总章元年春二月,李勣等拔高丽扶余城。薛仁贵等既破高丽于金山,乘胜将三千人攻扶余城,与高丽战,大败之,杀获万余人,遂拔扶余城。泉男复遣五万人救扶余城,与李勣等遇薛贺水合战,大败之,斩获三万余人。

渤海、辽、金　辽太祖天赞四年十二月乙亥,诏亲征渤海大諲撰。丁酉,次商岭,夜围扶余府。天显元年春正月庚申,拔扶余城。

金太祖收国元年九月,取辽黄龙府。天辅二年,遣兵戍黄龙府。冬十二月,黄龙府仍附于辽,宗辅讨平之。

太宗天会五年伐宋,调燕山、云中、中京、上京、东京、辽东、平州、辽西、长春人户隶诸万户。

元太祖七年春正月,故辽人耶律瑠格聚众隆安,自为都元帅,遣使来附。

……

外交

女直　阿骨打自混同江头鱼宴归,即先并旁近部族,其处心积虑,岂尝须臾忘辽哉?语云女直兵满万则不可敌,迨攻取宁江、咸、宾、祥三州,及铁骊乌惹皆叛入女直,先声夺人,势如破竹,固不待黄龙失守而已知其大事去矣。而天祚闻报略不介意,犹逞雄心于一鹿,岂天有以夺其魄欤?及见事不可为,乃卑词厚币,一再请和,不能守而能和哉?亦徒自悔其失计而已。谨缀史事二则,以作前车。后之览者,当不徒为天祚惜也。

天祚帝天庆五年春正月,遣僧家奴持书与女直约和,斥阿骨打名,复书:若归叛人阿苏,迁黄龙府于别地,然后议之。

……

秋九月丁卯朔，女直军陷黄龙府，辞剌还，女直复遣赛剌以书来报：若归我叛人，阿苏当即班师。时上亲征，粘罕、兀术等以书来上，阳为卑哀之词，实欲求战书上。上怒，下诏有"女直作过，大军剪除"之语。

按女直报书一则曰阿苏，再则曰阿苏，始终假此为名而辽遂以亡，谋人国家者，其慎勿贻人口实哉。考《辽史》天统元年以杨割为生女直节度使，是岁杨割死，传于兄之子乌鸦束，束死，其弟阿骨打袭，辽属部也。胡以外交志然？自女直称兵，即主和议，已隐然以敌国相待矣，故以国际例书之。

……

度支

国家之有度支，所以掌天下财赋物产，岁计所出而支调之者也。肃慎以马为财产。夫余、渤海度支无考。辽设长春度支钱帛司以掌出纳。金太宗十一年黄龙府置钱帛司，是为前代度支见于载籍之始。元制，国用入不敷出。成宗大德二年，敕会计每岁出入之数，是已开后世预计算之先例。明太祖洪武二十年，置三万卫于故城西，二十一年徙开原城，此地已如瓯脱。清初为郭尔罗斯游牧地，度支均无可考。光绪十五年改设县治。凡官俸额领属于国家者，由库支给之。凡警、学、保卫属于地方者，由财务处支给之。岁会月计，与向之漫无限制者异矣。兹以国家、地方分目为二，而附以近年度预计算，统名曰度支，俾邑之人咸知崖略焉。志度支。

……

钱币

辽

制钱

兴宗重熙二十二年闰七月，长春州置钱帛司。以诸坑冶多在国东，故东京置户部司，长春州置钱帛司。时钱不胜多，故东京所铸至清宁中方用。按长春州近混同江，为农安北境，掘地所得往往见重熙、太平，皆辽钱也。农安为黄龙古府，辽主岁幸混同江，如长春州赏花钓鱼，驻跸所也。钱法流通，恒及于此，惜前史无考，莫详沿革，倘得其一鳞一爪，必谨书之重币制也。

太祖铸天赞通宝钱，初太祖文德祖萨勒题为额尔奇木，以土产多铜，始造钱币。太祖袭而用之，遂致富强以开帝业。洪遵泉志曰契丹主安巴坚[①]天赞

[①] 安巴坚：指辽太祖耶律阿保机。

钱，径九分，重三铢六参。太宗置五冶以总四方钱铁，石敬瑭又献沿边所积钱以备军实。穆宗铸庆历重宝钱。景宗铸元亨重宝钱，以旧钱不足于用，始铸新钱，钱用流布。圣宗铸太平元宝钱，又铸太平兴宝钱，先是统和十四年凿大安山取刘守光所藏钱，散诸五计司，至是兼铸太平钱，新旧互用。按《唐书》及《五代史》皆载刘仁恭为卢龙节度使，敛钱，穴大安山藏之。志称守光未悉何考。兴宗铸重熙通宝钱。泉志曰重熙钱，径九分，重三铢。道宗清宁二年，诏行东京所铸钱。太康九年，禁外官部内货钱取息。大安四年，禁钱出境。时钱分四等，曰咸雍、曰太康、曰大安、曰寿隆，皆因改元易名，其肉好，铢数无所考。泉志曰清宁钱径九分重三铢，文曰清宁通宝。太康钱有二品，并径九分重二铢四参，以太康通宝、太康元宝为文。大安钱径八分重二铢八参，文曰大安元宝。又寿昌钱径九分重二铢四参，文曰寿昌元宝。按《辽史》载道宗钱四等而不及清宁、寿昌亦道宗年号。以史文考之则不止四等矣。又谓肉好铢数无考，而泉志乃详言之，足补史氏之缺。故《续文献通考》取之。天祚帝铸乾统元宝钱，又铸天庆元宝钱。泉志曰乾统钱径寸重三铢二参，天庆钱径九分（重）二铢四参，又曰自天赞以下九品皆契丹年号。又千秋钱径三分，文曰千秋万岁，董逌曰辽国钱也。

金

制钱

太宗天会十年秋八月甲申，黄龙府置钱帛司。初用辽宋旧钱，天会末，虽刘豫"阜昌元宝""阜昌重宝"亦用之。按农安为古黄龙府，清宣统年间东街永盛栈后大门外庠生吴俊彦家掘土为墉，得古瓮一，满贮古钱，有"淳化、至道、咸平、景德、祥符、天禧、天圣、明道、至和、嘉祐、治平、熙宁、元丰、元祐、绍圣、元符、政和"，其为宋输岁币无疑。惟中有正隆钱，正隆者，金主亮年号也。溯自收国改元至正隆二年始行鼓铸，历四主四十二年不铸钱而足于用。则宋钱流入之多可知。至是铸钱而钱反缺乏，大抵皆窖藏者为之也，瓮中钱犹是也，厚自封植者，可以鉴矣。

附金钱币考

海陵正隆二年十月初，铸铜钱，自贞元二年迁都后，制交钞与钱并用，至是始议鼓铸，明年二月中，都置监二，东曰宝源，西曰宝丰，京兆置监一曰利用，三监铸钱，文曰正隆通宝。轻重如宋小平钱，而肉好字，文峻整过之，与旧钱通用。世宗大定元年，命陕西路参用宋旧铁钱。至四年，浸不行，诏罢之。十三年三月，东巡，以运钱劳费行会法。……十八年，代州立监铸钱。文曰大定通宝，字文肉好，又胜正隆之制，世传其钱料微用银云。二十年二月，制钱以八十为陌，初新钱之未行也，以宋大观钱当五用之，时民间以八十为陌，谓之短钱，官川足陌谓之长钱。……二十九年十二月，诏罢铸钱……罢代州、曲阳二监。……宣宗贞祐三年四月，禁用见钱。

郑世纯修，朱衣点纂：《农安县志》，《中国地方志集成·吉林府县志辑2》，南京：凤凰出版社，2006年，第19—24、81、121—123、135、179、196、200、222、233—234页。

《永吉县志》

考其沿革，每叹无征。况地名译音，注字各异。宋瓦即淞花，必审音而显，吉林非鸡陵，须博考始明。

虞至周，为息慎国地。息慎自唐虞时已见中国，下迄西汉，都无异称。绵历二千余年，传世可谓最久。其疆域则周景王曰：肃慎燕毫，吾之北土。则是辽东以北，直至混同江南北之地，在周以前，固皆为肃慎国境矣。（《吉林通志》十）

按：息慎，《山海经》《左氏传·昭公九年》作肃慎。《逸周书·王会解》作稷慎，并声转字通。《史记·五帝本纪》称息慎戴帝舜之功。今本《竹书纪年》有帝舜二十五年，息慎氏来朝，贡弓矢之文，当即其事。故书所记。于斯为古。虞舜以前，载籍无征，难言之矣。虞周二千年，息慎政治之兴废，疆域之弛张，亦莫由详考。约略言之，淞花江流域概为息慎西圉，则永吉县地当为西北鄙矣。

汉，为玄菟郡上殷台县。玄菟郡，武帝元封三年开。县三：高句骊、上殷台、西盖马。

元菟郡三县，惟上殷台无山水可考。然排比钩稽，而知其当在西盖马之北，高句骊之东，其地为长白山之北也。

……

然则上殷台既不在高句骊、西盖马二县之间，又不在高句骊之北、之西、之南，又不在西盖马之西、之南，必在高句骊之东，西盖马之东、之北，其地在长白山之北无疑也，或为今吉林，或为今宁古塔，但汉志不载水道，故无以定之。

东北"旧志"中松花江流域自然与风俗史料汇编

按：高句骊为今伊通、盘山等县，西盖马为今长白山以北地。若上殷台为宁古塔，则一县疆域恐无若是之辽阔。上殷台即吉林县，此说是也。

……

朝鲜传又云，孝惠、高后时[①]，辽东太守即约满为外臣，保塞外蛮夷，以故满得以兵威财物侵降其旁小邑，真番、临屯皆来服，地方数千里。是时肃慎已微，夫余未兴，满据玄菟之地，书无明文，以大势测之，当在此时。

……

晋，为护东夷校尉所统扶余地。夫余本属玄菟。汉末公孙度雄张海东，威服外夷。夫余王尉仇台更属辽东（《三国志》东夷传）。

按《晋书·东夷传》，夫余国不著疆域四至。钩稽他传，知松花江下流盖皆夫余地也。《地理志》玄菟郡统高句骊、望平、高显三县。是郡已西徙。汉时西盖马、上殷台之地沦入夫余矣。盖自三国以来已如是也。近人吴士鉴《晋书斠注》曰，公孙氏据辽东，置元菟郡于辽东东北二百里。盖因旧名，非复故治也。晋元菟郡仍治高句骊县，盖因公孙度所置耳。又丁谦《晋书·四夷传·地理考》证曰，夫余国跨松花江，尽有吉林西北境。吴、丁二家之说足补《晋书》之不备。

北魏，为勿吉国粟末部。勿吉国在高句骊北，一曰靺鞨。其部类凡有七种，其一号粟末部，其二伯咄部，其三安车骨部，其四拂涅部，其五号室部，其六黑水部，其七白山部。（《北史·勿吉传》）

靺鞨凡有七种，其一号粟末部，与高句丽相接。（隋唐靺鞨传）

黑水靺鞨，元魏时曰勿吉，离为数十部。其著者曰粟末部，居最南，抵太白山，亦曰徒太山，与高丽接，依粟末水以居。水源出于山西，北注它漏河。（《新唐书·北狄传》）

勿吉七部之分，以《北史》考之，应在魏献文帝延兴以前。证以今地，松花江旧名粟末水，则吉林乌拉一带为粟末旧部无疑。（《通志》十）

唐，为渤海国涑州。渤海本粟末靺鞨附高丽者，姓大氏。万岁通天中，大祚荣乃建国，自号震国王，尽得扶余、沃沮、弁韩、朝鲜海北诸国。先天中，唐遣使拜为渤海郡王。宝应元年，诏以渤海为国，地有五京、十五府、六十二

---

① 孝惠、高后时：指汉惠帝、吕后时期。

第三章　区域沿革

州。(《新唐书·北狄传》)

按《一统志》云，渤海所置五京、十五府、六十二州，多在今吉林乌拉、宁古塔及朝鲜界。《通志》云，辽志曰，辽以征伐俘户建州，襟要之地，多因旧居名之。今考志中如曰某州本渤海民户，则为辽所移。曰某州渤海置，则是仍渤海之旧。然考之未审者，实不一而足。如渤海五京在吉林者四，其十五府在吉林者九，《辽史》概以为在今奉天地。按之《新唐书》所云，无一而合，故知其不足据也。按：此说最通。后人昧于辽人侨置州县之事，以辽之某州即渤海之某州，遂成大误。如近人唐晏《渤海国志》，即不达斯义者也。兹依《通志》之说，谨据唐书，参以辽志，则永吉在唐时为渤海国之涑州。《新唐书·北狄传》云，涑州为独奏州，以其近涑沫江，盖所谓粟末水也。吉林乌拉本为沿江之义，涑州以近涑沫江得名，其事正相同。至独奏之义，当犹今直隶州不辖于府而事得专达也。意者渤海本粟末鞨，而涑州为粟末旧地，因以为独奏州欤。

辽，为涑州，隶东京道。东京道涑州刺史，渤海置，兵事隶南兵马司。(《辽史·地理志二》)

按：《通志》云，辽境仅及松花江左右，而湖洲、渤州在今宁古塔境者，盖为侨置。《通志》之言似为可信，然则涑州又辽之东鄙矣。东南之长白山部，东方之女真部，南之定安国，概与涑州接界。

又按：《通志》云，吉林在辽时设郡县者，南自伊通，北抵双城堡，仅西鄙耳。涑州即今吉林府境，然金破辽时只咸平、宁江、宾江、扶余，而涑州无闻，盖已入于女真。

金，为咸平路东部玉山等县境。

……考穆书河在伊通河之东，自呼兰哈达北海入松花江。自开原至其地，亦尚不出六百里之内，则两县之地应属吉林无疑。(《通志》十一)

按：《通志》以归仁、玉山二县为在吉林省境，审矣。又以穆书在开原之东不出六百里，亦近。今案，今永吉县在穆书河①之东，亦不出六百里之内。涑洲之名不见《金史》，疑金自得涑州后即并入他州，故莫山详考。然则其地

---

① 穆书河：即今吉林省长春市九台区大黑山脉桦树青山东侧。沐石河，清代称"穆书河""莫什河""木石河"，满语意为"有鹌鹑的地方"，是黑龙江支流松花江的下游左岸支流。

213

东北"旧志"中松花江流域自然与风俗史料汇编

当在玉山县与开元路之交界处。

元,在咸平府境内,咸平府初属开元路。咸平府,唐为渤海大氏所据。辽平渤海,建城以居流民,号咸平。金升咸平府,元初因之,隶开元路,后复割开元,隶辽东宣慰司。(《元史·地理志二》)

……

元开元路尽有今吉林、黑龙江两省及俄东海滨等省。《元一统志》,开元路南镇长白之山,北浸鲸川之海,三京故地,五国旧城是也。按:今吉林省皆开元路地,今不备列。(吴廷燮《吉林省沿革表》)

按:元时疆域辽阔,山海关外只置一辽阳行省,其东尽统于开元路。吴氏未加详考,亦实不能详考也。咸平府初与辽金旧壤同,后从开元路分出。当时女真保于东方,盖元时开元路实在女真势力范围。

明,永乐时,县北部为乌拉卫……

乌拉卫,《通志》十二云,永乐四年,乌拉等处部人奇尔鼐纽尔等来朝,置乌拉、伊尔库鲁、托摩、斐森四卫。十年又置一,并讹乌兰。又正统后置一,讹兀剌。城在吉林城北七十里松花江东。

……

按:松花江之名,因历代音译不同,人多莫辨。《通志》卷二十二考之綦详,爰录于下云。松花江本名松阿里乌拉,魏曰速末水(《魏书·忽吉传》,国有大水,阔三里,曰速末水)。唐曰粟末(《新唐书·靺鞨传》,粟末靺鞨依粟末水以居),辽曰鸭子河,改曰混同江(《辽史·地理志》,长春州韶阳军,本鸭子河,春猎之地。圣宗太平四年,改鸭子河为混同江),混同之名始见于此。金元及明皆曰宋瓦(《金史·地理志》,上京路有宋瓦。《元一统志》,混同江俗呼宋瓦江。《明一统志》,混同江旧名粟末河,俗呼宋瓦江),明宣德时始有松花江之名(《明史·宣宗本纪》,宣德八年,造船于松花江。前此洪武时,呼曰松花河,见冯胜传。盖犹未有江名。《一统志》于混同江外别出松花江,盖误分为二。辨见后)。粟末、宋瓦、速末、松花,声转字通,实皆一水。混同则水之一名,非有两江。而自古以来,称号多殊,源流复舛,重纰貤谬,特为疏通而证明之。《契丹国志》曰,混同江古之粟末河黑水也。《大金国志》曰,长白山黑水发源于此,旧名粟末河,契丹改名混同江。《松漠纪闻》曰,黑水掬之微黑,契丹目为混同江,是皆以黑水为混同江也。而《金史·世纪》直云混同江亦号黑龙江。考黑龙江出喀尔喀[①]北界，东南流与混同江会。混同江自长白山北流折而东与黑龙江会，截然两源，似不应认为一水。原其致误，盖亦有由。考《唐书·室韦传》，室韦水东流与那河、忽汗河合，又东经南黑水靺鞨之北，北黑水靺鞨之南云云。那河，今之嫩江也，忽汗河今之瑚尔哈河也。松花江于伯都讷境受嫩江，又东流于三姓南受瑚尔哈河，又东北流于黑河口与黑龙江会。唐书所云南北靺鞨皆在今混同江南北之地，而当时被以黑水之名，盖以互受通称，而叶隆礼诸人，遂误以下游交会之名，施之上游之地耳。而《金史·地理志》，肇州始兴县有鸭子河、黑龙江。考肇州为今伯都讷地，不得有黑龙江，盖犹是世纪混同江亦号黑龙江之说，而不知混同即鸭子河之改名，是误分一水为二水也。又曰，上京有混同江、鸭子河、宋瓦江。考混同江即宋瓦江，《辽史》称即鸭子河。金志云尔，是又分一水而为三矣。凡此皆称名之误也。唐书曰，粟末河西北注它漏河。考它漏河即今洮尔河，入嫩江以达松花江。此返谓松花江注它漏河，本末殊为倒置。许亢宗《奉使行程录》曰，古屋舍寨枕混同江，其源来自广漠之野，远不可究，自此南流五百里接高丽鸭绿江。夫混同江出长白山，会黑龙江，东入海。乃云来自广漠之北，南流会鸭绿江，其误亦与唐书同。其后，元明统志及黄氏今水经舛误尤甚。《元一统志》云，混同江源出长白山，北流经旧建州西五十里会诸水，东北经故上京下达五国头城，东北注海。其所云旧建州、故上京皆渤海所立。建州今敦化县境，上京今宁古塔境，皆牡丹江所经地，是误以瑚尔哈河（即牡丹江）为混同江也。《明一统志》云，混同江在开原城北一千五百里，源出长白山，北流经金故会宁府，下绕五国头城，东注于海。其误与元志同。但元志所云上京系渤海之上京，明志不知，而取金之会宁府（今阿勒楚喀地）以实之，遂使忽汗（即瑚尔哈）、混同两无所施，是误而又误也。志又云，松花江在开原东北一千里，源出长白山，北流经故南京城，合辉发江、混同江东流注海。考《金史》以宋瓦、混同分为二水，明志复以松花、混同分为两江，同一谬误，而更以为松花江合混同江，则其误弥甚。今水经曰，混同江源出长白山，北流径金会宁府过五国城，又北合松花江，东入于海。又曰，松花江源出长白山，北流径金故南京城，合黑龙江至海，西入于混同江。既云混同江合松花江，又云松花江入于

---

① 喀尔喀：喀尔喀河，即哈拉哈河。

东北"旧志"中松花江流域自然与风俗史料汇编

混同江，盖两沿元明统志之讹，而更加之附会。凡此皆源流之舛也。松花江为东北巨川，而千载沿讹莫得一是，将使搜渠访渎，何所据依。恭读高宗纯皇帝御制诗注曰，松花江本以松阿哩乌拉得名，松阿哩，国语谓天河也。是知粟末诸名，实皆松阿哩一声之转，而殊名异号于此兼赅。第唐时，粟末之称仅至嫩江而止（《唐书·靺鞨传》，粟末部居最南，抵太白山，依粟末水以居。水源出山西，北注他漏河，稍东北曰泪咄部。又曰，粟末之东曰白山部。他漏河为今洮儿河，于伯都讷西北境注嫩江而同入松花江。泪咄，《北史》作伯咄，《金史》作部渚泺。粟末之部至此易名，是不为下游通称之证）。辽时鸭子河之号特专指长春一隅（《辽史·营卫志》，鸭子河泺东西二十里，南北三十里，在长春县东北三十五里。凡本纪所云如鸭子河者，举不出此一隅之地，是不为上下游通称之证），而今之松花、混同二名，实为上下游之通称，然取发源高远之义，则自长白山以下宜定名曰松花江（即松阿哩之义）。论其受三江（嫩江、乌苏哩江黑龙江）之大，则自嫩江以下，始宜称曰混同江（会典图说如此）。因地定称，各有攸属，义符于古，名应其实，则源流不紊，而名号秩然矣。

徐鼐霖：《永吉县志》，李澍田主编：《长白丛书》，长春：吉林文史出版社，1988年，第1—7、196—198页。

《辉南风土调查录》

辉南乃古极北荒漠之地，与中土交涉甚少，故记述略而考求难详。就史册所载，是地在唐虞时属于息慎，《竹书纪年》虞帝舜二十五年，息慎氏来朝，贡弓矢。夏及殷周则名肃慎，亦曰稷慎。两汉及普（晋）为挹娄，北魏为勿吉，隋为安车骨靺鞨，唐初犹仍隋名，后则改称渤海上京。及辽则为女真部落，至金则为上京会宁府，元属海兰府境，明属扈伦国之辉发部落。辉发之祖本姓伊克得哩，黑龙江岸尼马察部人有星古力，自黑龙江载木主迁居放札噜，改姓纳喇，生二子，长留臣，次备臣。备臣生纳灵阿耐宽，五传至旺吉努始服。附近诸部于辉发河边扈尔奇山筑城居之。因名辉发国，今辉发江南岸有辉发城，即其建国地也。旺吉努之孙拜音达哩杀其叔七人，自为贝勒。清初，率属来归，后屡叛，清太祖率兵征之，克其城，诛拜音达哩及其子，国乃灭亡。事在明万历三十五年也。后置鲜围场，为蒐苗狝狩之所。天聪二年十二月，清太宗率诸贝勒出猎东北四百里外三洼地，殪杀五虎，从臣惊服。按其地即今一统河洼之西，距辉发城不远。康熙三十七年十月丁未，清圣祖行围，枪殪二熊，驻跸辉发。乾隆十九年，清高宗东巡，八月丙寅亦驻跸于此。光绪四年，盛京将军岐以鲜围多被流氓垦种，疏请丈放。西距辉发城七十五里设海龙厅，辉发之地属焉。辉发城东南地势辽阔，方数百里。光绪庚子，巨盗杨玉林（即十四阎王）率吉林溃勇三千伪称镇东营，踞杉松岗楼上一带肆行抢掠蹂躏，念余日此十一月事也。未阅月刘永和（即刘弹子）复纠合溃勇土匪三四千由通化县窜入，假名忠义军，纵情掳掠，民不堪命。由是居民远徙，田园荒芜，而为盗贼渊薮矣，海龙鸾远，鞭长莫及。宣统元年，东三省总督徐疏请添设厅治，命名辉南。划辉发城附近八社归厅管辖，疏中有云，查海龙东南与吉省蒙江毗接，森林丛密，从前本系鲜围，间有山田，当光绪四年全行放垦，乃庚子变乱，民居焚掠殆尽。嗣厅升为府，西北设西丰、西安、东平等县，独东南一带犹多伏莽，逃户畏阻不归，拟于距府一百里之大肚川设一直隶厅，以资招抚。查海龙，共三十六社。析其东南八社而以窝集河、一统河①为府厅之界，该厅全境在辉发江之南，拟名曰辉南直隶厅，遴员试办此。辉南设治之实在情形也。部覆照准后，即派试办设治员薛德履会同海龙府孙寿昌履勘地势，以原定大肚川地方局势逼仄，不敷展布，山路崎岖，交通不便。查距府东南九十里之谢家店地方为辉境适中之点，四面山环水抱，其中平坦，西南为赴柳河大路，东北为赴磐石冲衢，正东系蒙江要途，西北通海龙府治，四通八达，人民易于招集，商旅便于往来，地点最优。请将辉南厅治移设谢家店以规久远，呈经东三省总督锡、巡抚程会请照准。宣统二年，由设治员薛德履禀准拨款七千两建筑衙署、监狱，设警局，巡防、捕盗各营。民国元年，颁布地方制度，改厅为县，此辉南。

王瑞之：《辉南风土调查录》，《中国地方志集成·吉林府县志辑4》，南京：凤凰出版社，2006年，第6—7页。

《怀德县志》

历代建置沿革考

今长白山距吉林省城东南六百余里，县境距吉林省城三百余里，以此度县

---

① 一统河：即伊通河。

东北"旧志"中松花江流域自然与风俗史料汇编

境,在虞夏商周四代应属肃慎无疑。秦为辽东障塞以北之要荒(辽之咸平在今铁岭开原境。《元一统志》云,咸平,秦筑障塞以限要荒之地也),汉则玄菟郡北塞外地也(《汉书·地理志》玄菟郡,高勾骊有南苏水,西北经塞外。陈奂《水道图说》谓今昌图府东境赫尔苏河即南苏水,西北流经科尔沁左翼,乃汉塞外地也。即今县西之辽河),后汉扶余国地(《后汉书》在玄菟郡北千里。《三国·魏志》扶余方可二千里。《盛京通志》谓,自开原东北宁古塔、黑龙江等地皆其境也),两晋同南北朝及隋统一天下,属契丹,唐属黑水府,后渤海大氏盛取其地,为扶余府(《盛京通志》自开原县东至吉林皆黄龙府地,即渤海扶余府也。县境尚为其西鄙),辽置信州彰圣军,领武昌、武定二县,《全辽志》云,信州在开原东北三百十里。宋许元宗《奉使行程录》云,自信州九十里至蒲里索董塞,又四十里至黄龙府,计程一百三十里,今农安县为黄龙府故址,县治东北距农安境一百四十余里,西南距开原三百余里。以里数揆之,县境即古之信州地也(《盛京通志》科尔沁左翼东南三百八十余里有故城,土人呼为信州城。今县西秦家屯有故城呼为新筑城,岂其昔之□讹耶?又云信州在铁岭北开原南。《蒙古游牧记》又云信州在凤凰厅,今为凤凰县,距农安县千余里。揆之《行程录》里数,相差甚距),金为咸平路,属上京。

李宴春:《怀德县志》,《中国地方志集成·吉林府县志辑8》,南京:凤凰出版社,2006年,第398页。

《海龙县志》

乌拉建国于乌拉河岸,即松花江上源(在今吉林桦甸界)。辉发建国于辉发河边呼尔奇山(在今辉南西界)。哈达建国于哈达卫城(即今海龙城)。叶赫建国于开原东北威远堡外(即今西丰西安界),与北镇间以东四部相连,界址交错。兹叙明女真攘地之缘起及扈伦四部[①]之毗连、方位之所在。第知海龙城为明之哈达部城无疑也。

王永恩修,王春鹏纂:《海龙县志》,《中国地方志集成·吉林府县志辑6》,南京:凤凰出版社,2006年,第126页。

---

① 扈伦四部:即海西女真,为哈达、乌拉、叶赫和辉发四部的合称。

《德惠县乡土志》

查德惠县原系内蒙（古）郭尔罗斯前旗之牧地。清嘉庆四年，经吉林将军秀林以鲁豫燕冀人稠岁荒，奏请借地养民，遂解汉人出关之禁，供蒙民劳工之役。原订每一人工值给地三十晌，故名曰月字荒。厥后关内汉民接踵而来，随意垦植，人口日增。对于垦植之地，则取得所有权，年向王府纳租。此蒙租之所由来，是为本县开辟之始也。

石绍廉编：《德惠县乡土志》，《中国地方志集成·吉林府县志辑1》，南京：凤凰出版社，2006年，第439—440页。

《长春县志》

长春沿革表

周以往属于肃慎，亦称息慎、稷慎；

两汉属于夫余；

三国同上；

晋，西晋同上，东晋穆帝以后为高句骊北境；

南北朝同东晋；

隋为高丽之扶余城境；

唐，唐初同隋，后属渤海之扶余府；

辽属东京道之龙州黄龙府；

金属上京路之隆州；

元为开元路属境；

明初属三万卫，继为奴尔干都司辖境，中叶以后沦为兀良哈；

清初为郭尔罗斯前旗地，后借地设长春厅，又升为府；

民国为长春县。

论曰：长春地悬东北边外，向为诸夷所据，未尝与中国通。自契丹崛起漠北，广置郡县，而长春编氓，始立衣食租赋之制。历金及元，未之有改。盖驺驺与中原华族有道一风同之势矣。明初，革郡县而设卫。清代复严满汉之禁。直至嘉庆间借地设治，又复郡县之规模。迄今百有余年。户口日蕃，草莱尽辟，以视辽金之盛，犹远过焉，非一朝一夕之故也。考证斯地之沿革，首应阐

东北"旧志"中松花江流域自然与风俗史料汇编

明者盖有数事,一曰挹娄原于肃慎,而其疆域则有一狭一广之分。汉人多指挹娄为肃慎,不知长春在三代以往固属于肃慎,而当两汉之际,则非挹娄之所能包也。二曰北夫余与东扶余之分。今人多以扶余故国为东夫余,而于其极北别立北夫余以当之。此系不知百济有东扶余之名故耳。三曰扶余城、扶余府、黄龙府、开元路皆为一地之异名,而后人于此误解甚多,而于《辽史》迁城于东北之文,尤有迷于方位,逞臆而误之弊。四曰明代兀良哈斥地南至今之柳条边。

金毓黻:《长春县志》,《中国地方志集成·吉林府县志辑1》,南京:凤凰出版社,2006年,第37—38页。

第四章　风俗与文化

一、域内族群

《辽东志》

外郡

挹娄（周时皆贡楛矢石砮，后号秦，汉之盛，不能致也。国在不咸山，北在夫余，东北千里，滨大海，南与沃沮接，北不知其所极地，多山，有五谷，牛马麻布，出赤玉，好貂，无君长，其邑落各有大人主之，土气极寒，为穴居。以深为贵，大家接至九梯，冬以豕膏涂身，以御寒，夏则裸以尺布蔽。前后其人，臭秽圂厕而居，坐则箕踞，以足挟肉，唻之得冻肉，坐其上，令温无盐烧木，作灰灌之取汁，而食俗皆编发将嫁娶。男以毛羽插女头，然后致聘，妇贞而女淫，贵壮而贱老，死者即日野葬，作小椁，杀猪积其上，为死者之粮。性凶悍，父母死不哭泣，哭者谓之不壮。相盗窃无多少，皆杀之，虽野处而不相犯。晋初诣江左贡其石砮，询其故，答曰，每候牛马，向西南卧者三年矣，知有大国所在，故来焉）。

勿吉（在高丽北，一曰靺鞨，邑落各有长，不相总一，其人勤悍，常轻豆莫娄等国，诸国亦患之，去洛阳五千里）。

肃慎氏（东夷强国，有熊黑豹狼，不害人地，卑湿筑土，如堤凿穴以居，开口向上，以梯出入其国，无牛羊，有马猪车，则步推土，多粟麦穄菜，有葵盐生于木上，嚼米为酒，饮之亦醉，婚嫁妇人服布裙，男子衣猪皮裘，头插虎豹尾，俗以溺洗手面，魏延兴中遣乙力支朝献马五百匹，后累代入贡）。

……

濊（亦朝鲜之地，南与辰韩，北与高句丽、沃沮接，东穷大海，西至乐浪。汉元朔中，畔朝鲜率众诣辽东内属，帝以其地为苍海郡，其人性谨，愿少

东北"旧志"中松花江流域自然与风俗史料汇编

嗜欲，衣皆着曲领男子系银花为饰，俗重山川，各有部分同姓不婚，病死即弃旧宅更新居，种麻养蚕，晓星候先知岁丰约，常十月祭天，名曰舞天。又祭虎以为神，乐浪檀弓，出其地。魏正始中，举邑降诣，乐浪、带方二郡朝谒有军征赋，调如中华焉）。

女真（世居混同江，长白山、鸭绿水源，南邻高丽，北接室韦，西界渤海，东北邻五国，其族分六部，有黑水部，即今女真，其水掬之色，征黑目为混同江，俗勇悍善射，能为鹿鸣，以呼群鹿，而射之食生肉饮糜酒醉或杀人，不能辨其父母，以桦皮为屋地，多良马，常至中国贸易，有海东青能擒天鹅，阿保机虑为患，迁女真豪右数千家于辽阳，南谓之合，苏馆女真种类不一，开原迤南，为熟女真，抹江之北，宁江之东，为生女真，又有黄头女真）。

契丹（本东胡种，其先为匈奴所破，保鲜卑山。魏太武时岁贡名马，群狄皆交市于和龙密云间。唐贞观初，契丹率其部内属，赐姓李。天宝中，赐丹书铁券，以宗女妻之，后有大贺氏，分为八部，其部阿保机唐庄宗时自号天皇王，以所居地名为姓，曰世里译者谓之耶律，居上京起西楼，又于东千里起东楼，北三百里起北楼，南木叶山起南楼，往来射猎四楼之间，以幽州为燕京国，号大辽）。

室韦（有五部，后魏末通焉。在靺鞨北路出柳城界，其南为契丹，在北号室韦，南室韦，在契丹北三千里土地，卑湿山多，草木饶禽兽，多蚊纳，人皆巢居，以避其患，乘牛车渡水，束薪为筏，或以皮为舟，马则织草为鞯，结绳为辔，屈木为室，以蘧篨覆上，移则载行以猪皮为席。气候多寒，田收甚薄，无羊少马，多猪牛，婚嫁婿，盗妇去，然后送牛马为聘，妇人不再嫁，以为死妻，难共居部落共为大棚，人死置尸其上，居丧三年，国无铁，取给于高丽，自南室韦北行十一日，至北室韦，分为九部落）。

地豆于①（在室韦，西千余里，多牛羊，出名马，无五谷，惟食肉酪，魏延兴三年，遣使朝贡至太和中贡使不绝）。

库莫奚（鲜卑别种，为慕容皝所破，窜松漠间，俗甚不洁，善射猎，好寇抄，魏道武亲讨至弱水，南大破之，开辽海，置戍和龙，诸夷震惧后稍强，分五部。唐开元中，奚首入朝，封公主以妻之。八年，弟鲁苏立，奚众附突厥，

---

① 地豆于：也作地豆干。

第四章 风俗与文化

鲁苏不能制,奔榆关赵含章讨平之。明年酋李诗部落来降,以其地为归义州,授其酋都督。元和中,入朝拜归诚郡王,赐姓李氏,阴结回鹘、室韦犯西域,振武太和中,复寇边卢龙李载义破之地。多黑羊,马善走登山,逐兽下上如飞。契丹阿保机强盛,奚人苦其苛虐,奚王以别部西徙妫州,依北山射猎,采麝香人参,分为东、西奚,东奚在琵琶川)。

……

夫余国(在玄菟北千里,南与高句丽,东与挹娄,西与鲜卑接,北有弱水,地方二千里。本灭地也,初北夷橐离国王出行,其侍儿见天上有气,大如鸡子,降其怀,因有娠,后遂生男,名曰东明,长而善射,王忌其猛欲杀之,东明走南至掩虒水,以弓击水鱼鳖,皆聚浮水上。东明乘之得渡,因至夫余而王之土,宜五谷出名。马赤玉貂,貂大珠,如酸枣。以员栅为城,有宫室,仓库牢狱以六畜名,官有马加,牛加,狗加,其邑落皆属,诸加有军事,亦祭天杀牛,以蹄占吉凶,行人无昼夜,好歌吟,俗用刑严,急被诛者皆没。其家男女淫皆杀之,复尸于山上,兄死妻嫂死,则有椁无棺,杀人殉葬,多者以百数,其王葬用玉匣,汉时常豫以玉匣付玄菟郡。永初中,夫余王始将步骑寇乐浪,永康中,复寇玄菟,玄菟太守公孙域击破之,汉末公孙度雄张海东,夫余王更属辽东,晋太康六年为慕容廆所袭破)。

高句丽(其先出夫余王,尝得河伯女,闭室内为日所照,引身避之,日影又逐既而有朵,生一卵,大如升。置暖处有一男,破而出,及长字之曰:朱蒙,善射,虽一矢殪,兽甚多。夫余之臣谋杀之,蒙乃走中道遇大水,欲济无梁,追者甚众。蒙曰我是日子河伯外孙,合追兵至如何?于是鱼鳖为之成桥,蒙得渡鱼,鳖遂解。蒙至纥升骨城居焉,号曰高句丽。其地在辽之东千里,南与朝鲜、濊貊,东与沃沮,北与夫余接,地方二千里。汉建武中,灭朝鲜,以高句丽为县,使属玄菟。东晋以后,其王所居平壤城,文帝使拜为上。开府仪同三司袭爵辽东公赐服一袭,余详见《长编》)。

……

渤海(本粟末靺鞨附高丽者,姓大氏,南北皆新罗,东穷海,西初为渤海。唐宝应初,为渤海国,有五京、十五府、六十二州。去长安八千里,后唐时遣使贡方物。周显德中,渤海乌思罗等,归化后隔绝不通,宋太平与国中其酋帅大鸾河率部族来降,宋以鸾河为渤海都指挥使,赐乌舍城,浮渝城,渤海

223

东北"旧志"中松花江流域自然与风俗史料汇编

琰府)。

……

建州(东濒松花江,风土稍类,开原江上,有河曰稳秃。深山多产松木,国朝征奴儿干于此。造船乘流至海西,装载赏赉浮江而下,直抵其地,有敕令兀者,卫都指挥琐胜哥督守)。

生女直(温脑江上,自海西下,自黑龙江谓之生女直,受辖于野人,事耕种,言语居处与建州类,每聚会,人持烧酒一鱼胞,俗名阿剌吉席地而坐,歌饮竟日,少有忿,戾则弯弓相射,江口有石,名木化石,坚利可锉矢镞,土人宝之)。

夫辽之形势,西接朵颜等卫,北逼女真诸夷,东邻朝鲜等国,阻山带海,势亦重矣。其间夷之种类不一,环居而杂处者,有曰建州、曰毛怜、曰海西者,自汤站抵开原,此其处也,皆有室庐居止之第,而强则建州为最焉。自宁前抵喜峰,近宣府曰朵颜,自锦义历广宁至辽河曰泰宁,曰(曰:自),黄泥洼逾沈阳,铁岭至开原,曰福余,皆逐水草无恒居,部落以千计。而强则朵颜为最焉,又有近松花江者,曰山寨。夷近黑龙江者,曰江夷,此辈,亦有室庐居止。而江夷又其最者焉。然夷种固不一,而夷性亦顿殊,间有喜偷盗者,虽时或出入抄掠无常,但不过小有所窃而已,非他西北猖獗者可拟也。矧今沿边之守,有营堡墩台之建,有巡探按伏之防,有将领以总其权,有副参,以分其任,调发者之有游兵,分防者之有备御,严守之道,亦可谓周且备矣。又马市羁縻而有贸易之通入贡,抚驭而有赏赉之给,又且施之以恩绥之,以义结之,以信畏之,以威纵有所肆逞者,因而制之,殆亦无足患者矣。虽然虏固无大患也,然司兵者,苟视以为常而,怠心生袭以为故,而无所豫,又安保其无他虞也哉。故当知地方之为最者,如锦义之达宁,前夷虏之为最者,如建州江夷之类,于此严防,庶不失缓急轻重之宜,故愚又以为主之者,在于得人也。

任洛等纂修:《辽东志》,刘立强、刘海洋:《中国东北边疆历史文献丛书》,北京:科学出版社,2016 年,第 374—379、389 页。

《全辽志》

辽之为言,辽绝也。以弹丸黑子之地控引诸胡,非中华全盛之时力不能有,况羁縻异类乎?国初征讨不庭,威行沙幕,故荒服之外皆奉正朔、称臣

224

第四章 风俗与文化

妾。小者，得列署而爵秩之；大者，得宣命而君长之。盖亦开辟以来不两见者。今虽不复尽然，而其国号名爵犹班班可考。余故志之，以表国家一统之盛，且令谈边者据图揣势，毋缓辽焉。

朝鲜（在辽东东南。昔武王封殷太师箕子于其地。箕子以商人五十从之，教民以礼义田蚕，又制八条之教。其人不盗，门户不闭，妇人贞信，饮食以笾豆。其后三十六世，朝鲜准，亦僭称王。燕稍略得其地，秦灭燕，属辽东外徼。汉兴，为远难守，复修辽东故塞，至浿水为界。燕王卢绾反入匈奴。燕人卫满亡命东走，渡浿水，役属真蕃、朝鲜蛮夷及燕、齐亡者，击走朝鲜王准，王朝鲜，都王险，方数千里。传子，至孙右渠。初，辽东太守约满：保塞外蛮夷，勿使盗边；蛮夷君长欲入见天子，勿得禁止。右渠所诱汉亡人滋多，又未尝入见；真蕃、辰国欲上书见天子，又壅阏不通。武帝元封二年，遣楼船将军杨仆从齐浮海，左将军荀彘出辽东征之。右渠城守，数月不下。天子使故济南太守公孙遂往征之。彘与遂谋，诱执杨仆，并军急击朝鲜。相韩陶、路人、将王唊先降。次年相尼溪、相参杀右渠降。城未下，右渠大臣成已又反。左将军使右渠子及路人子告谕其民，诛成已。遂定为真蕃、临屯、乐浪、玄菟四郡，置太守。以高句丽为县，属之。昭帝并为乐浪、玄菟二郡。汉末为公孙度所据，传至孙渊，魏灭之。晋永嘉末，陷入高丽。高丽本扶余别种，其王高连居平壤城，即乐浪郡地。唐征高丽，拔平壤，置安东都护府。其国东徙，在鸭绿水东南千余里。五代唐时，王建伐高丽，辟地益广，并古新罗、百济而为一，迁都松乐，以平壤为西京。其后子孙遣使朝贡，于宋亦朝贡辽金，历四百余年未始易姓。元至元中，西京内属，置东宁路总管府，画慈悲岭为界。本朝洪武二年，其主王颛奉表称贺。诏封高丽王。二十五年，主瑶昏迷，众推门下侍郎李成桂主国事。诏从之。成桂更名旦，徙居汉城，请改国号。诏更号朝鲜。四世弘昑幼弱，其叔瑈以让位请。景泰七年，封瑈为王。自是以来，岁时贡献不绝，最为礼义之邦。其国置八道，犹中国之有布政司也。其国人喜学，至穷里厮家亦相矜勉。衢侧悉构岩屋，号局堂，子弟未婚者曹处诵经习射。其取士之法，亦以子午卯酉之年开科会试，不连登者仍治生员举业。其风俗，每岁季秋，王燕八十之老于殿，妃燕八十之妇于宫。使用禁金银，贸易以粟布。五金所产，惟铜最多。国尚红，独王用之。凡百家，筑高墙以隔风火。宣德间，许以易买书籍药材。天顺间，许以绮罗彩段。成化十二年，挟助天兵征剿建州。

东北"旧志"中松花江流域自然与风俗史料汇编

每岁终,使臣回,许买牛角弓面一百副,遂为常。十六年,请改贡道。朝议以为,由辽阳经广宁过前屯而后入山海关,迂回三四大镇,自有微意。自鸭绿江抵前屯、山海,路太径,恐贻后日忧。遂不从其请)。

……

高句丽(在辽东之东,其先出夫余。王得河伯女,闭室内,为日所照,有孕,生一卵。其母以物裹置暖处,有一男破卵而出。及长,字之曰朱蒙,善射。夫余之臣谋杀之,朱蒙东南走遇大水,无渠,鱼鳖为之成桥。朱蒙度至纥升骨城,居焉,号曰高句丽。因以高为氏。汉武帝元封四年灭朝鲜,置玄菟郡,以高句丽为县属之。东晋以后,其王居平壤城。历慕容宝、盛、熙三世,遂据有辽东之地。隋文帝初,王汤遣使诣阙进贡。授大将军,改封高丽王。朝贡不绝。炀帝征王元不至,伐之,未服。唐初,封王建武为辽东王。太宗时,东部大人盖苏文弑建武,立其弟子藏。仍册为王。新罗遣使言,百济与高丽连兵,谋绝新罗入贡之路。以张亮、李世勣等伐之,克辽东城。高宗永徽六年,高丽与百济、靺鞨连兵侵新罗,遣程名振、苏定方伐之。定方破高丽于浿水,围平壤未下。百济平后,庞同善、李世勣、郝处俊、薛仁贵等复伐高丽。王藏、泉男产降,擒男建。高丽悉平,分为五部、百七十六城、九万余户为九都督府、四十二州、百县。置安东都护府于平壤以统之。擢其酋帅有功者为都督、刺史、县令,与华人参理。以薛仁贵检校安东都护,总管兵二万人,以镇抚之。二年四月,敕徙高丽三万八千三百户于江淮之间及山南、京西诸州空旷之地,留贫弱者守安东。仪凤三年,以高藏为朝鲜王,安辑高丽。藏至辽东谋畔,召还,徙邛州而死。高氏遂亡。旧城没于新罗,余散入靺鞨。其别种大祚荣徙居营州,阻险自固。武后使将军李楷固讨破之。祚荣东据东牟山,高丽靺鞨之人稍归之。方二千里,户十余万,胜兵万数,附于突厥。是后上建为王,又得朝鲜与为一)。

乌桓(本东胡也。汉初,匈奴冒顿灭其国,余类保乌桓山,因以为号焉。俗善骑射,随水草放牧。以穹庐为舍,东开向日。食肉饮酪,贵少而贱老。其性悍塞,怒则杀父兄,而终不害其母。以母有族类,父兄无相仇报故也。有勇健能理决斗讼者,推为大人。大人有所呼召,刻木为信,部众不敢违犯。姓氏无常,以大人健者名字为之。其嫁娶,则先略女通情,或半岁百日,然后送牛马羊畜以为聘币。妇人能刺韦作文绣、织氀毲。男子能作弓矢鞍勒。俗贵兵

第四章 风俗与文化

其约法，违大人言者罪至死，自杀其父兄则无罪。自为冒顿所破，众遂孤弱，臣伏匈奴。汉武帝遣骠骑将军霍去病击匈奴左地。因徙乌桓于上谷、渔阳、右北平、辽东五郡塞外，为汉伺察匈奴动静，大人岁一朝见。宣帝时，辽西之地寝为乌桓所据。灵帝初，乌桓大人，上谷有难楼者九千余落，辽西有丘力居者众五千余落，皆自称王。又，辽东苏仆延，众千余落，自称峭王。右北平乌延，众八百余落，自称汉鲁王。并勇健而多计策。献帝初平中，丘力居死，从子蹋顿有武略，代之，总摄三郡。建安初，冀州牧袁绍与前将军公孙瓒相持不决。蹋顿遣使诣绍，求和亲，遂遣兵助绍击瓒，破之。绍矫制赐蹋顿单于印绶。建安中，曹操自征乌桓，大破蹋顿于柳城。其余众万余落悉徙居中国，其遗种在故地者为鲜卑所并）。

鲜卑（本东胡之支也，依鲜卑山，因号焉。其言语习俗与乌桓同。唯婚姻，先髡头，以季春月大会饶乐水上，然后配合。禽兽异于中国者，有野马、原羊、角端以牛角为弓，俗谓之角端弓者。又有貂、豽、鼲子，皮毛柔软，天下以为名裘。汉初为冒顿所破，远窜辽东塞外，未通中国。建武中，鲜卑与匈奴入辽东。辽东太守祭肜击破之，斩获殆尽。由是震怖，复请祭肜，求自效功。因令击北匈奴。斩头二千余级。连岁出兵击北房，还辄持首级诣辽东受赏赐。于是鲜卑大人皆来归附。永建中，耿夔击破匈奴，单于逃走。鲜卑因此转徙据其地。匈奴余种留者尚有十余万落，皆自号鲜卑。鲜卑由此渐盛。邑落百二十部，各遣入质。永宁元年，鲜卑大人其至鞬降，封为率众侯。至鞬复叛，屡寇辽东。乌桓校尉耿晔发缘边诸郡兵出塞击之，斩首数百，大获其生口牛马什物。鲜卑乃率种众三万人诣辽东乞降。其至鞬死，鲜卑抄盗差稀。复有檀石槐者，部落畏服，遂推大人。乃立庭于弹汗山歠仇水，去高柳三百余里。兵马甚盛，数为汉患。石槐死后衰微，为轲比能所灭。比能本小种鲜卑，以勇健不贪众推为大人。部落近塞。青龙二年，魏卫州刺史王雄遣勇士刺杀比能，立其弟。其后诸子争立，众散。魏初，诸部大人有莫护跋者，始自塞外，率其诸部入居辽西棘城之北，号慕容部。至孙涉归，迁辽东之北，附中国。涉归之子廆，先为寇，后降，以为鲜卑都督。元康初，东夷归廆者甚众。廆卒，皝嗣，尽有辽东之地。屡伐高丽，大败其众。又袭虏夫余王以归。皝卒，子隽嗣，称帝。使慕容垂为平州刺史，镇辽东。隽卒，子㬲立，忌垂。垂奔秦。秦遣王猛伐燕，遂入邺执㬲。辽东之地，悉入于秦。苻坚肥水之败，垂乘衅背坚，举兵

东北"旧志"中松花江流域自然与风俗史料汇编

兴复，尽有故地。其后将军徐岩叛据令支，高丽因袭取辽东二郡。垂卒。历宝、盛、熙三世，篡弑相仍，国内纷乱，高丽遂据有其地。盛虽尝攻新城、南苏，拓境七百余里，终熙之世，辽东莫能克。魏永和九年，拓跋珪既破，慕容弘徙辽东民于幽州，慕容崇亦以辽西降魏。自此，辽东悉归于魏。复攻白狼城，弘奔高丽。高丽王琏杀弘。自是高丽始大）。

兀良哈（此东胡之种，居辽西郡北境。汉为奚酋所据。东汉征败之，走匿松漠间。后魏之先，复居故地，为库莫奚，契丹别部小者。号曰蒙古，又曰鞑靼。有字端察儿者，为鞑靼部长子孙，分部曰去押者，居于乌桓之地，与畏罗、乃蛮、九姓、回鹘故城和林接壤。奉贡于辽金而隶属于蒙古。九世孙也速该攻塔塔部，获其长铁木真。次于盘陀山而生子，因名曰铁木真，取其志武功也。至忽必烈灭金而有天下，立官属府卫，遂号蒙古。为散卫鞑靼，以其不同乎种也。本朝洪武二十二年征败北胡，来降者众。诏以兀良哈之地，自全宁抵喜峰近宣府置朵颜卫，自锦义历广宁至辽河置泰宁卫，自黄泥洼逾沈阳铁岭至开原置福余卫，为东北外藩。命其长为指挥使、指挥同知，各领其部。然古有扶余国，在玄菟北千里，今以福余名者，或是其遗种，不可晓也。永乐初，弃大宁城与之。今其地密迩京师，朝贡不绝。景泰初，为虏所驱，窜名虏中。以之来贡，我所以待之者比常例加优，乃愤然谓我畏强而慢弱。此亦狡矣！其俗无常居，制邀乐车，趁水草而住牧。男子悉髡头带皮壳帽，女人打缉垂戴桦皮筒。衣皮而不布帛，茹肉而不菽粟。无宫室之居，无彝伦之理。兄亡弟纳其嫂，弟死兄赘其室。喜战斗，好围猎。不树五谷，不种蔬菜，渴则取马牛羊之乳而饮之。常营辽河两岸，窥我中原虚实，乘间入寇。其地不毛，无所产也，惟皮张鱼鲜而已。福余、泰宁二卫鞑靼，在开原迤西古城堡境外，住牧旧开原一带地方，到古城八九十里，至开原一百十余里。若移营在辽阳迤西长勇、长安二堡境外，顺辽河林泊住牧，辽阳该营迤西沿边墩堡无马市，止许乞讨盐米，各堡抚待。其二卫鞑靼，时或在开原迤西古城、庆云、定远、铁岭地方曾迟、泛河地方宋家泊、懿路地方丁字泊鼠窃狗偷，将家小生畜送在辽阳西北境外辽滨塔河泊住札，离边墙九十里，若在辽阳迤西边堡，蒲河十方寺堡，沈阳上榆林、平房、靖远、长营、长勇、长胜、长安、长宁、长静、海州东胜、东昌、西宁、西平、西兴；时或为患，将家小生畜送在开原迤西境外旧开原住牧。此鞑靼原与朵颜卫鞑靼一种，分别三部，我成祖文皇帝定为朵颜等三卫，

228

俗号散卫。在山海关迤西建昌地方喜峰口朝贡。后因朵颜鞑靼强胜，将福余、泰宁二卫鞑靼以广宁为界，不容往来住牧，所以止在辽阳、开原二处地方边堡为患。朵颜鞑靼专在宁远迤西境外虹螺山旧大宁城一带住牧，北至广宁迤西细河堡三百余里，至广宁城三百四十余里，东至锦州大兴堡三十余里，至锦州城九十里，南至宁远迤西仙灵寺等堡九十里，至宁远城一百二十里，西至前屯迤北瑞昌等堡二百余里，至前屯城二百二十里。此一种鞑靼，富强者朝京，不乞计部内；贫穷者专结构鼠窃广宁地方镇宁、镇远、镇静、镇夷、镇边、镇武、镇安等七堡，义州地方大清、大宁、大平、大康、大安、大定等六堡，锦州地方大茂、大盛、大镇、大福、大兴等五堡，宁远地方椴木卫松山堡、长岭山堡、灰山堡、寨儿山堡、白塔山堡、兴水县堡、小团山堡、仙灵寺堡，前屯地方锦川营、新兴堡、高台堡、瑞昌堡，平川营，三山营永安堡。按，山海关界迤西不属辽东地方，其诸夷种类不详)。

库莫奚(鲜卑别种，为慕容皝所破，窜松漠间。俗甚不洁，善射猎，好寇掠。魏道武亲讨，至弱水南大破之。开辽海，置戍和龙，诸夷震惧。后稍强，分五部。唐开元中，奚首入朝，封公主以妻之。八年，弟鲁苏立。奚众附突厥，鲁苏不能制，奔榆关。赵含章讨平之。明年，酋李诗帅部落来降。以其地为归义州，授其酋都督。元和中入朝，拜归诚郡王，赐姓李氏。阴结回鹘、室韦犯西城、振武。太和中，复寇边。卢龙李戴义破之。地多黑羊，马善走，登山逐兽，下上如飞。契丹阿保机强盛，奚人苦其苛虐。奚王以别部西徙妫州，依北山射猎，采麝香、人参，分为东西奚。东奚在琵琶川。辽太祖五年征西奚，所向辄下，分兵讨东部，亦平之，于是尽有奚霫之地)。

……

乌洛候(后魏通焉，在地豆于北。其土下湿多雾，穿地为室，多豕，有谷麦。无大君长。俗绳发，衣以珠为饰。无寇盗，好猎。乐有胡空侯，木槽革面，九弦。西北有貌水，东流合于难水，东入海。西北二十日行于已尼夫水，所谓北海也)。

……

东沃沮(在高句丽之东。东滨海；北与挹娄、夫余，南与濊貊接。邑落各有长帅。其地东西狭，南北长，方千里，土肥美宜谷。善田种，言语、饮食、居处、衣服有似句丽。其葬作大木椁，长十余丈，开一头为户，死者先假埋

东北"旧志"中松花江流域自然与风俗史料汇编

之,令皮肉尽乃取骨置椁中。家人皆共一椁,刻木如主,随死者为数焉。武帝灭朝鲜,以沃沮地为玄菟郡。后为夷貊所侵,徙郡于高句丽而北,更以沃沮为县,属乐浪东部都尉。光武罢都尉官,封其渠帅为沃沮侯。其土迫小,介于大国,遂臣属句丽。句丽置其中大人为使者,以相监领,责其租税、貂布、鱼盐、海中食物,发美女为婢妾云)。

……

女直(其先出于勿吉,世居混同江、长白山、鸭绿水源。南邻高丽,北接室韦,西界渤海,东北邻五国。其族分六部。有黑水部,其水掬之色微黑,目为混同江。俗勇悍善射,能为鹿鸣,以呼诱群鹿而杀之。食生肉,饮糜酒,醉或杀人。不能辨其父母。以桦皮为屋。地多良马。常至中国贸易。有海东青,能擒天鹅。阿保机虑为患,迁女真豪右数千家于辽阳南,谓之合苏馆。由是,黑水部民在南者系籍于辽,号熟女真。已而避兴宗讳,改为女直。后金主出自生女直部,系五国种类。元灭金,置合兰府水达达等路军民万户府五,分领混同江南北之民。一曰桃温,一曰胡里改,一曰干朵怜,一曰脱斡怜,一曰孛苦江。按地域,此当为胡里改也。永乐二年,女直野人头目来,分其地为建州、左、右三卫,封其酋为都督、都指挥、指挥、千百户、镇抚等官,赐印及诰。俾仍旧俗,各统其属,以时朝贡。自后每年十月内朝京。由深山稠林到辽阳迤东关口抚顺城一百里,至辽阳城三百八十里)。

渤海(本粟末靺鞨附高丽者,姓大氏。高丽灭,率众保挹娄之东牟山,地直营州东二千里,南北皆新罗,东穷海,西契丹,筑城郭以居。高丽逋残,稍归之。武后时,乞乞仲象东走,度辽水,保太白山之东北,阻奥娄河,树壁自固。子祚荣强盛,得辽东地,西交突厥,东得扶余、沃沮、弁韩、朝鲜海北诸国。中宗拜为渤海郡王。后世渐盛,有五京、十六府、六十二州。五代时为契丹所并,余种仍栖故地。周显德中,渤海乌思罗等归化。宋太平兴国中,其酋大鸾河率部族降,以为渤河都指挥使,赐乌舍城浮渝府渤海琰府。辽太祖建国,攻渤海,拔胡汉城,俘其王,以为东丹王国,立太子突欲为人皇王以主之。置州县,金因之,元亦属合兰府水达达等路。我朝永乐十年因其归附,分建为毛怜卫。当是其朵怜、斡怜之类也。其建官分印,与建州同)。

黑水靺鞨(居肃慎地,亦曰挹娄,元魏时曰勿吉。东濒海,西属突厥,南高丽,北室韦。离为数十部,各自治。曰粟末部,曰泊咄部,曰安居骨部,曰

第四章　风俗与文化

拂涅部，曰黑水部，曰白山部。白山本臣高丽，王师取平壤，众多入唐。泊咄、安居骨等皆奔散无闻，遗人并入渤海。惟黑水完，以南北称。盖其居最北方者也。人劲健，善步战。俗编发，缀野豕牙，插雉尾为冠。性忍悍，善射猎，无忧戚，贵壮贱老。居无室庐，负山水坎地，梁木其上，覆以土，如丘冢然。夏出随水草，冬入处。以溺盥面，于夷狄最浊秽。死者埋之，无棺椁，杀所乘马以祭。无书契。其矢石镞，长二寸，盖楛砮遗法。畜多豕，无牛羊，田耦以耕，车则步推。有粟麦，土多貂鼠、白兔、白鹰。有盐水，气蒸薄，盐凝树颠。唐初，其长阿固郎始来朝，以其地为燕州，置黑水府，以部长为都督，赐姓名曰李献诚。其后渤海盛，靺鞨皆役属之。渤海浸弱，为契丹所攻，黑水复擅其地。西北与契丹接壤，即金鼻祖之部落也。阿骨打既灭辽，迁都于燕，改为会宁府。金末，其将蒲鲜万奴据辽东。元初出师伐之，生擒万奴。师至开元恤品，东土悉平。开元之名始见于此。我朝永乐二年，头目来朝，置海西卫云，其设官给印与他卫同。每年十月内朝京。由山林到开原迤东关口靖安堡一百三十里，至开原城一百八十里）。

生女真（黑水部民在南者，系籍于辽，号熟女真；在北者，不籍于辽，号生女真。即今之黑龙江夷人也。其地有混同江、长白山。混同江在开原境外一千五百里，源出长白山，旧名粟末河，粟末靺鞨居此，俗呼宋瓦江。北流经金故会宁府下，达五国城，东入于海。长白山在故会宁府南六十里，横亘千里，高二百里。其岭有潭，周八十里。南流为鸭绿江，北流为混同江，东流为野若河。黑水者，即黑龙江也。在开原城北二千一百里，流出北山，南流入松花江。自海西下至黑龙江，谓之生女真，受辖于野人。事耕种，言语居处与建州类。每聚会，持烧酒一鱼胞，俗名阿剌吉，席地而坐，歌饮竟日。少有忿戾，则弯弓相射。江口射石，名木化石，坚利可锉矢镞，土人宝之。金灭辽，即上京设都，海陵改为会宁府，元乙未岁立开元、南京三万户府治黄龙府。今黑龙江诸夷亦由山林江河到开原迤北关口镇北堡二千八百里，至开原城二千八百九十里）。

肃慎氏（东夷强国。有熊罴豹狼，不害人。地卑湿，筑土如堤，凿空以居，开口向上，以梯出入。其国无牛羊，有马猪，车则步推，土多粟麦穄，菜有葵，盐生于木上。嚼米为酒，饮之亦醉。婚嫁，妇人服布裙，男子衣猪皮裘，头插虎豹尾。俗以溺洗手面。魏延兴中，遣已力支[①]朝，献马五百匹，后累代入贡）。

---

① 已力支：即乙力支。

231

东北"旧志"中松花江流域自然与风俗史料汇编

李辅纂修：《全辽志》，刘立强、韩钢、刘海洋主编，韩钢点校：《中国东北边疆历史文献丛书》，北京：科学出版社，2016年，第541—552页。

《开原县志》

种族

汉族

汉族之名始于西汉时，武帝用兵四裔，扩张领土，故人皆以汉称中国，而并称中国之种族为汉族，实与蒙古族为二种。西人称为蒙古利亚族，非是。盖因元太祖为蒙古族，兵力尝达欧洲，故混称之也。爰取历代种族有关于开原之汉族者，分列于下：

甲 乌桓

中国东北方之民族。在春秋时代为北狄，后又分乌桓、鲜卑，为东胡其杂居中国者。在战国末年已完全同化于汉族，开原之地当时尚未列中国版图，为乌桓占领，与鲜卑同役属于匈奴。秦始皇逐匈奴，以其地置辽东郡。汉武帝时，骠骑大将军霍去病攻匈奴东部，乌桓请降。朝廷徙之于上谷、辽东、辽西各地。辽东即今奉天辽沈道。东部开原当在其部中。当时开原之居民，汉族尚稀，徙乌桓而居之。

乙 鲜卑

东汉桓帝时，鲜卑大人檀石槐南抄中国之沿边东却，吉林西境之夫余，当时开原在夫余境内。三国时代中国内部分裂，汉族互讧，无暇注意外族，鲜卑种族各部落乘势潜滋。晋虽统一中国，集权中央而对外族之抵抗力骤弱，当时开原为慕容氏所据。至愍帝时，后魏主拓跋郁律氏立，英武善用兵，东兼勿吉以西，即今吉林黑龙江以西之地，开原亦在其范围中，居民种族仍以鲜卑为盛，盖拓跋氏亦鲜卑种也。循至南北朝，与汉族争雄，寻改拓拔为元氏，历代多英主，最崇拜中国文化，兼用汉族人，提倡不遗余力自贵族起，首先同化于汉族。于是鲜卑民族全体从风而靡，文化程度骤然发达。

丙 契丹

南北朝之初，鲜卑别种曰契丹者，占内蒙古东部一带地。唐中叶后，拓地渐广。唐末，其大人耶律阿保机征伐四邻，东向击降渤海国，即今朝鲜及满洲境（开原在内），曾于境内置密云县，徙所俘密云之民居之，后改名庆云县（即今城西庆云堡）。境内汉族日臻繁盛，至太宗耶律德光，改国号曰辽，以其种族所居,皆辽河流域也。至世宗耶律兀欲立,慕中华风俗,多用晋臣,国人不附而弑之,实足为同化汉族之阻碍也。

丁 女真

女真之先出靺鞨,靺鞨本号勿吉,居古肃慎地(开原为其所属),隋时统称靺鞨,后建国号曰渤海。五代时,契丹尽取渤海地,遂附契丹,居混同江滨。在江南岸者号曰熟女真,金始祖涵普初从高丽来居完颜部,因以为氏。至阿古打时败辽称帝,以金之色白,不变不坏,完颜部亦色白,故称国号曰金。尝以兀术伐宋,下令禁民汉服,又令髡发遵金俗,可知当时金属各地汉族最多也。明时满洲日强,开原与满州仅隔边塞,防御尤严。王之诰《全辽志》叙谓边鄙瓯越之地,华夷杂糅之民,迫进胡俗易动难安者是也,故先后设三万卫、辽海卫所于城内,而分设各关堡于城外。招徕日众,户族日繁,虽屡经兵燹而地多沃壤。居民利其利,无所迁移。汉族仍不减少,清帝入关,满族驻防之兵又均化为土著,一切言语礼俗渐与汉族相混合。

……

蒙古族

蒙古族人,唐时曰蒙兀、金时曰蒙辅,自元太祖铁木真崛起漠北,征服各部,拓地最广,跨有欧亚二洲地,广建宗藩。世祖忽必烈入主中华,间用汉人以兴文化。

……

按:以上所举推之开原,为乌桓、鲜俾、契丹及女真、蒙古杂居地,历代残杀蹂躏,民生屡受其毒。自元清两代,乌桓、鲜俾、契丹等族渐化为满、蒙二族之分子,而满、蒙二族又渐化为汉族之新分子,于是逐渐腐旧之汉族,经各族侵扰之余,未为他族所化,且于本族内加入许多新分子焉。血统虽云混合而民智益开通。此后文治武功更当蒸蒸日上,非复汉时之旧观矣。

《开原县志》,《中国地方志集成·辽宁府县志辑12》,南京:凤凰出版社,2006年,第272—273页。

《卜魁纪略》

混同江以东,有喜鲁林山,山在江之南,为奇勒尔、赫哲人等所居。江岸之北有库鲁河、奇穆尼河。库鲁以西、奇穆尼以东,亦奇勒尔、赫哲人等所居。又东有阿克忒里山，又东北为费雅喀人等所居。混同江口有看丹河，会江入海。隔海有岛，为费雅喀人等、库叶人等、鄂伦春人等所居。皆岁应贡貂，而布特哈人为最著。布特哈，华言虞猎也。其人世以猎貂为事，户出一丁，以竿量身，足五尺者，岁纳一貂，貂皮上各书打牲人名。貂分三等，记以绌签，黄者雅法哈鄂伦春，红者摩凌阿鄂伦春，绿者索伦、达呼尔物也。该处总管册报皮张齐备，将军、副都统于公署视匠挑取等第，派员驰进。抵京后，户部、内务府会同察核。鄂伦春不食粮饷者，所进貂皮入选，视其等第，分别赏赉，贡余貂皮，准其自售。

英和：《卜魁纪略》，姜维公、刘立强：《中国边疆研究文库·初编·东北边疆》第八卷，哈尔滨：黑龙江教育出版社，2014年，第226—227页。

《吉林外记》卷八

黑津

黑津名目不一，珲春东南滨临南海一带者，谓之恰喀尔；三姓城东北三千余里，松花江下游齐集以上，至乌苏哩江东西两岸者，谓之赫哲；齐集以下至东北海岛者，谓之费惟喀。又东南谓之库叶。

萨英额：《吉林外记》，姜维公，刘立强主编：《中国边疆研究文库·初编·东北边疆》第十卷，哈尔滨：黑龙江教育出版社，2014年，第115页。

《双阳县乡土志》

种族

汉族居全户口十分之六多，系由山东、直隶、奉天三省迁徙之民，满汉分三类，一旗丁系正满族，二站丁、三台丁均系后入旗者，三类约居全户口十分之三，回族居县城附近及大小营子等处，约居全户口十分之一。

吉人：《双阳县乡土志》，《中国地方志集成·吉林府县志辑1》，南京：凤凰出版社，2006年，第519页。

《扶余县志》

县内种族，虽不甚复杂，但各有特征。

张其军：《扶余县志》，《中国地方志集成·吉林府县志辑10》，南京：凤凰出版社，2006年，第449页。

第四章 风俗与文化

《农安县志》

肃慎

夏则巢居，冬则穴处，无井灶，作瓦鬲，受四五升以食，坐则箕踞，以足挟肉而啖之。俗皆编发，以布作襜径尺余，以蔽前后，将嫁娶，男以毛羽插女头，和则持归，然后致礼聘之。妇贞而女淫，贵少而贱老，死者其日即葬之于野，交木作小棺，杀猪积其上，以为死者之粮。性凶悍，以无忧哀相尚。父母死，男子不哭泣，哭者谓之不壮。相盗窃，无多少皆杀之。故虽野处而不相犯。

夫余

以员栅为城，有宫室，饮食用俎豆，以腊月祭天大会，连日饮酒歌舞，名曰迎鼓。行人无昼夜好歌吟，声音不绝。兄死、妻嫂死则有椁无棺。杀人殉葬，多者以百数。

高句丽

其俗节于饮食而好修宫室。言语法则与夫余同，盖其别种也。跪拜曳一脚，行步皆走。其俗淫，皆洁净自熹，暮夜男女群聚为倡乐。好祠鬼神、社稷、零星，以十月祭天大会，名曰赛盟。其国东有大穴，号隧神，亦以十月迎而祭之。其婚嫁皆就妇家生子长大，然后将还，便稍营送终之，具金银财币尽于厚葬，积石为封，亦种松柏。

渤海

俗所贵者曰太白山之兔①、南海之昆布、栅城之鼓、扶余之鹿、郑颉之豕、率宾之马、显州之布、沃州之绵、龙州之绸、信城之铁、卢城之稻、湄沱湖之鲫。果有九都之李、乐浪之梨。余俗与高丽、契丹略等。妇人皆悍妒，大氏与他姓相结为十姊妹，迭次察其夫，不容侧室及他游。闻则必谋置毒死其所爱。一夫有所犯而妻不知觉者，九人则群聚而诟之，争以嫉忌相夸。故契丹、女贞诸国皆有女倡，而其良人皆有小妇侍婢，唯渤海无之。

契丹

黄龙府为契丹东寨，当契丹强盛时，虏获异国人则迁徙杂处于此。南有渤海，北有铁离、吐浑，东南有高丽、靺鞨，东有女真、室韦，东北有乌舍，西北有契丹、回纥、党项，西南有奚，故此地杂诸国风俗，凡聚会处诸国人言语

---

① 兔：也作"菟"。

235

东北"旧志"中松花江流域自然与风俗史料汇编

不能通晓,则各为汉语以证,方能辨之。

女真

胡俗旧无仪法,君民同川而浴,肩相摩于道。民虽杀鸡,亦召其君同食,炙股烹脯,以余肉和蘩菜捣臼中,糜烂而进,率以为常。俗好衣白,辫发垂肩,与契丹异,垂金环,留颅后发,系以色丝,富人用珠金饰妇人,辫发盘髻,亦无冠。自灭辽侵宋,渐有文饰。妇人或裹逍遥巾,或裹头巾,随其所好。至于衣服,尚如旧俗。

郑世纯修,朱衣点纂:《农安县志》,《中国地方志集成·吉林府县志辑2》,南京:凤凰出版社,2006年,第256—257页。

《长春县志》

汉族 当明清过渡之际,八旗子弟多从龙入关,满洲故地反行空虚。清既宰制中夏,不务移民实边,囿于保存根据地之谬见,励行封锁主义,弗许汉人侵入居住。惟对于谪流满洲罪人届期不归者,由政府给与田地,降为军丁驿夫者,实繁有徒。继而燕鲁穷氓,闻风踵至,斩荆披棘,从事耕耘,逐渐逾辽河以东,寄居吉林西南各地(今之长春、伊通、农安)。迨乾嘉之交,移民已达六千户,租借蒙旗土地不下三十六万五千亩。清政府见势难阻遏,许为土著,编入户口。嘉庆五年,设长春厅于郭尔罗斯前旗以治理之。然对于后之迁徙者,仍行严禁如故也。嗣以洪杨之乱,中土骚然,清政府东顾不遑,禁制稍懈。而东北部之物产富饶,风传遐迩,当时燕晋鲁豫之人络绎东迁,侵入以前封锁地带,实为汉人移住渐盛时期。光绪四年,吉林将军铭安建整顿满洲之策:一增设行政区域;二军政操于满人,汉人立于民政管辖之下;三提倡保甲团练,防止盗匪;四奖励士子,晓谕良民,教育子弟;五稽查汉人占有土地,征收赋税,振理财源;六官有土地给与民间,无论汉人满人均得沐其恩典;七取消禁止汉人妇女逾越长城之法律;八淘汰昏庸官吏。清政府悉依之。由是,商安于市,农忭于野,地利尽辟,日臻繁荣,实为满洲殖民史上开一新纪元也。长邑住民大部为汉族,来自燕鲁晋豫诸省,业农者十之五,业商者十之三,余则各业皆有之。久则殊方同化,俨成土著。自兹以往,莫能溯其源流矣。

蒙古族 蒙古一族,《旧唐书·室韦传》称:室韦部落至众,有蒙瓦室韦者,北倚望建河(即黑龙江)。蒙瓦,一作蒙兀,后作蒙古;然蒙古人又常自称为鞑靼。鞑靼与室韦之来源，颇有异同。《魏书》论室韦云：室韦盖鞑靼之一类，在南者为契丹，在北者为室韦，其语与奚、契丹同。《新唐书》则谓属于肃慎族，即属于北戎族，而为通古斯族一种。又考《元秘史》所述蒙古之起源，颇与《北史》所纪突厥起源相似。而鞑靼之部族，初起于阴山，更与突厥相近。其后北徙，始与室韦接近。因是断定蒙古人为突厥与北戎混合种（近人谓蒙古世系：十传至蒙儿只吉歹蔑儿于其妻曰忙豁勒真阿，忙豁勒即蒙古之异译，因蒙古之名起于女系）。其来源实与通古斯族不同。因突厥人入居于室韦，又与室韦之女子结婚而蕃衍其子孙，于是始有蒙古室韦之名，此蒙古一族所由来也。蒙古族起于室建河、俱轮泊（今呼伦池）、斡难河（今鄂嫩河），与今黑龙江省西北部接近。至成吉思汗出，而蒙古始大，其后嗣入据中国虽不及百年，而在内外蒙古之命运则甚长，盖与明清二代相终始。今内蒙（古）哲里木盟十旗已划入东三省范围，而此非元代之子孙即蒙古之遗胄，利害关系亦至密切也。长邑为郭尔罗斯前旗故地，向隶内蒙古王公管辖，自有清中叶，汉人襁负垦田者日多，久则成邑成都。蒙民之智力不敌，转避而他徙，由是汉户日增，蒙民减少，始有借地设治之议，遂隶于吉省疆索。其居留蒙人，习与汉化，多伍齐民，无复椎结好武之风矣。

满族　满洲一族，清代有新陈之分。满洲人谓陈为佛，新为伊彻。开国时编入旗者为佛满洲，此为纯粹之女真族，其品最贵。伊彻满洲有库雅喇、锡伯等族之分，不尽为女真族，以其入旗晚，故称伊彻满洲以别之。《清通志·氏族略》所载，满洲旗内有蒙古姓氏博尔济吉特等二百三十余姓，又有高丽金、韩、李、朴等四十三姓，又汉军张、李、高、雷等一百六十余姓（此谓之陈汉军）亦入满洲旗，此皆属于新满洲者，故一闻满洲之名，即称为女真遗裔，此实大误（清臣之有功者许入满洲，谓之抬旗）。今玉改步移，无殊汉族，所谓从龙子弟，濡染华风，将有数典忘祖之惧。视彼蒙古族保守故俗始终弗渝者，似又瞠乎其后矣。他如吉林东北部之费雅喀人、赫哲人、鄂伦春人，犹为鞑靼女真之别种，与满洲族颇有渊源，多散处中俄交界，从事渔猎，不解治生，故步自封，天演淘汰，虽为亚细亚洲最古之民族，然其部落式微不能抵抗，自然终不免澌灭之一日尔。长邑满人寥寥，硕果仅存，谨述其源流，备考索焉。

金毓黻：《长春县志》，《中国地方志集成·吉林府县志辑1》，南京：凤凰出版社，2006年，第322—324页。

二、风俗习惯

(一) 衣食住行

《辽东志》

边略

烧荒（每岁冬，镇守总兵官会同赞理军务都御史太监，奉敕移文，各路副参游击守备，备御提调守堡等官，遵照会行日期各统所部兵马出境，量地广狭，或分三路五路，首尾相应，而行预定，夜不收分，投哨探放火沿烧，野草尽绝，听令安营吹号笛，打鼓聚官，发放毕夷人，精锐至营外，求见发牌，开门鼓吹，齐举通事，引入拜见，量给酒肉，令出随开营回兵入境时兵马各令，附近屯堡，休息存留夜不收并标下官军站立，一营围夷人多寡，携妇女老幼入关，门投见令，通事译传，宣布朝廷恩威，地方利害量给，卓面酒肉，盐米针布，胭粉靴袜之类，或有号称"大头领"，及预有报事等项，勤劳者亦赏牛羊、段袄、银牌之类，赏毕夷人，出境兵马，俱在边宿歇，次日归城）。

外禁（辽边，四壁近虏境外，多物产如貂皮、人参、材木、鱼鲜之类，人图其利，往往逾境而取之，多为虏所害。我太祖高皇帝作大明律特书：私出外境及违禁下海之条，军民违犯及守边官故纵者，皆从重治）。

马市（永乐三年立，辽东、开原、广宁、马市定价，上上马绢八匹，布十二匹；上马绢四匹，布六匹；中马绢三匹，布五匹；下马绢二匹，布四匹；驹绢一匹，布三匹。其立市一于开原城南，以待海西、女直，一于开原城东，一于广宁，以待朵颜三卫，各去城四十里，十年令。辽东缺马官军听于各马市，照例收买。十五年重定辽东，互市马价，上上马一匹米五石，布绢各五匹；中马米三石，布绢各三匹；下马米二石，布绢各二匹；驹米一石，布二匹。正统十四年，革朵颜三卫互市，成化十四年奏准，辽东马市，听海西并朵颜三卫夷人买卖，开原每月初一日至初五日一次，广宁每月初一日至初五日一次，十六日至二十日一次，各夷将马匹物货赴官验放，入市交易，不许通事人等将各夷侮，弄亏少马价，及偷盗货物，亦不许拨置夷人，以失物为由，诈骗财物，敢有擅放夷人入城，及纵容无货人入市有货者在内，过宿规取小利透漏边情，违者俱问发两广烟瘴地面充军，遇赦不宥，按会典一抚赏，海西朝京都督每名牛一只，大果卓一张，都指挥每名羊一只，大果卓一张，一供给。海西买卖都督每名羊一只，每日卓面三张，酒三壶。都指挥每名羊一只，每日卓面一张，酒一壶。一部落每四名猪肉一斤，酒一壶。一赏赐传报夷情夷人，白中布二匹，卓面二张，酒二壶。一抚赏三卫，买卖达子大头儿每名袄子一件，锅一口，靴袜一双，青红布三匹，米三斗，大果卓面半张。一零赏三卫，达子每名布一匹，米一斗，兀堵酥一双，靴一双，锅一口，每四名果卓一张）。

……

薛子曰：古者役民岁不过三日，盖佚之也，后世政烦役重，至有银差力差之说。然籍其丁赀等，其富贫夫民，亦甘之辽人，荷戈执殳从事边陲，而复勤动不息，营办多方主者，且以其意，而为上下豪猾之徒，岁比逋负，而贫者捐瘠，而不得免至，于递马不足，复索操骑，以备送迎，嗟夫！辽所恃者，士马尔人竭马痛，虽与之处平定之际尚不可况，将撄有事之日乎，是不可不为之所也。

任洛等纂修：《辽东志》，刘立强、刘海洋：《中国东北边疆历史文献丛书》，北京：科学出版社，2016年，第146、163页。

《开原县志》

婚嫁

按纳采、纳吉、纳征、请期、亲迎等仪节，载之《礼经》，婚礼备极详明。特以沿传日久，反于礼之所自出习焉，而若忘耳。开原沿用之婚礼，虽称名歧，出而缔结之后，先仪文之设备。

……

演春及耕藉

旧俗于立春前一日，地方官恭率所属，出东郊行迎春礼，遵依历书颁行时刻。

《开原县志》，《中国地方志集成·辽宁府县志辑12》，南京：凤凰出版社，2006年，第278—279页。

《龙沙纪略》

三城之地，艾浑为腴。产粟、黍、大小麦。默尔根产糜、矿麦。卜魁土最

东北"旧志"中松花江流域自然与风俗史料汇编

瘠,惟产糜,糜似小米而黄,即稷也,关西谓之穄。夏秋间,以未脱者入釜,浅汤熟燺,暴以烈日,焙以炕火,砻而炊之,香软可食。冬则生砻,香稍减。

秞麦麸厚而粗,即燕麦也。其实下垂如铃,又名铃铛麦。卜魁人曰,移镇之初,此为常飧,购糜不能盈石,价倍今之稻米。十年内始种糜,而铃铛麦从默尔根来,仅以饲牛马,间取作粥。斗得粒三升,颇香滑,多食作气。达呼哩贵之,以其易饱也。

稻米甚贵,贩自沈阳,用以待宾客食病者。

三城并产荞麦,甘香如雪,宜糕饼。中土所未得有。

……城中数万人,咸资食于蒙古糜田。……

茶自江苏之洞庭山来,枝叶粗杂,函重两许,值钱七八文。八百函为一箱。蒙古专用和乳交易,与布并行。

扫土为盐,味稍苦,色黑。去卜魁东西各百余里,地名喇嘛寺,产此。三城皆食之。白盐,则来自奉天。

黄米酿米儿酒,阅日而成。糜亦堪酿,味甘而薄。祀神用之,取其速成而洁,有醴酒之遗意焉。

艾浑产苏子,榨油,南人食之辄呕,久乃可尝也。

东北诸部落,未隶版图以前,无釜甑罂瓿之属,熟物刳木贮水,灼小石淬水中数十次,瀹而食之。……

卜魁[①]西北二百里,山崖松柞蓊郁。江冰后,作炭者乃往,故直贱于冬。

方式济:《龙沙纪略》,姜维公、刘立强:《中国边疆研究文库·初编·东北边疆》第八卷,哈尔滨:黑龙江教育出版社,2014 年,第 124—125 页。

《卜魁纪略》

三姓一带,有以犬牵车载物者。

驴多青色,价则甚廉。

蒙古间有乘驼来城交易者。

操演九进十连环法,与京旗火器等营相似。

战船而外,尚有札哈、威呼,可以渡人载物。札哈、威呼,皆小船名。

---

① 卜魁:即齐齐哈尔。

每届二、八月望日，城南楼吹布楞半月，然后至教场操演。布楞即海螺，盖古筘吹遗意。各营水操，例在霜降前十日，江冻则止。

……

贡木变石、桃皮木。六月进面，七月进鹰，十月进鲜鱼，十一月进海东青，十二月进春鱼。例进火茸、箭笥。

英和：《卜魁纪略》，姜维公、刘立强：《中国边疆研究文库·初编·东北边疆》第八卷，哈尔滨：黑龙江教育出版社，2014年，第227页。

《黑龙江外记》

呼兰仓储最裕，余城额尝不足，积欠动十万石，遇水旱倚呼兰接济。其由嫩江运自呼兰者，齐齐哈尔、墨尔根二城也；由黑龙江运自呼兰者，黑龙江城也。嫩江岁可三次，黑龙江仅一次。归舟皆逆水，非力挽不进，且黑龙江山石之险，风涛之恶，十倍嫩江，舟人惮之。所幸者偶一转运，非常事。

……

土人种田，一犁率驾三、二牛，沙性坚实，一牛不胜也，犁亦较内地长大。犁多者，殷实之家，故相逢叙生计，必问几副犁仗。

黑龙江地利有余，人力不足，非尽惰农也。为兵者一身应役，势难及于耕耘，而闲处者又多无力购牛、犁，以开荒于数十百里之外。故齐齐哈尔等城，不过负郭百里内有田土者，世守其业。余皆樵牧自给，或佣于流人、贾客，以图温饱。而膏腴万顷，荒而不治，曾无过而问之者，盖亦势使之然也。

……

扒犁，国语曰法喇，制如凌床，而不施铁条，屈木为辕，驾二马，行雪上疾于飞鸟。或曰，此元时蒲与路之狗车，然今日不见有驾狗者，惟闻吉林属赫哲、斐雅哈等处，役犬如牛马，号使犬部，所谓狗车，当在其地。

……

棉花非土产，布来自奉天，皆南货，亦有贩京货者，毛蓝足青等布是已，然皆呼为京靛，而江南来者号抽机布。俗谓一布为小匹，二布为大匹，制一衫小匹不足，大匹有余，布之尺寸可知。

《北史·勿吉传》："水气盐，生盐于木皮之上，亦有盐池。"《唐书·黑水靺鞨传》："有盐泉，气蒸，薄盐凝树巅。"《盛京通志》："黑龙江有土盐。"按今

东北"旧志"中松花江流域自然与风俗史料汇编

"木盐""土盐"皆不闻。呼伦贝尔两池出五色盐,无人取食,所食皆奉天盐。

齐齐哈尔出碱,城东有碱厂,流人相聚煎晒,通行吉林。又出火镰,关以东贵之,称其加钢,甲于内地,号卜奎火镰,相赠答,以为土产佳品,桦皮鞍版次之。

土人能为瓦器,若杯、盘、瓮、盎等瓷器,皆吉林货,船上买之。船以楚勒罕时来,泊齐齐哈尔城西镇江阁前,楚勒罕罢,随至布特哈,秋月乃还吉林。

齐齐哈尔卖香囊者,河南人,夏来秋去;卖通草花者,宝坻人,冬来春去。所卖者闺阁物,得利最厚,可知好尚日趋靡靡,边方且然。

城内外门前揭笊篱者,旅店也,外来投宿,例报番子房,土人则否。

土人用钱,五百当千,此京钱也。除陌之法,一千六文,五百三文,与京师稍异。至交易独米谷银一两,折钱一千七百文,他货不然。

西清:《黑龙江外记》,姜维公、刘立强:《中国边疆研究文库·初编·东北边疆》第十卷,哈尔滨:黑龙江教育出版社,2014年,第211、212、215、216、226页。

《鸡林旧闻录》

混同江下游及东海沿岸,其间土著之黑斤族,以剃发与不剃发为大界划。剃发者,自伯力迄阿吉大山止,其习惯风俗既如上所述矣。此类种人,在前清定例,每岁酋长必至三姓副都统署献纳貂皮。自割隶俄国后,俄人常遣希腊教僧,蛊以妖言,又迫令改装。二十年前,华侨众多,习俗薰染,尚不易与之同化,而其间已有一二俄语、俄服,甘为虎伥者。近顷以来,世变势衰,已什有九不知曩年隶属中邦,此土之为戎索矣。不剃发之黑斤种人,自阿吉大山,顺混同江东北行,至黑勒尔地方,两岸居者共约二三千人,俗与剃发黑斤同,惟语言互异,通呼"长毛子"。男垂辫,染济勒弥人风气,多喜弄熊,向亦贡貂于三姓。又自黑勒尔以下,直至混同江入海口,共约六百余里,旧为费雅喀人所居,今则合鄂伦春、奇勒尔二族,统称济勒弥①人。女未嫁者,椎髻垂背;嫁则合梳双辫,横束脑后。语言复与不剃发之黑斤不同,而鄂伦春、奇勒尔二

---

① 济勒迷:即"乞列迷"。

族又各能操本部语言，与纯粹土著之费雅喀人有别，但无文字、医药。不知岁时弦朔，钱货废居则江东诸族固一致也。夏乘小舟，每至口外各岛，江沱海汊，冬驾扒犁至索伦河南，与诸种人为物质交换。每家畜犬数十，既羸老便宰食，而衣其皮，寒暑一裘不易。喜弄熊，呼曰"马发"，富者每以多物换致，习为射戏，亲朋远近聚观〔其俗筑室既成或迁居，则射熊狗，江冰将合，出门行猎则联合为大祭。别射马熊，先食熊头于野，敬其长老，而后家食。食器用木斫成，长六七寸，如舟形，曰"俄边喀图"；如钵形，曰"柯当"；小者曰"木格苏"，妇女惟食熊脾，天癸未净，避不会食。食毕，藏碗林岩中，不留于家，远不祥也，其食麻勒特鱼（见后）亦然〕。

混同江口外沿海岛屿，及江之下游土著，满语亦谓奇雅喀喇。英、美国人游历至此，常以重价购其衣服用具以去，为人类学之研究。

……

金代头鱼宴，凿冰取鱼，饮宴为乐。此制久废，而其遗法至今尚有存者。乡人每于春初时，捕得生鱼，鲜美无比。其法：先凿一冰孔，以长竿搅之，盖冰底不冻，鱼潜其下，偶见天光并闻水声，以为春涨初生，群游而集，手取良便，此亦物理也。

……

东珠生蚌中，吉省江河巨流皆产此，尤以牡丹江上游为多。宁安府城南，并有珍珠河之称，但色多带绀黛，少浑圆，中半常现一纹，然佳者则光采晶莹，亦远胜南省之产物。蚌插立沙内如排墙，采者挨次拾取，以热水略炙其亮，去肉取珠，肉不可食，但得珠耳。珠亦或有或不有，且小珠居多，大而光圆者什中一二耳。

……

闻诸猎者云，山中百兽俱有，虎豹为常兽，不甚可畏，往往与人相望而行。人苟不伤之，亦不伤人也。熊最猛，苟遇之，无不伤人者，且善与猎人斗。盖虎豹背枪而走，熊则迎枪而扑，使一枪不中，猎人无不支裂。其次猛者为野猪，亦多伤人。狼，最险，其害人能出人不意。惟豺殊仁慈，人每以豺狼并称，乃不知其性耳。凡入山行猎，夜宿窝棚，防有猛兽来袭，必先作呼声引豺来。……

猎者蓄狗，大者能搏虎豹，小者则为逐兽之用。每于黑夜中闻虎啸，则放小狗出，谓之"送客"。狗驱虎前行而吠，虎闻声辄奔扑，将及，则旁匿于林，再驱虎，再奔，再匿，如是数回，虎去已远，其狗乃归，安息无患矣。

……

捕貂者用钉碓法：于森林之中筑一碓房，四方钉碓四股，每股长周三十里，钉碓约三百盘，四股之碓共千余盘，二人守碓房，各日一巡视。其碓式或就倒木，或伐大木为之。左右钉五寸高木桩两排，每排八株，中以两株为门桩，下置活木滚棒。碓槽阔五寸许，后钉一小桩曰老桩，再以丈许、径五寸许之木杠，尾刊透豁，又于老桩卧碓槽中，杠头钉一木钩，口挂钩。左旁竖立木有杈，用一小木挑杆，架于立木杈上，将木杠挑起，下端缒绳，尾系寸长消息木，卡于门桩处之活木滚棒，再用两条细棍压滚棒于碓槽中，曰"桥梁"。后用分厚之薄板两片，曰"桥页"，交搭"桥梁"上，俟貂鼠路过倒木，踏上"桥页"，致压滚棒下沉，消息木脱出，则木杠下落而压毙矣。

魏声和：《鸡林旧闻录》，李澍田主编：《长白丛书》，长春：吉林文史出版社，1986年，第43—44、57—64页。

《双阳县乡土志》

饮食

谷类以秫米、小米、元豆为主，豆腐、酱油尤家家共制。蔬类以葱、韭、菘、芹、萝葡等为常品，马铃薯、园菽、窝瓜尤家家盛植。肉类以猪为主，除回教外鲜食牛羊。乡民每日三餐，惟冬季每日两餐。城民无论冬夏皆每日两餐。乡民常食小米，城民常食秫米。

吉人：《双阳县乡土志》，《中国地方志集成·吉林府县志辑1》，南京：凤凰出版社，2006年，第522页。

《农安县志》

婚

汉族　其结婚仪式，大抵男家欲求婚女家，须先托女家近戚或知交一二人为媒，得允，即将女子庚帖由媒送男家（即古问名之意）。男家请日者推算其命运之佳否，及与男命有无冲克（俗谓合婚），吉再由媒往告女家（即古纳吉之意），并议聘礼。

……

第四章　风俗与文化

回族　农安回族结婚与汉族通行之礼迥异，与近代文明结婚礼略同。而其中仪式又微有不侔。凡男家欲求婚女家，先遣媒妁致意，女之父兄须阴以问女，如女掩面泣，其父兄即不相强；倘女不之理，即系允可之意。其父兄即代允，男家选择柱麻日（吉日也，每月有四，凡举行祭祀、礼拜均于是日行之），备赞品同媒妁及教长赴女家行拿手礼。行礼时，教长以手与女之父兄手互相合，口诵经文。双方交换条件，女家以金货与男家作为标记，旋女家以男家之礼物祀祖。告女已字人也及婚期。

……

丧

汉族　农安汉族丧日，先择入殓之期及殃煞起落一切，避忌日，开殃榜。合族成服三日，亲友持香楮来吊。丧家具饮食款之，其入殓，送浆水，烧黄昏纸，送三辞灵。

……

回族　农安回族属圹后，无论老幼贫富至多不得在家停放三日（汉族父母丧，有在院停放半年者）。殡期，请教长宣读真经，将死者全身沐浴清洁，缠以白布或白绫，使公用经匣（系抽屉式者），贮而运之坟。

……

祭

汉族　农安汉族祀先无特殊仪式，率于寝室之北设龛，以板为牌，或以纸为帐或购印成纸帐曰家堂，上书高曾祖祢讳，左考右妣各以次。每岁除夕，设香案于前，荐以供馔及水陆珍馐之类供设。及迎神，家人自族长以下均跪拜如仪。余如清明、七月望日、十月朔日，均备香楮，前往墓前祭之。

回族　农安回族祭礼较丧礼为重……惟祭礼则于死后七日、四十日、周年等均量力举行，设筵致祭，哭泣无时，并在礼拜寺作香油饼（以面作扁圆形，以油炸熟之）分食亲友。此外，公祭照例于柱麻日，群赴礼拜寺斋拜祈福。……

衣

汉族　男女犹有直[①]、鲁风，服妆朴素，常服多以布为之，色尚蓝。……

回族　农安回族来此最久，渐染华风，其衣饰与汉族无异。

[①]　直：即清代的直隶省。

食

汉族　饮食单俭，以秫米为常食，家略丰者或食面粉与粳米。宴客之事，虽机关亦不多见。

回族　平日饮食尚清洁，供客亦具肉食。……其牛羊与鸡皆购于市，非清真寺掌刀所宰，不能用也。

住

汉族　所居多土平房，富家筑以砖。每春以碱土抹之，否则渗雨。城内鲜楼房，瓦房亦不多见。大院则比比皆是，行各胡同，一望皆土墙也。

回族　建筑与汉族无异，小西门里外则多僦居。

郑世纯修，朱衣点纂：《农安县志》，《中国地方志集成·吉林府县志辑2》，南京：凤凰出版社，2006年，第257—259页。

《永吉县志》

至于采珠之法，一人驶船江心，用篙撑稳（水深七八尺至丈均可），复执长杆缘船身至水底。捕者裸体抱杆，闭息探入，身伏水底。左臂抱杆，右手扪蚌，得则口衔掌握，缘杆而上，置蚌舟中。三次易人，趋岸爇火烤之，驱寒免疾。日夕没音官同众聚蚌剖脊，解壳得珠，置净水碗中少许，纳诸印袋封固，注明。按日如此，期以三月。例禁不得入民宅，取民物，泛舟如家，躬自汲爨，幕天席地，存上古风。沐雨栉风，尽打牲职。况珠罕而难求，往往易数河不得一蚌，聚蚌盈舟而不产一珠，诚非易举。总管于夏初乘船溯上游，过厄河迤南，扎营督察，派四品翼领赴下游等处，兼察收集各没音珠袋毕，秋初差竣回省，同将军拆封查验（向不足额，于折中声叙情形）。定额一千五百余口，派四品翼领、笔帖式等官，循例驰驿赴都呈交。内务府奉派王大臣验看（以圆滑、重大、紧皮、光亮为上品，满透银光精光为尤上品，无光者不入选），评定优劣，再为进御，以备制珠冠，嵌玉器，优赐藩王之用。查最终采珠一役，在光绪二十年云总管任内。于上江厄河（松花江之厄河，如四川之江滩，水势奔流，江中著名之险地），立江神庙，有联额。故实斯在，可考而知也。

徐鼐霖：《永吉县志》，李澍田主编：《长白丛书》，长春：吉林文史出版社，1988年，第898—899页。

第四章　风俗与文化

《布特哈志略》

所住者，草房三间、两间，或五间不等。屋中三面火炕，以防严寒。信佛教，家供佛像于西屋，西上墙住长辈，招待亲友均在西屋，以重西方，借示尊敬……养牛马者多，猪羊为少。办婚丧筵事，并无鼓乐，将家畜、野兽等肉成块煮，就手把割啖为贵。盖因上古时代交通不便，南菜艺术两乏，依土产本味，因地制宜而为，以成习惯也。

……

且有擅制大轮车辆之艺术，每年八月间从山路运往海拉尔（即呼伦贝尔）属赶珠尔庙（即寿宁寺）集会，交换牛、羊、马匹，借资营生者（作车材料，利用黑桦木车轮，辐高二尺余，径寸许，辋径二寸左右，其大小并无一定尺寸。查照木料之粗细长短，随便酌量而为。惟轴长均以八尺为标准耳，其为车也轻便，且能担运千斤重载，上下行走山谷、沟壑、草道，犹如平地，故别称曰草上飞。以为该处特艺，其他蒙部所不能及者也）。于是，民国时代有承领内兴安岭南脉山场营作林业之户日见其众（其办法，将山场执照由实业部领出后，任人前赴山场段内砍伐木料，或以水路放下木排，抑从陆路运输，必经布特哈境内查哈彦尼尔吉等渡口。渡口设立卡所，随时抽收十分之一或二三之抽分不等）。至于土人就地营生所获土产不足，须两互交易以应需用者，则两家情谊较为敦厚结为安达，以资长久交往，岂非以市易而成友谊？

孟定恭：《布特哈志略》，姜维公，刘立强：《中国边疆研究文库·初编·东北边疆》第十一卷，哈尔滨：黑龙江教育出版社，2014年，第116—118页。

《德惠县乡土志》

人民经济状况不同，其生活状态亦异普通之家。以农为生，夫耕妇饁，男女齐忙，胼手胝足①，劳苦不辞，丰年仰事俯蓄，皆足以瞻凶岁，则其忙一年衣食住尚难周全矣。

甲食物

谷类以小米、秫米、包米为大宗；菜类以白菜、萝卜、土豆为大宗，此皆

---

① 胼手胝足：手脚生茧，形容劳动十分辛苦。

经年常食之品。

乙　嗜好品

嗜好者，土产品猪肉、白面及大米，普通之家仅年节与待客用之。平素食之者寡瓜果糖类，土产亦有，但不及外来者，故市面销售全系外货。

丙　饮料水

饮料水有茶水、汽水、白酒、黄酒等等，通常饮者则为白酒与茶水二种。

丁　家庭

全境民户之家庭制度甚完，率皆由祖父母、伯叔、父母及兄弟姊妹与子媳等组织而成。一切遵守古礼，严尊卑长幼之分、男女之别，父慈子孝，兄友弟恭，各以其性之所长与环境关系或为士农或为工商。纯是男治外谋阖家之生计，女治乎内任烹饪针黹。诸凡工作各有分担，举家长一人总理家中一切事宜。

石绍廉编：《德惠县乡土志》，《中国地方志集成·吉林府县志辑1》，南京：凤凰出版社，2006年，第444—445页。

《长春县志》

婚　本邑衣冠文物得风气之先，婚礼多沿古制。……婚嫁及时从俗，勿渎明伦，敦本意，在兹乎。

丧　丧礼隆简，亦沿古制。

金毓黻：《长春县志》，《中国地方志集成·吉林府县志辑1》，南京：凤凰出版社，2006年，第325—326页。

（二）民风礼教

《辽东志》

风俗

人多侨居，俗各异好（《图册》），性悍，善骑射（《元志》）。人性淳实，务农桑，粗习文礼（《广宁志》）。有中国之风（旧志箕子所封之地，俗渐教化，人不为盗。自汉以降，沦入东夷，流民杂居，俗寝浇薄然久被声教，颇有中国之风）。

薛子曰：按辽古东北大荒之境，自帝舜入版图，接青齐为营州，夙被声教，周封箕子，又为过化之邦，习染醇美，远有端绪。汉世以降，沦入东夷，历辽金胡元浸成胡俗，国家再造寰区，始以四方之民来实。兹土未几，悉更郡县以为军卫，华人十七，高丽土著、归附女真野人十三，嗜好乖尚靡所统一，既承平日久，煦濡浃深礼乐，文物彬彬然矣。地饶习靡官墨士，悍侈文弥，观戕本涸源论世者，有浸渝往初之惧，传曰：国奢示之俭，国俭示之礼，言救弊之道也。不有握机者，力而挽之，吾未知其纪极矣。

……

祠祀

重修北镇庙记

成化癸卯。

都御史王宗彝撰

舜即位，分冀东北医无闾地为幽州，于时分州十有二，每州必表封一山以为一州之镇，医无闾山即幽州之镇也。按书传及职方氏，俱作无后，变无为巫，考之广宁，志云山，在城西五里，庙在山之南，今验地里，城西五里无山。又云清安寺，即今观音阁，在闾山之内，去城一十二里，今阁入山，仅一里许，则是山当距城一十里，与今地里，步数正合，而志云五里者，传写之讹也。今庙在山之阳，去山五里，四分里之一距城，三里四分里之三。唐开元号，为北镇封山之神，为广宁公金加封为王，以闾山之镇，密近邦畿。大德间，王之上加封，贞德字岁，祠与岳渎同。元季，值兵燹止，遗正殿三间，我皇明太祖高皇帝洪武二十三年，寝殿之南，建瓦屋三楹，左右司各一间，别于庙东，建宰牲亭，神库神厨各三间，缭以垣墙，春秋命有司二，祭太宗文皇帝。永乐十九年，特敕所司，彻其旧，而创构前殿五间，中殿三间，后殿七间，前又构御香殿五间，以贮朝廷之降香也，通为一台，高丈余周凿，白石为栏，后殿前，左、右各建殿五间，前殿前东西，各建左、右司一十一间。又建神马门，及外垣砖甃朱门通二层，形势入门，则以渐而高就地势为之也。其大势规矩，比旧殊有霄壤，始称为王号之神庙也。然历岁滋久，甃瓦日脱，椽木渐朽，檐宇倾垂，梁栋欹斜，每遇霪雨，漫及神座，先是守臣，以边事劳，瘁不暇及乃者。成化戊戌，今镇守太监[①]韦公朗，自开原分守而迁，是任到任之

---

① 镇守太监：明洪熙元年（1425）设立的职位，是年以王安为甘肃镇守太监，此前镇守中官未用镇守太监之名，以宦官总镇一方始此。

东北"旧志"中松花江流域自然与风俗史料汇编

三日，谒庙历睹之惕，然不宁谓前巡抚都宪陈公钺总戎侯公谦曰："吾辈奉命守是，方为是方所依，今一方山镇之神，庙坏而弗，安则守镇之臣，岂得自安乎？是当急为修，葺斯不失为政之务也。"二公是之，于是命官董其事，鸠工庀材，凡殿宇及左、右司门墙之属腐朽者，撤而易之倾斜者，扶而正之损者，修之葺之废者，营之补之得，监枪监丞，八闽洪义，总储郎中，安东金迪，协守参将，郡人崔胜，咸加赞襄，之力财用，不取于所司，工力不劳于军余经始，于是年秋九月落成，于成化癸卯夏四月庙貌焕然一新，太监公此举，使神居以宁，则神力上，而为朝廷，御灾捍患，下而使东土奠安所及者博矣。固非要福于己也，告成之日，太监与总戎请余纪其事，以垂于后用，是记之。

……

薛子曰：祠祀之义维何？谨按东辽，文庙以崇道，祀北镇以奠方，祀山川以钟灵，祀厉祭以仁鬼，祀城隍以丽土，祀马神旗纛以兵卫，祀褒功、旌功以录绩，祀八蜡以祈养，祀名宦以显德，祀乡贤以劝俗，祀功德裨国明，祀咸秩祠典所繇起也，然则何以出治道邪？曰：夫观对越祼将而敬恪攸萃神人悦和理道畅洽往者，胡人遥观慑栗，至有立邓祠于境外者，关系匪细，呜呼！民知敬神则知忠君有司利导之也，记曰：其治辩者，其礼具又曰惟贤者，能尽祭祀之义言祭之重如此也。

……

公式

日食（具朝服行礼如制）、月食（具常服行礼如制）。

迎春（岁立春先一日，三司迎于东郊，赴春宴至日，具朝服行礼如制）。

祀典

先师庙（岁仲春秋上丁日祭如制月朔望辰行香如仪）。

启圣公祠

名宦祠

乡贤祠（上丁祭先师毕，所司率师生祭如仪）。

山川社稷（岁仲春秋上戊日守土官祭如仪）。

风云雷雨（岁仲春秋上巳日守土官祭如仪）。

厉祭（清明中元十月朔守土官祭如仪）、城隍庙（随厉祭礼如仪）。

八蜡〔辽阳附城隍庙，广宁庙在城东，冬至（至：衍文）后三戌日祭之〕。

250

旗纛庙（岁霜降日守土官祭如仪）。

襃功祠（春秋丁后守土官祭如仪）、邓将军祠（旧祭近废）、北镇庙（广宁每岁春秋祀事，与岳渎同，朝廷有大典礼大政务则遣使祭告）。

宾兴

科贡（各儒学生员应试所司，以礼送会试加隆，岁贡次之，中式举人，树旗送捷报牌，具彩乐郊迎至先师庙，行礼毕赴宴，仍彩乐导归宅）。

武举（成化以前无，弘治乙丑科始，乡中式者公宴以礼起送，至嘉靖乙未，科树旗加彩会武中式者，郊设迎宴导归宅）。

乡饮（旧无正德十四年，巡按高钺参议蔡天佑，恶其缺典，始举行，岁正月望十月朔行礼如仪）。

乡射（旧无，正德九年，巡按刘成德恶其缺典下学躬率诸生遵大明会典，所载参以旧仪行焉，尊王制便士习也）。

夷人入贡

……

女直入贡（每岁十月初一日起至十二月终止，陆续起送建州、左右、毛怜、海西等卫夷人到司督，令通事审验发馆，随行左等六卫，挨月公宴各夷赴京回还，亦行公宴伴送）。

薛子曰：礼者国之纪，以尊君父，以敬天渝，以洽神人，以异才贤，以上敬让，以亲邦国，使民著于尊亲之节，幽明之义，交际之仪也。辽旧用武之邦，华夷错居。迄于胡元渎伦败化，礼废。可知国家稽古同文实崇典礼，而辽俗丕变浸淫乎文献之风矣，然或者阙而未具，缘其数而弗习其情是在秉礼化民者，加之志尔。

任洛等纂修：《辽东志》，刘立强、刘海洋：《中国东北边疆历史文献丛书》，北京：科学出版社，2016年，第32、97—98、106、167—169页。

《全辽志》

公式

万寿圣节、正旦、冬至（辽阳于都司衙门，广宁于会府，余卫于卫治，行礼如制）。

千秋令节（各官行礼如制）。

东北"旧志"中松花江流域自然与风俗史料汇编

进贺表笺（圣诞都司表一通，定辽中等二十五卫，安乐、自在二州表二十七通，俱都司金书官一员赍行类进。镇守、总兵、太仆寺、苑马寺、副、参、游击、守备等官各表一通，俱差官赍进。太皇太后圣旦、皇太后寿旦，进表同中宫寿旦，进笺同。凡表袱黄，笺袱红。正旦节，都司表三通、笺二通，定辽中等二十五卫，安乐、自在二州共表八十一通，笺五十四通，俱都司类进。镇守、总兵、太仆寺、苑马寺、副、参、游击、守备等官如之。冬至同凡遇大庆贺，礼部先期移文，合于衙门进贺。都司差官赴部请式撰进，袱色亦同）。

开读诏敕（众官郊迎，辽阳导至都司，广宁导至会府。开读陈设、拜舞并同。正旦，都司誊黄，分遣生员赍行各衙，若专敕一官，止于本家拜接）。

日食、月食、鞭春（俱行礼如制。以上礼仪，详见《集礼仪注》，所司奉行已久，故不具载）。

颁历（冬至庆贺毕，守土官率属行礼颁布）。

木铎（遵奉《教民榜》行。嘉靖癸丑，巡按温公景葵刊布训辞于阖镇地方，人心感奋。后以接岁兵荒，居民失业，墨刻尽没。岁乙丑，巡按李公辅刻尚书王公恕批注于训辞下，又行颁布）。

试武（一场试马箭，以四箭为合式。二场试步箭，以二箭为合式。三场试策二问、论一道。取中姓名，揭榜司前，谒庙公晏）。

风俗志

古者天子巡狩，令太师陈诗以观民风，而列国亦采风以贡于天子。故察其俗尚之徽恶而政令施焉，此治之大要也。夏商以前，辽国于冠带之外，无可考见。自箕子受封，始施八条之教，使民知禁。于是邑无淫盗，外户不扃，庶几君子之国哉。其后诸夷更相割据，各施其椎结箕踞、放弛邪侈之教。中国虽间尝置守，而政在威远，率不过各务强其民以斗而已。揖让俎豆之事，未遑恤焉。至我朝，始徙江淮齐鲁之民居之，而高丽女直等夷之土著者，不易其处。故今之浸淫于衣冠文物之化者七，而袾俪左衽之遗犹二三焉。余省四方及搢绅先生为余言：人勇悍，敢于急人；愚质少虑，轻薄无威。四民之中，农居其三。识点画形声之文者，堇堇可数。若究义理、晓法令，则若空谷之足音焉。故争而讼，则假手于佣笔之徒，舞文罔上，率倒置其曲直，至有坐诬抵罪而竟不自知者。士大夫家以礼义廉节自闲，彬彬若邹鲁城郭之民，庶几近之。若穷乡僻壤，每征召饮食，男女辄聚会无别坐，情窦之恣荡无防检，往往触禁伤理而恬不知怪。此所谓侏俪左衽之所遗也。然孝弟贞信志不绝书，而匹夫匹妇所为，至有合于士君子之行。盖缘其愚质近古，所谓天之未汩者，固有出于雕琢既施之后者也。与燕会，贵爵尚齿。婚姻不甚较男，女论门第之右者纳焉。如择婿得冠裳之族，即倾赀竞夸侈丽，以此更相重。它若丧葬、岁时、馈遗、吊庆之节，大抵多类于燕赵之间。穑人缘土脉深厚，虽力作卤莽，亦几丰入。鬻贩之夫操其赢余，走吴、越、临、济间，可窥十五之利。故俗多啙窳，少陶唐忧深思远之风矣。辽阳、广宁，政教自始故习而有文，货贿所居故侈而无节；金、复、海、盖，富而健争；开原、铁、沈，刚而好义；锦、义慷慨激烈，稍有古道；而前屯、宁远负气自喜，务农讲武；右屯则僻处海滨，朴而勤、简而陋焉。余著其概若此，后之省方设教者，揆而施舍焉。帅之以表则，畅之以道义，申之以法制，则箕子之化，其可还矣乎！

李辅纂修：《全辽志》，刘立强、韩钢、刘海洋主编，韩钢点校：《中国东北边疆历史文献丛书》，北京：科学出版社，2016年，第359—365页。

《开原县志》卷一

变移风俗

农户多种豆田以及行必车马，衣必绮罗之类，货物之价值日涨，生活之度日高矣。

《开原县志》，《中国地方志集成·辽宁府县志辑12》，南京：凤凰出版社，2006年，第94页。

《开原县志》卷八

祭祀

祭祀有二，曰祭祖、曰祭神，汉族、满族相沿之旧制，多不一致。汉人之祭祖，春夏秋冬各有一定之祭日，此常例也。或因有特别事故行之者，必备三牲、俎豆、酒醴、香烛供献于宗谱前，以伸敬意。

……满人于祭祖而外有索伦与妈妈之祭，择日置牲陈几，灌酒于牲耳，牲鸣则谓之领牲以示神。已歆享之意，然后献生荐熟。礼毕，分食祭肉，无论何亲友与家人皆席地坐。肉有余，则分送于宗族。蒙（古）族之祭祀，设影神位，亦曰佛。凡食及瓜果蔬菜皆备。

《开原县志》，《中国地方志集成·辽宁府县志辑12》，南京：凤凰出版社，

东北"旧志"中松花江流域自然与风俗史料汇编

2006年，第279页。

《龙沙纪略》

风俗

族类不一，客民尤夥。兼以黠徒岁增，桀骜未化，颇称难治。幸法严无所逃，畏詟，不敢肆耳。官廨文案，防检甚疏，而无敢为奸弊者，又其风之近朴也。

一夫力作，数口仰食而有余。而炊饪、浣汲、舂碓之事，妇女并习勤苦。故居人置奴婢价，尝十倍于中土。奴婢多者为富，以其能致富也。

鄂伦春妇女，皆勇决善射。……

索伦人以射猎为生，挽弓皆逾十石。尝自缚于树，射虎熊洞身曳之而归。尤善蹑踪，人马有亡失者，踪之即得。越数百里，而知踪之离合，且能辨其日次，亦异能也。

上元赛神，比户悬灯。岁前立灯官阉，屠侩名于神前。拈之锁印后，一方之事皆所主。文书可达将军，揭有官假法真之语。细事朴罚，惟意出必鸣金，市声肃然。官亦避道，开印之前夕，乃自匿去。

腊月八日，达呼哩①、红呼哩男妇，并出猎兔，取脑为速产之药。

除夕，悬弓矢门杙间。相传我太祖皇帝，曾于除夕克强敌，帝业由此以成。诸属国艳颂之，遂沿为俗。

降神之巫，曰萨满。帽如兜鍪缘檐，垂五色缯，条长蔽面。缯外悬二小镜，如两目状。著绛布裙，鼓声阗然，应节而舞。其法之最异者，能舞马于室。飞镜驱祟，又能以镜治疾，遍体摩之。遇病，则陷肉，不可拔。一振荡之，骨节皆鸣，而病去矣。

多魅。为婴孩祟者，形如小犬而黑，潜入土垤，惟巫能见之。巫伏草间，伺其入，以毡蒙突，执刃以待。纸封垤门，然灯于外。魅知有备，辄冲毡而出，巫急斩之，婴顿苏。妇著魅者，面如死色，喃喃如魅语。昼行，有小犬前导，巫亦能为除之。

---

① 达呼哩：大贺氏，中国复姓，源于古契丹族，清乾隆年间以索伦语改译，改称达呼哩姓，又称达呼尔，今达斡尔族仍有其后裔。

病家束草像人，或如禽鸟状。击鼓作厉词以祭，喧而送之。枭其首于道，曰逐鬼。

失马，则亟注毛齿，闻于官。得马者，不敢匿，当官归之，酬以匹布。

马病，然草于路，牵马侧立，口呲呲作咒词。

方式济：《龙沙纪略》，姜维公、刘立强：《中国边疆研究文库·初编·东北边疆》第八卷，哈尔滨：黑龙江教育出版社，2014年，第123—124页。

《伯都讷乡土志》

伯都讷风俗

官兵素慕直朴，善习骑射，民风尚厚。

伯都讷祠祀　城南门外迤东旧有：关帝庙、玉皇阁内（设有先农坛、风云雷雨、释迦佛）、龙王庙、温神庙、大佛寺、僻灵寺（即鬼王庙）、鲁班庙、大医庙、观音堂、娘娘庙、昭忠祠、江神庙、城隍庙（在城内）、清真寺（在城内，系回民早年修盖）、感应寺内（安设药王殿、皂君祠，在城内）、龙虎寺内（安设真武殿、山神殿，在城内）、财神庙（在城内）、土地祠（在署内）。

伯英：《伯都讷乡土志》，《中国地方志集成·吉林府县志辑10》，南京：凤凰出版社，2006年，第287—289页。

《吉林外记》

祠祀

吉林

先农坛（在城小东门外一里。正殿三楹，坛高三尺，面阔二丈四尺。雍正十年建）。

社稷坛（在先农坛侧。高阔尺丈，与先农坛同。同时建）。

风云雷雨山川坛（在社稷坛侧。高阔尺丈，与先农坛同。同时建）。

城隍庙（在城内将军公署东。前殿三楹，左右配庑各三楹，寝殿三楹，钟鼓楼二，大门三楹。里民修建）。

长白山望祭殿（在城西门外九里温得赫恩山。正殿五楹，祭器楼二楹，牌楼二座，养祭鹿圈一。雍正十一年建）。

松花江神庙（在城小东门外一里，江北岸。正殿五楹，牌楼二座，大门三楹，东西门各一。乾隆四十三年建）。

至圣先师庙。

文昌阁。

……

伯都讷

至圣先师庙（在城东南隅。道光二年建）。

先农坛（在城南门外。雍正五年建）。

社稷坛（在城南门外。雍正十年建）。

风云雷雨山川坛（在城南门外。雍正十年建）。

城隍庙（在城西南隅。正殿三楹，旁庑三楹，大门三楹。雍正六年建）。

江神庙（在城南门外。嘉庆五年建）。

……

风俗

吉林

性直朴，习礼让，务农敦本。以国语、骑射为先，兵挽八力，枪有准头，骁勇闻天下。自嘉庆五年，添设满合考试，文风丕振。

乌拉

尚勤俭，明礼让。总管衙门管下人，采捕优长；协领管下人，精于骑射。

宁古塔

尚淳实，耕作之余，尤好射猎。近年汉字事件日增，兢谈文墨。

珲春

旧无丁民，亦无外来民户。皆熟国语，捕打海参、海菜为生，少耕作。春夏秋冬，射猎无虚日，尤娴于枪。

伯都讷

风气醇古，人朴厚，好骑射，常于马上掷木棒捕野兔、山猫，百发百中（木棒长一尺，径寸余）。

三姓

好直爽，善骑射，枪技娴习。数年前曾有协领福珠隆阿射虎项骨后第三斑点处，一箭倒卧不动（虎项骨后第三斑点，通心）。

阿勒楚喀

尚耕钓，素称鱼米之乡。习礼让，娴骑射，务本而不逐末。

拉林①

淳朴相尚，务农之余，熟娴骑射。

双城堡

习尚勤俭，旗丁熟娴耕作，地利大兴。

萨英额：《吉林外记》，姜维公，刘立强：《中国边疆研究文库·初编·东北边疆》第十卷，哈尔滨：黑龙江教育出版社，2014年，第86—87、90、113—114页。

《黑龙江外记》

社稷、孔子，遍天下皆得祀，黑龙江一省独无，此为阙典。至其祠宇在官之祭，曰先农坛，曰关帝庙，曰文昌阁，曰昭忠祠。先农，春祭；关帝、文昌、昭忠祠，春秋祭。祭日，昭忠祠遣官，余将军、副都统亲行礼。祝版，先农、关帝清文，文昌汉文，皆部颁。其迎神、送神、献爵、读祝仪，将军宗室（永玮）定，然惟齐齐哈尔行之，他城不尔。

……

城西普恩寺，俗称娘娘庙，地据沙阜，形如龟。林木翳荟，西望嫩江如带，春秋游览之所，此为第一。寺中有纸本飞来大士像，殿上揭一牌，楷书《灵异记》，杭州旗人华照撰。照自言，乾隆壬戌以上书得罪，来黑龙江，中途梦碧霞元君呼为道中人，有所云云，自是医学大进，痘疹尤著效。又言，元君手授剑一、笊篱一，命与龙战，是夜果有龙骨出嫩江，见于富喇尔吉屯。语殊荒谬，不可为训。

……

普恩寺西北，河神庙、镇江阁，并临嫩江。阁前垒土高七八尺，环栅为鄂博，每岁四月，八旗祭江河，对此行礼。鄂博，盖蒙古语也。又各边分汛之所，积土为标识，亦称鄂博，呼伦贝尔等处多有之。

……

---

① 拉林：位于今哈尔滨市南部约60公里，隶属于五常市。

东北"旧志"中松花江流域自然与风俗史料汇编

春祭先农有耕耤礼，旱有请雨礼，雨有谢降礼，日、月食有救护礼，皆如内地。惟恭迎恩诏仪文不备，待使者礼亦略。

官员岁领清文时宪书，由钦天监十月颁发，明年春始至省，转送诸城。亦有汉文时宪书，商贩在都购买，至省较早，然土人惟以清文为重。

……

娶妇之家彩绸红毡，丧家搭棚所需席片及盘、碗、灯笼诸物，无问官兵，皆值月铺户供应，而其权在番子，虽事过见还，然损坏遗失，无人赔补，故铺户以值月为苦。

牛、马、羊、豕外，诸货皆无税，惟城中典铺每铺岁征银二两余，号曰赃银。而典物限二年内取赎，过限为死，听其变价，且无问典钱如干，概三分息，此与京师不同。

……

《盛京通志》称土俗云："行者不斋粮，而鸡黍之谊必笃。父兄对宾客，子弟侍立，执杯杓必恭。"案：今黑龙江城一带，过客到门，必留酒食，肴不过猪肉、鸡卵，而以双上为礼，如鸡卵二盘，猪肉亦二盘也。饮酒则子弟执壶侍侧，酒不尽不去，果如志所云。他城虽不逮，仿佛似之。

……

土人过节，上元汤圆，端阳角黍，中秋月饼，家自为之，店肆亦有鬻者。惟二月二日太阳糕，九月九日花糕，不见食之者，此与都下少异。

土人以黄米造酒，谓之黄酒。又有名秋酒者，关以东处处卖之。达呼尔以牛、马乳造酒（案：汉书谓之挏酒），谓之阿尔占，汉名奶子酒，蒙古诸部家有之。南酒来自奉天，岁不过数坛；烧酒来自伯都讷，岁不下数十万斤。从前呼兰议开烧锅，将军观明驳之，至今不果行。

土人熬饮黑茶，间入奶油、炒米以当饭。黑茶，国语喀喇钗也。茶叶来自奉天，一包谓之一封，又称一个。性不寒，能消肥腻，塞中争重之。亦有渝香片、大叶等茶，啜以盖碗者，满洲汉军数家外，晋商多如此。

土人官戴缨帽，兵戴貂尾帽，貂尾一双也，七之为貂缨，官于役用之。兵帽，冬皮，春夏秋皆绒。夏日雨缨帽，官及幕府贴写用之，而墨尔根等城，草帽亦缀貂尾，兵丁之便服也。

索伦、达呼尔以狍头为帽，双耳挺然，如人生角，又反披狍服，黄毳蒙

第四章　风俗与文化

茸，少见多怪者，鲜不望望然去之，然亦穷苦者装饰如此。商贩春秋毡帽，夏草帽，惟晋商帽皆有缨，夏必戴雨缨。在呼伦贝尔者不然，居然蒙古也。

……

草屋一苫可二十年，土屋须岁岁抿墁。土屋谓之平房，列肆者多，居家者少。至以瓦为之，不过佛殿数楹，非仅陶瓦难得也，御寒不如草舍，故人不用。

屋脊置木架压草，以防风摄，谓之马鞍，亦有以砖代者，不多见。

柱埋于地，露二尺许，造屋其上，贮不耐潮湿之物，望之如水榭者，曰楼房，仓廪类然，人家亦有，然大风有倾欹之患，故亦不多。

墙有土筑者、堡甃者、泥堆者，堡甃最耐久。堡者，野甸泥块土草结成，坚如砖，齐齐哈尔外城垒此。又有拉哈墙，纵横架木，拧草束密挂横架上，表里涂以泥，薄而占地不大，隔室宇宜之。

窗自外糊，用高丽纸①，纸上搅盐水，入苏油喷之，借以御雨。冬月，盈窗棂间层霜内积如树介，稍暖则化，点滴如雨。

屋内三面皆炕，烧之室自暖，不然，虽煨红炉，寒气不散。地下四时坚冻，即三伏，炕必一、二日一烧，否则腰膂间易致疾，疾甚，须以热炕烙之。

寒贱者两家僦居一室，仅以各炕为畛域，客来仍许借宿，无问城乡，类如此。

久烧之炕，洞中积有煤炱，往往随烟出筒，延烧庐舍，故炕必一岁一掏，谨修之乃无患。

屋侧烟筒，过檐数尺，砖者望之如窣堵，一家不啻五六座，亦有土木为之者，卑陋不耐风雨。

烟筒出火，曰"煤了"，疾散盐一握，或投猪矢于筒，而密堵灶门，其火自息。

……

《一统志》称："黑龙江性质朴果决，好耕植之余，勤于骑射弋猎，兼习礼让，务农敦本。"《盛京通志》称："齐齐哈尔性质朴，好射猎，兼习礼让，务

---

① 高丽纸：产于朝鲜半岛，高丽为其地古称，故名。质地坚韧、光洁，受墨微渗有韵，宜书宜画，且有镜面及发笺等多类品种。

259

农敦本，而不逐末；墨尔根民性劲质，务农之余，熟娴骑射；黑龙江风气醇古，人朴厚，好骑射；呼伦贝尔人劲勇，性质直，耕艺日勤，渐成沃土，此全省风俗之大较也。"以今日观之，满洲直而勇，汉军精而文，索伦、达呼尔等浑然噩然，有穀饮鹑居之意。至于务稼穑、习田猎，临阵遇敌、奋不顾身，无问何部族，皆出性成，是惟在良有司栽培诱掖，使之勤不为贪，刚不为乱，范围于礼义廉耻之中，以保全其果敢雄强之气，则有补于千城藩卫者大矣！

西清：《黑龙江外记》，姜维公，刘立强：《中国边疆研究文库·初编·东北边疆》第十卷，哈尔滨：黑龙江教育出版社，2014年，第195、197、218、225、232—235页。

《长白汇征录》

风俗

弧矢

北方风气刚劲，振古如兹，而东北尤胜。长郡承肃慎遗风，楛矢石砮，历夫余、新罗、百济之兵燹，而此习未改。揆厥原因，日在深山大泽之中，伍鹿豕耦虎豹，非素娴技艺，无以自卫。汉唐以降，兵威不及东北，诸部落纷争角胜，自为风气，即以弧矢之优劣决部长之雄雌，而民气亦为所转移焉，地势使然也。故辽、金、元崛起东陲，遂扶其尚武之精神，以统一寰区。洎乎我朝肇祖原皇帝造攻于鄂多里城，建都于赫图阿拉，以及太祖高皇帝七恨兴师大告，武成于萨尔浒一战，类皆得力于骑射者居多。厥后吉林军以骑射雄天下，南征西伐与有功焉。今长白一带，采猎打牲之徒，超越山林，驰逐鸟兽，虽不以骑射而以枪械，顾其强悍骁勇之习，犹有东海之雄风焉。恭录御制诗二首：

斐兰

汉语榆柳，小弓也。小儿以榆柳为弓，荆蒿为矢，鸡翎为羽，取以习射。

榆柳弯弓弦縻丝，刿荆作箭雉翎鈹。
壮行幼学率由旧，蓬矢桑弧匪袭为。
揖让岂知争君子，阍抨惟觉惯童儿。
曾闻肃慎称遥贡，可惜周人未解施。

阍抨：阍音恺，《说文》开也。抨，音评，《说文》挥也，射时用拇指钩弦而抨挥之也。

第四章　风俗与文化

　　桑蓬弧矢举惟男，示有事胥自幼谙。
　　榆柳为弓骍角未，荆蒿作箭雉翎堪。
　　二三卿士节权略，日夕儿童戏以耽。
　　即此箕裘应共勖，进之观德更名谈。

按：关锁时代重文，竞争时代重武，皆古今帝王将相补偏救弊之权。东北幼年子弟驰马试剑习与性成，遂养成健儿性格。语云：边庭出名将。诚笃论哉。

……

庐舍

东山本部落故墟，不宇不庐。汉唐各书称其倚山开户，穿穴接梯，不无过甚之词。顾地湿天寒，迄今如昔，荆榛弥望，矮屋萧疏，砌石为基，泥土为墙，架以本，葺以草，名曰窝铺，或曰窝棚。剥桦皮为壁为盖者，曰桦皮房。皆以土为（坑）〔炕〕，穴其内煴以火，以御潮湿。刳中空之本竖檐外，通炕洞引烟使出，木上覆荆筐以避雪雨，名曰呼兰。自辽金以迄国初，未之或易，砖瓦之制，自今年设治始。恭录御制诗六章：

拉哈

汉语柱也。缀麻以圬墙也。拉哈墙壁之上据中竖柱，以承梁，左右留二孔出气，谓之嘛木哈图拉图。至今木把入山砍木如此式者甚多，土人称之曰马架，音同而字异。

　　乘屋居闲事索绹，经营妇子共勤劳。
　　御寒塞向诸凡预，施缦编麻要取牢。
　　出气天窗柱左右，通烟土锉炕周遭。
　　室家豳馆风犹在，惭愧宫庭雉尾高。

　　层层坯土砌为墙，缀以沤麻色带黄。
　　妇织男耕斯室处，幼孳壮作旧风霙。
　　底称凿逌颜家阓，漫喻操嘻圬者王。
　　故俗公刘传芮鞫，九重此况慎毋忘。

按：于茅索绹，豳岐故俗。陶复陶穴，芮鞫遗风。而周家八百年基业实始于此。我朝肇基长白，垂三百年，而庐旅之风如故也。想我列祖列宗崛起东隅，冰山雪窟，备历艰辛，卒能奠丽中原，追踪丰镐，其草昧创业之艰超轶千古。

261

东北"旧志"中松花江流域自然与风俗史料汇编

读御制"惭愧宫庭雉尾高""九重此况慎毋忘"两句,宫阙巍峨,犹存茅绹心思,猗欤休哉,洵与唐尧白屋,夏禹卑宫,后先媲美矣。

呼兰

汉语灶突也。截中空之木,竖于檐外,与灶炉通,以引烟外出。今长白居民,比屋皆然。

中空外直求材易,暮爨晨炊利用均。
曲突徙薪诚上策,焦头烂额更何人。
疏烟土锉烹蒸便,夜雨荆筐盖覆频。
却有千年辽海鹤,蓦疑华表化前身。

豳岐家室屡为迁,时处恒依旧俗然。
水火每资叩昏户,爨炊常看引朝烟。
疏风避雨安而稳,直外通中朴且坚。
玉食寄言惟辟者,莫忘陶复九章绵。

按:东山森林甲天下,可称木界省分,凡物皆以木制。呼兰,本引火之具,而亦以空木为之,其木材之盛已可概见。

……

饮食

游牧部落,膻腥牛乳,不洁不精。辽金以后稍知研求食物,而调剂之品,仍沿旧习。和菜捣糜,炙股烹脯,聚族而食,虽非茹毛饮血,犹有污樽抔饮之遗风焉。今长白一带,居民谷食则米、麦、秫、稻,肉食则山羊、野猪、鹿脯、狍脂。以粱酿酒,以豆为油为酱,风犹近古。尝见有获一猪、一狍、一鹿、一熊,而远近山民席地聚食,和以盐剂,以葱以蒜齑辛,尽欢而罢。盖山居野处之民,与内地判若霄壤①矣。

按:《北盟录》载:北方宴食有猪鹿兔雁,馒头炊饼白熟之类铺满几案。油煮面食以蜜涂拌,名曰茶食。以极肥猪肉或脂阔切大片,置盘上,插青葱三四茎,名曰肉盘子。我朝入关以后,饮食渐殊旧习,而馒头、炊饼、茶食、肉盘之名,犹传播于民间。东山之民尤近古风。

……

---

① 霄壤:形容差别极大,如天与地的分别。

第四章　风俗与文化

衣服

东山服制，承百济、新罗之旧，尚白、尚素、尚洁，御寒则布袍革履，作事则短衣轻装。自汉魏以来，各有异同，男子皮裘褐裤，妇人布裙长襦，皆质而不文。金兴尤俭，舆服志禁女真人不得学南人衣装，惧涉奢华。我朝开国之初，凡衣服之制均以便骑射，崇俭朴为宜。近日边徼穷氓不知古制，无所谓服色也。蓝缕山林，身则短衣，足则乌拉，首则皮帽，仿佛先代衣冠习俗使然耳。惟韩侨服制，颇为近古，另详韩侨风俗内。

……

器用

东山无陶器，皆以木代，粗笨异常不雕不凿，朴素而坚，依然鸿荒之世。刳木为耒，剡木为耒，故观于东山之器用，而益信古圣人开务成物之功，夐乎远矣。

……

按：木槽之制，自通化、临江以至长白，凡渡江渡河皆用之。小则以独木为之，可渡八九人。大则并两木槽，平面钉以木板，可渡车马，是因其制而变通者也。鸭绿江硝多水猛，舟楫难通。去年长郡仿造鸭嘴船式，创造大小江艚六艘，试行无阻，再设法开修航路，筹备江防。

赛斐

汉语匙也。以木为之，长四寸，曲柄丰末。民间至今犹用之，国俗然也。

……

按：羹匙，微物也。每饭必需。于民何涉，而于朝食晡飧之余，犹感《周雅》有救之咏，已溺己饥，上廑宵旰，故大东小东之诗不作于圣明之世矣，猗欤休哉！

……

法喇

汉语爬犁也。似车无轮，似榻无足，驾马驾牛利行冰雪，冬春之间最宜。

……

按：爬犁不宜平地，一届冬令鸭绿冰坚，山安东、通化、临江运货至长白者，皆用之。碾冰踏雪轧轧有声，尽一日之力可行一百五十余里，运满载之货可装一千二百余斤。东道不通，利用此物，不文不饰，虽笨而坚。读御制之诗，谓华轩轮辕当不如椎轮大辂之适于用也。洋洋圣谟昭兹来许，躬亲而目睹者，益信此制之不虚。

额林

汉语搁板也。架木板于楣栋间，置瓶瓮奁箧诸器具，以作几案柜椟之用。

罗丹

汉语鹿蹄腕骨也。儿童妇女掷作戏具，视偃仰为胜负，以薄圆石击之，名曰帕格。

豁山

汉语纸也。夏秋捣败苎楮絮，沤之成，毳暴为纸，坚韧如革，谓之豁山。

语言

历代部族文字已失传，语言亦互异，汉魏诸书所载夫余、挹娄、百济、新岁各国语言谓有类秦语者，谓有类汉语者，谓有沿金辽旧称者，言庞语杂，字音不免混淆，土语方言，方今向难考证。我太祖高皇帝创制国书，精核详明，而所传女真字母一书，早已散轶无存。特命儒臣巴克什等，以满蒙字音语音联译成文，颁布国人，究竟通晓者尚属寥寥。现长郡居民强半山东流寓，率皆各操土音，间有通高丽语者，以与韩侨习处故也。其习惯相沿之语，会意谐声亦有暗与古合者。

……

祭祀

旧俗崇信鬼神。设祭之时，歌舞饮酒昼夜不休，尤好祀山神，遇有盟会必先祀山谷之神，而后歃血。此俗至今犹存。每出游至深山绝涧，类皆架木板为小庙，庙前竖木为杆，悬彩布置香炉，供山神位，亦有供老把头者，大约因山多猛兽，祈神灵以呵护之也。乡俗信神，固无足怪。

按：东俗敬山神，在三韩、百济、新罗时代已有此俗，沿及今日，穷山邃谷之中比比皆是。长白有王姓名诚者，由山东到长三十余年，擒虎七，未为所噬，年近古稀，无家无妻子，以垦荒余资自修小庙一座。世俗信山神，即此已可概见。查山神之封始于金大定十二年，封长白山神为兴国灵应王，明昌四年又封为开天宏圣帝，我朝康熙十六年，册封为长白山之神。自此以后，民间相沿成风，而山神之祀，遂遍东山矣。

第四章 风俗与文化

职作

东山草昧,陵谷沟堑险阻异常。土人不重耕织,以木植为上,采参次之,打牲又次之。凡倚此为业者,均谓之山利乐。即乐其乐,而利其利之谓也。此外则酿秫酒,榨豆油,沤麻为绳,割皮为鞋,刨细辛①,铲木耳,亦东民之职业也。

张凤台:《长白汇征录》,李澍田主编:《长白丛书》,长春:吉林文史出版社,1987年,第104—122页。

《双阳县乡土志》

礼俗

(二)丧葬

丧礼:(一)始丧。子妇于亲将死时,扶起更换新衣服(富者用绸,贫者用布),设灵床于寝室,置新衾褥于上。既死,置尸灵床。合家环泣,焚化纸箔,更赴附近庙宇哭奠招魂。按亡人年岁,用白纸数十张悬挂门外,所以表哀也。

(二)殡殓。殓用木棺(木材美恶、大小、厚薄视贫富而定)。既殓,设香供于前,焚纸受吊,更讣闻远近亲友男女长幼,皆按服制行孝。更用画匠图绘棺之四周,并造纸人、纸马、纸车等物,以为送行之备。

(三)送行。送行每在死后第三日,至日亲友咸集,各携赙赠致奠灵前,或哭或否亦按服制。

……

(三)祭祀

祭祀以阴历正月为盛,民户皆于寝室中堂设神牌启祖龛,用香烛花馃庶馐供奉。次清明节,至期,家家携纸箔酒肉至墓田祭奠。又十月一日,家家亦赴墓祭扫,其余无定期者,姑不赘述。

(四)习尚

人民习尚多原于历史地理。我县北境开辟早、南境开辟晚,北境近通衢,南境邻荒徼,故北境尚文,多衣冠之士,南境尚武,多勇烈之风,盖原于历史地理如此也。

---

① 细辛:一种中药材。

吉人：《双阳县乡土志》，《中国地方志集成·吉林府县志辑1》，南京：凤凰出版社，2006年，第521—522页。

《扶余县志》

产儿　俗称大喜（指男）、小喜（指女）（或坐月子）。
……
冠礼（俗称成人）。古冠礼有定制。
……
婚礼（俗谓娶媳妇）。中国婚礼至繁，不似东西洋之间捷。
……
城镇　多用鞠躬礼。
乡村　多用拜跪，多有童养媳（即□圆媳妇）。
早婚　富家老媪喜弄孙。至十二三岁时，即为之娶妇，是诚小丈夫哉。

张其军：《扶余县志》，《中国地方志集成·吉林府县志辑10》，南京：凤凰出版社，2006年，第516—521页。

《农安县志》

祀孔

周元王四十二年，立孔子庙于故宅。
……
汉高帝十二年，过鲁，以太牢祀孔子，封孔子九代孙腾为奉圣君。
……
东汉光武皇帝建武五年冬十月，如鲁，使大司空弘祀孔子。
……
魏文帝黄初二年春正月，令郡守修孔子庙，置百石吏卒以守卫之。
……
晋武帝太康二年，令释奠孔子。以上公之礼，舞用八佾，乐用轩悬。
……
孝武帝太元十一年，封孔靖之为奉圣亭侯，奉宣尼祀。
宋孝武帝孝建元年，诏开建庙，制同诸侯之礼，厚给祭秩。
……

齐武帝永明三年，诏立学释奠，设轩悬之乐，六佾之舞，牲牢器川悉依上公。

梁武帝天监四年春正月，置五经博士各一人，分遣博士祭酒巡州郡立学。夏六月初，立孔子庙。

陈废帝伯宗光大元年，以兼从事中郎孔英哲为奉圣亭侯，奉孔子祀。

北魏太祖天兴四年春二月丁亥，命乐师入学习舞，释荣于先圣先师。

……

北齐文宣帝天保元年，诏封崇圣侯，邑一百户以奉孔子之祀。

……

北周宣帝大象二年春三月，追封孔子为邹国公并立后承袭。

隋文帝以周公为先圣，南面；孔子为先师，东面。命国子寺以四仲上丁释奠。州、县学以春秋仲月。

唐高祖武德二年，诏国学立周公、孔子各一庙。

……

宋太祖建隆元年春正月，谒孔子庙，释奠用永安之乐。

……

高宗建炎十年，复释奠文宣王，为大祀，其礼如社稷，州、县为中祀。

……

辽太祖神册三年，诏建孔子庙。

金熙宗天会十五年，立孔子庙于上京。

……

元太宗五年冬十二月，敕修孔子庙。

……

明太祖洪武三年，诏革诸神封号，惟孔子封爵仍旧。

郑世纯修，朱衣点纂：《农安县志》，《中国地方志集成·吉林府县志辑2》，南京：凤凰出版社，2006年，第150—153页。

《辉南县志》

礼俗

民风　县境民籍齐鲁为多，直豫次之，生聚垂三十年，文化渐兴，弦歌聿起，驯成善俗。……

祀典　文庙在县城东南隅……武庙在县城西南隅。
……

婚嫁　城中亦有文明结婚者，至于生男则挂弓箭于门，生女则悬红布于户。悬弧设帨，古礼犹存也。

丧葬　除服之义而多不能三年之丧风，人所以有素冠之叹、庐墓之诚更不见矣。

祭祀　各以其事，醵资备礼而建醮。关帝、龙王各庙神道设教食为民天罔，弗为岁功计也。

岁事　阳历新年，官绅军学团拜庆贺……夏历正月初一日春节，即昔之元旦，通俗设香楮备酒醴，祭天地神祇祠灶。……十五日为上元节，城乡各献汤圆，煮而食之，曰庆元宵。……清明节各以麦粉制饽饽，团聚食之。三月十六日俗呼山神节，酒馔欢谑，山中尤甚。五月初五日夏节，即端阳节。城乡各缀工作，备豚酒相庆祝。……六月初六日，旧天贶节。农家多制苏叶饽饽，以相馈送。七月七日，相传黄姑与天孙相会之夕。……八月十五秋节，城乡百工俱休，酒食相庆……陈祀于庭以拜明月。九月九日重阳节，士人间有登高者。十二月初八日，乡间以五谷汇煮而食，曰腊八粥。二十三日古为醉司命日，各以香饧、纸马荐灶，家长拜而祷之，曰度小年。三十日除夕，家家华烛连宵，家人团聚欢谑曰守岁，取除旧更新之意，拜祝尊长曰辞岁。

杂礼　相见礼，乡民相见多用长揖礼，城镇中多用鞠躬礼，跪拜非于家庭尊长不用。
……

衣食住　县民习尚质，素服御简。

白纯义：《辉南县志》，《中国地方志集成·吉林府县志辑2》，南京：凤凰出版社，2006年，第599—602页。

《镇东县志》

礼俗

嫁娶　男女婚嫁，一遵父母之命，二承媒妁之言。……

丧葬　蒙民殓具或用棺或礶，微有不同。

年节　旧历除夕，家人折纸成包，焚于十字路口，曰烧包袱。……

元宵节　正月十五日为元宵节。入夜，张灯作乐，街市间燃放花炮以为乐。……

二月初二日　俗称龙抬头……咸备盛馔，团聚而食，似亦有节令之意。

清明节　有子弟者咸为其宗祖扫墓添土，焚纸帛以奠焉。

端阳节　五月五日为端阳节，俗称当五。……

六月初六日　各户及村社均备贡品以祭虫王。

六月二十日　为祭牛马王之日。……

七月初七日　俗谓乞巧日。……

中元节　七月十五日为中元节，俗谓鬼节。……

中秋节　八月十五日为中秋节……夜则陈诸品于庭前，焚香以祀，谓之供月。

重阳节　九月九日为重阳节，多登高眺望，谓可避灾，亦师古之意也。

十月初一日　俗称斯日，为小阳春，仍似清明节。……

腊八　十二月初八日为腊八，以元米杂各色米粮共八种煮粥共食，俗谓之食腊八粥。

祀灶　十二月二十三日晚，以糖祀灶……俗称过小年。

祭神　汉人致祭，只于元旦、元宵、中元、中秋各节令举行之，而蒙人则于十月十五日有打鬼之祭焉。

生子　生子三日开汤饼之会，曰洗三。……

宴会　宴会之仪城乡多有之，每于元宵节前行之，俗谓会年。

陈占甲修，周渭贤纂：《镇东县志》，《中国地方志集成·吉林府县志辑10》，南京：凤凰出版社，2006年，第261—262页。

《永吉县志》

乾隆四十三年敕建松花江神庙（东莱门外松花江北岸，正殿五楹，大门三楹配庑二楹）。

……

嘉庆十年八月壬寅，上至盛京，遣官祭长白山、松花江诸神。道光九年九月二十三日甲寅，上至盛京，遣官祭长白山、松花江诸神。咸丰十一年十月癸未,遣官祭长白山、松花江诸神。

徐鼐霖:《永吉县志》,李澍田主编:《长白丛书》,长春:吉林文史出版社,1988年,第424、428页。

《辉南风土调查录》

第十一章 礼俗
第一节 祀典

文庙地基设治时指留城东南隅,后因该处地势洼下、基址狭小,不敷建设,改换城内东北隅,在高小学校迤东,惟因学款难窘,至今未能建立。现正设法筹款,俟集有成数,即行修筑。

……

第二节 婚礼

辉邑地处边僻,礼仪单简,结婚手续先由媒妁议婚,两家合意,再以男女年龄卜吉凶,年命相合,则议聘礼,大概不外猪酒布匹首饰等物,亦有以钱折算者。

……

第三节 丧礼

辉俗,凡人故后,须赴附近之庙前,报告其人已死,意盖为祈神佑也。

……

第四节 祭礼

辉邑民风朴质,祭祀之礼不外祭祖祭神二种。祭祖率在年节置备酒肉各祭品供献祖先,又清明节及七月十五日、十月一日,各家皆备供礼,焚冥镪,祭扫祖先之坟茔,名曰上坟。

王瑞之:《辉南风土调查录》,《中国地方志集成·吉林府县志辑4》,南京:凤凰出版社,2006年,第40—42页。

《布特哈志略》

礼节从满制(平素相见行屈膝礼,如遇年节,则粘贴画彩、对联。除夕辞岁,元旦接神,并赴亲友家庆贺。婚嫁则择适使媒,介绍、定亲、纳礼、结婚、悬红、合卺、新夫妇拜天地、认亲友。办丧事则着白布孝服，择吉开吊、发引、对灵哀哭、奠祭，筵待亲友均行下跪叩首礼），庭训尚武（长前幼后，正肃严厉，荷枪、骑马、射箭、拍球，真直朴实，忍耐苦劳为尚）。

孟定恭：《布特哈志略》，姜维公，刘立强：《中国边疆研究文库·初编·东北边疆》第十一卷，哈尔滨：黑龙江教育出版社，2014年，第116页。

《怀德县志》

礼俗

五帝不袭礼，三王不沿乐，此因时而异者也。百里不同风，千里不同俗，此因地而异者也。怀德古系遐荒，本非王化所及，地属内蒙（古），原为游牧之区。一言礼俗，亦未开化之礼俗耳。

……

民风

自前清变法而后、民国成立以来，士骛新学，知进取；农重副产，重积蓄；商增知识，工懋迁；工谋改良，精制造。虽人心随世运为转移，亦猛省由激刺而增进也。

婚娶

金复州人向南拜，俗谓拜南天门；直隶、山东人向北拜，俗谓拜北斗，除夕祭神亦然。阈置马鞍，至阈，婿去新妇头上红巾纳于怀，逾鞍入室。

……

丧葬

丧制亦沿古礼，化者初终，小殓于床，丧主于庭中，指望西南而号曰："向西南大路行。"俗谓指明路，亦云止路，即古皋复之意。或谓生佛之印度，在我国西南，向西南者，魂归极乐国也。或谓酆都①为地下之京师，四川酆都方位在中国西南，人死以酆都为归宿，故而西南行也。

……

祭祀

除夕祀祖，称设神龛或木主或家谱，以纸为之，以次书祖称之讳。故名非

---

① 酆都：又称酆都罗山，即是中国传说中的地府地狱。

撰之谱书也。祭用蔬羞馒首炉食各品。金复州人尚有往祖茔请神之仪。

李宴春：《怀德县志》，《中国地方志集成·吉林府县志辑8》，南京：凤凰出版社，2006年，第476—477页。

《德惠县乡土志》

迷语

民智未开，惑于迷信，以致祈福免祸之说、媚神之术无所不至。如害虫食禾而不敢驱，雹霜为灾而归于命，以至日月星辰山川土地风云雷雨之属，莫不有其主宰之神。如家庭为求顺适，供奉观音；商铺求利盈，供奉财神。建房屋、葬坟墓谓有风水，必请堪舆。生疮痍、染疾病谓宿孽，乃聘巫医。他如跳神占鬼画符念咒，尤属常有之事。

石绍廉编：《德惠县乡土志》，《中国地方志集成·吉林府县志辑1》，南京：凤凰出版社，2006年，第452页。

《长春县志》

岁事 旧历正月元旦，人家陈几于庭，名曰天地桌，列香烛供品，至上元后始撤。……二月初二日中和节，俗曰龙抬头日，以惊蛰率在此节前后故也。……三月初三日，旧俗是日瞽者酾饮于三皇庙。二十八日，为天齐庙会。四月十八日，碧霞元君庙会。……五月初五日为端阳节。……六月初六，祭虫王，立青苗会。……七月七日为乞巧节。……八月十五日中秋节。……九月初九日重阳。……十月初一日，俗称是日曰鬼节。……十二月初八日为腊日。……二十三日，陈刍粟、麦饴，祭送灶神（古五祀之一，夏所祭也）。三十日除夕。

风俗 邑民祀典，多从旧俗。……邑人崇信神教，报赛祈福。……上元夜，好事者辄扮秧歌。……生子三日浴儿，亲友馈以鸡子、面食，曰送粥米（今俗曰下奶）。主人作汤饼款之，曰食喜面。弥月，亲友各携金钱、绣绘、儿饰相贺，曰满月。主人仍备酒馔酬之。百日作蒸食，谓可生发。周晬，列笔墨玩具于前，令儿随意检取，以观志向，俗谓抓周晬。

金毓黻：《长春县志》，《中国地方志集成·吉林府县志辑1》，南京：凤凰出版社，2006年，第328—330页。

三、诗词艺文

(一) 奏议经略

《辽东志》

巡按御史李善奏复辽东边事疏

切见辽东边事疲敝，臣至辽阳开原询及故老，皆云：宣德年间，本镇初无边墙时，唯严瞭望，远烽堠海运，直通辽阳、铁岭，以达开原，故开原城西，有曰老米湾者，又旧行陆路，自广宁，直抵开原三百余里。先年烧荒，东西兵马会合，棋盘山东北，至开原平顶山，中有显州废城，辽之中京，肥饶之地，不下万顷，自毕恭立边后，置之境外，迩来三卫，夷人肆意南侵，渐入猪儿山、老虎林、辽河套等处，假牧潜行伺隙入寇边方，为害甚于昔时，且沿边地多平，漫土脉咸，卤递年春秋，征夫四五万名，粮饷万石，无益边防，徒劳人力，初计所恃者，辽水为险也。夏旱水浅，虏骑可涉冬寒，冰冻如履，坦途抄掠，人畜不敢耕牧。遂致田野荒芜，边储虚耗，仰给京运，且今道路隔阻，辽河又兼盘山，牛庄低洼，天雨连绵，水辄泛溢，行旅阻隔，万一开原，有警锦义，广宁之兵，何以应援。且辽东孤悬一方，番汉杂处，辽河失守，则辽阳不支，辽阳不支，畿辅之地，岂能晏然也哉？臣虑及此，不能不为之寒心也。计今开复旧路，墩空城堡，瞭守官军，往来道里，可减三之二，其山泽之，利舟楫之，便肥饶之，田岂胜言哉。又以形势大略，言则锦义，为西路广宁，为中路辽阳，为东路开原，为北路酌量远近，联络声势，随机应变，彼此相援。诚如常山之蛇，首尾相应，边疆可拟盘石矣，一原设各城，沿边墩台，自广宁起，至开原平顶山止，延袤八百余里，该墙一十四万四千丈，墩台二百六十五座，瞭守官军一千五百四员名，若以新展垣墙算过三百余里，共墙五万四千丈，沿边该设墩台每二里，立墩一座共台二百五十座，大台五十座，小台一百座，余下墩台一百一十五座一，开原地方平顶山墩起，至广宁地方，棋盘山墩，止沿边，按马营堡二十处，共操守马步官军舍，余四千一百八十一员名，一今新展城堡，止用五座立二所，三站腰脚台四座。

……

东北"旧志"中松花江流域自然与风俗史料汇编

翰林院修撰龚用卿户科给事中吴希孟会陈边务疏

题为陈边务固边疆,以图长治久安事,臣等奉命诏谕,朝鲜于辽东地方,往来经历,凡人情土俗,安危利病,见之颇真,知之颇熟。谨以有关地方者,摘为五事,伏乞详议施行。

一增筑边城,以备虏患访,得辽东地方,自广宁至开原,旧有陆路,不过三百余里。洪武永乐年间,海运边储,船只直抵开原,今开原城西有地名老米湾是也。正德年间,始立边墙,故沿河迤里,随河之湾曲,筑垒设墩,延长八百余里,致将河套之利,委弃城外,为寇贼之资,达虏肆意,南侵深入腹心,诸墩台瞻顾不支,涣散不一。窃谓自广宁至开原,旧路宜因时修,筑以八百里之兵力,为三百里之守,则用力专以八百里之城,垣守三百里之地,则地形简专,则不分简,则日见地有余,利人有余,财兵有余,勇算之上者也。

任洛等纂修:《辽东志》,刘立强、刘海洋:《中国东北边疆历史文献丛书》,北京:科学出版社,2016年,第341—342页。

《全辽志》

敕开原兵备道

先该给事中林廷学奏称,开原地方,二卫孤悬,三面接虏,边情叵测,人民顽野,弊端易积,诈伪横生,宜设兵备,以惩凤蠹等因。下该部议拟,已行镇巡等官会题,相应改设。今特命尔驻札开原地方,整饬辽东等处兵备,修理墩墙,操练军马,抚恤士卒,问理词讼,禁革奸弊。一应合行事宜,悉照该部题准事理施行,仍听巡抚官节制。尔受兹委任,尤须持廉秉公己率下,务俾奸宄屏迹、军民安堵、边境无虞,斯副任使。如或怠忽误事,责有所归。尔其慎之。故敕。

……

敕辽东副总兵

皇帝敕谕。都指挥佥事韩承庆,今特命尔充副总兵官驻札辽阳地方,管理清河、碱场、马根单、孤山、一堵墙、散羊峪、抚顺、会安、东州、沈阳、静远、平房、上榆林、蒲河、十方寺、长安、长静、长宁、长定、长勇、长胜、武靖营、奉集、威宁营二十五处营堡。平时操练军马,修理城池,抚恤士卒,防御虏寇;有警哨备收敛,相机堵剿。如遇报有大警,开原海盖二参将、沈阳高平二游击所管兵马，悉听调度分布截杀。无事各令照常防守城池，如开原、海盖、沈阳、高平、险山等处有警，尔不必听候镇巡明文，径自提兵策应。若会兵剿贼，仍听总兵官节制调遣。尔尤须持廉秉公，图称委任。如或黩货虐下致误边事，法不轻贷。尔其勉之，慎之。故敕。

开原兵备道题名记

兵备佥事　黄云

开原古肃慎氏地，代①多为胡虏窟穴。我朝开拓疆宇，乃得抚而有焉，时置参戎以分镇之。逮嘉靖癸卯，上用言者议俾予，始自金州移至于兹。至则边备久弛、儆报日闻，人咸危之。予讯其故。虽称地方孤悬、夷情叵测，然皆岁时纳款、通贡不绝如线，非如西北黠虏之号呼可以亿万集，为我秦燕晋诸边虑者。无奈司土者类每疏庸，制驭寡术，且从而邀功于扑诱，欺愚于马市，构怨召祸，弗可禁诸。予深用为惧，即申告所司不敢易犯。既而，从役边工以渐告竣。再逾年，我备谨严而彼夷之纳款通贡者如故也。予缘以为记，且如例题名焉。或曰，古人事业掀揭声流后世，何需于此？予曰：古人之莫可尚已。然或由此使人见而兴抑止之私者，不为无少裨。若其漫无可否，甚而遗臭焉，斯其下矣。予固惧夫下者也。后之君子其尚友古人，勿犹夫予之徒惧云尔。

增建河东七堡记

前兵部尚书　范鏓

辽东之镇，东西北三面距夷，每为诸酋窥伺、剽掳、杀掠，迄无宁岁。若广宁与辽阳之西北直抵开原诸边，多在原隰，垣堑墩堡疏密适均，守望追袭计程可及。顾惟辽阳迤东临边一带，万山丛迭修林森翳，墙弗克施人难为守，而地之相去南北不啻七八百里，其间止设六堡，兵马亦仅三千。应援则艰于地远，捍御则苦于兵微，驯致虏势猖獗、频年失事，比于西北，殆又甚焉。……开原当胡虏之冲，迩来修复边墙，铁岭临边、辽河之外，人业其地，创为镇西堡以卫之。但孤悬绝塞而诸城堡远隔辽河，应援越涉危亦甚矣。泛河边境有所谓李千户屯者，阻山为险，聚落颇繁，虽虏寇迁于内侵而群情乐于自守。曷其立策应、增堡障？此又二堡之不可以已也，然而莫之及图也。嘉靖丙午，巡台御史南畿张秋渠先生铎，按治兹镇，首重大防，拊疆域之势，慎积儌之惨，诘

---

① 代：应指历代王朝。

东北"旧志"中松花江流域自然与风俗史料汇编

夷夏之限,求得失之端,绎控制之略,积谋发虑,奋然远图,本之以忠勤,出之以经济,广之以周咨,任之以勇决。是故,莅开原,俯辽河,阅镇西,见群胡环向、一堡孤危,于是有彭家湾堡之图焉。又逾泛河,察民隐,因地顺志,于是为李屯堡之图焉。爰及多虞,覃极诸要,瑷阳东路数百里二三十年之患,必欲挽危就安,首举尾应。乃先之备御武勋之相度以发端,继之以守备韩承庆之规画以起事。先生曰:"定边息氛,国之福也。出筹捍患,宪臣之分也。吾何责之辞?"又曰:"阅历剂量,非躬视弗周。吾将往省焉。"乃率诸司循边出塞、穿林策岭,自马根单历清河,而知虏从明墙而入也,于是有散羊峪堡之图焉。自清河历碱场,而知虏从鸦鹘关诸路而入也,于是有一堵墙堡之图焉。自碱场历洒马吉、新安等处,而知虏从北古河台诸路而入也,于是有孤山堡之图焉。又出双岭历险山,而知虏自石岔口经索果直而来也,于是有险山堡之图焉。又自险山历江沿台,而知虏从打探峪入瓦子峪而来也,于是有江沿台堡之图焉。相宜度形,举要扼会,左右适当,声势联络,缓急便宜,战守俱利,无俟墙壁之防,永得控制之策,内有耕牧之利,外无冲突之扰。是故,二堡立,则开原实矣;五堡立,则瑷阳固矣;七堡增,则河东自此可无虞矣。

奏复辽东边事疏(弘治六年二月)

巡按御史 李善

切见辽东边事疲敝。臣至辽阳、开原,询及故老,皆曰宣德年间,本镇初无边墙。时唯严瞭望、远烽堠,海运直通辽阳、铁岭以达开原,故开原城西有曰老米湾者。又旧行陆路,自广宁直抵开原三百余里,先年烧荒,东西兵马会合棋盘山东北。至开原平顶山,中有显州废城,辽之中京,肥饶之地不下万顷。自毕恭立边后置之境外,迩来三卫夷人肆意南侵,渐入猪儿山、老虎林、辽河套等处,假牧潜行伺隙入寇,边方为害甚于昔时。且沿边地多平漫,土脉碱卤,递年春秋征夫四五万名、粮饷万石,无益边防,徒劳人力。初计所恃者,辽水为险也。夏旱水浅,虏骑可涉;冬寒冰冻,如履坦途。抄掠人畜不敢耕牧,遂致田野荒芜、边储虚耗,仰给京运。见今道路隔阻辽河,又兼盘山、牛庄①低洼,天雨连绵,水辄泛溢,行旅阻隔。万一开原有警,锦义广宁之兵何以应援?且辽东孤悬一方,番汉杂处,辽河失守则辽阳不支,辽阳不支,畿

---

① 牛庄:牛庄镇,今隶属于辽宁省海城市。

辅之地岂能宴然也哉！臣虑及此，不能不为之寒心也。计今开复旧路墩、空、城堡，瞭守官军往来道里可减三之二；其山泽之利、舟楫之便、肥饶之田岂胜言哉！又以形势大略言，则锦义为西路，广宁为中路，辽阳为东路，开原为北路，酌量远近，联络声势，随机应变，彼此相援，诚如常山之蛇首尾相应，辽疆可拟磐石矣。一、原设各城沿边墩台，自广宁起至开原平顶山止，延袤八百余里。该墙一十四万四千丈，墩台二百六十五座，瞭守官军一千五百四员名。若以新展垣墙算，过三百余里，共墙五万四千丈；沿边该设墩台，每二里立墩一座，共台二百五十座，大台五十座，小台一百座余，下墩台一百一十五座。一、开原地方，平顶山墩起至广宁地方棋盘山墩止，沿边按马营堡二十处，共马步官军舍余四千一百八十一员名。一、今新展城堡止用五座，立二所三站，腰角台四座。

会奏裁革内臣疏

巡抚都御史　潘珍

巡按都史　朱孔阳

切见辽东镇守内臣，永乐间始于王彦。彦父萨理蛮，率众内附，从征所向有功。因责王彦以抚东夷。监枪内臣始于宣德三年，太监杨宣管收神枪。开原分守监臣始于正统二年，改杨宣以充任，以后遂成故，事相沿差委。本镇密迩畿辅，僻在东隅，军民馈饷全仰挽运。不满千里而内臣三员，其何以堪！且监枪所司，止于一事，又与镇守同居一城。原领枪铳多给城堡，自有主者，知所慎重，所谓监督不过簿书册籍会计数目耳。开原虽称要害，而逋逃困于征求，精锐销于剥削，行伍凋耗，屯堡空虚。且又监丞参将朝夕共处，嫌隙易生，见有异同，动失机会。况夫承平既久，国势日张，原无宣大之虏情，幸有马市之系束。抚剿苟得其道，控制或可无虞。官多民扰，在在为病，而穷边尤甚。镇守之设，无补地方之安危，徒费岁月之供亿。以上各官，所当裁革，兵部议复。是年革去监枪及开原分守，镇守仍旧。

使朝鲜回奏

修撰　龚用卿

给事中　吴希孟

题为陈边务、固边疆以图长治久安事，臣等奉命诏谕朝鲜。于辽东地方往

东北"旧志"中松花江流域自然与风俗史料汇编

来经历，凡人情土俗、安危利病见之颇真，知之颇熟。谨以有关地方者摘为五事，伏乞详议施行。

一、增筑边城以备虏患。访得辽东地方，自广宁至开原旧有陆路不远，三百余里。洪武永乐年间，海运边储船只直抵开原。今开原城西有地名老米湾是也。正德年间始立边墙，故沿河迤里，随河之湾曲筑垒设墩，延长八百余里。致将河套之利委弃城外，为寇贼之资。达虏肆意南侵，深入腹心，诸墩台瞻顾不支，涣散不一。窃谓自广宁至开原旧路，宜因时修筑。以八百里之兵力为三百里之守，则用力专。以八百里之城垣守三百里之地，则地形简。专则不分，简则易见。地有余利，人有余财，兵有余勇，算之上者也。

……

题为议处东南极边要害添设兵将，控扼虏冲，预防外患，以永安重镇疏。

前人

议照本镇河东地方，自辽阳而北抵开原，虽皆极边重地，然兵将联络声势相倚，如常山蛇势首尾交应。经制已备，无容别议者。惟此东南一隅，幅员千里，深山广谷，逋逃渊薮，居民散处，孳畜繁盛，素称乐土，而全镇命脉实于此中寄之。

……

海道奏

苑马寺卿　陈天资

切惟辽东之于山东，原为一省。辽海自金州抵登州，仅二宿程。国初布花由海运抵旅顺，粮米由海运经登州趋旅顺，直抵开原。开原城西有老米湾，即其卸泊处也。

……

设立备御以抚西夷议

开原兵备佥事　黄九成

看得开原庆云堡，离城四十里，旧设守堡官一员，官军二百九十员名。每遇福余卫夷人入市，参将同马市备御官带领人马前去抚赏。然开原南市犹有海西交易，今乃悉众专抚西市，不免顾此失彼。万一黠虏谲诈，乘我不备，或生意外之虞。虽有智者，亦不能为之谋矣。……备御既设，军马募完，如夷人入市众多，参将、马市官前去庆云，同本堡备御抚赏，留开原备御领左哨人马存驻开原，以防南市，遥为声援。如此不惟可以弹压西夷之心，亦可以震警东胡之胆。似亦保边御虏之一策也。

添设兵马以防东夷议

前人

看得开原地方为辽之极北，南至沈阳二百里，去辽阳三百二十里，去广宁六百八十里。三岔、浑河之泥泞不计焉。道路既远，缓急之际应援实难。开原参将旧额人马五千员名，近年迭遭兵荒，马步止有三千余员名，疲弱者亦居其半。是地方之危险莫过于开原，兵马之消耗亦莫甚于开原也。如海西夷人节年进贡，目前之计固若无虞。然帝王之治，安不忘危，未然之防尤当深虑。说者曰，铁岭添设精兵二千，备御改为守备，仍听开原参将节制。南可以接沈阳，北可以应开原，弹压外夷之心，壮我华夏之威。似亦有见。而竟莫之行者，岂非以事大难举，时惮兴作乎！

李辅纂修：《全辽志》，刘立强、韩钢、刘海洋主编，韩钢点校：《中国东北边疆历史文献丛书》，北京：科学出版社，2016年，第395—396、420、429—430、447、453—454、461、479、483—484页。

（二）诗词

《辽东志》

开原郊行

李承勋

融融春色课锄犁，绝塞孤危强自支。
独喜连城同复日，正逢明主中兴时。
泽消积雪鸿初集，帘动微风燕未知。
忽报呼韩来纳款，人心原不隔华夷。

任洛等纂修：《辽东志》，刘立强、刘海洋：《中国东北边疆历史文献丛书》，北京：科学出版社，2016年，第350—351页。

东北"旧志"中松花江流域自然与风俗史料汇编

《全辽志》

开原郊外

李承勋

融融春色课锄犁,绝塞孤危强自支。独喜连城同复旦①,正逢明主中兴时。泽消碛雪鸿初集,帘动微风燕未知。忽报呼韩来纳款,人心原不隔华夷。

开原道中

温景葵

暑雨炎蒸出帝京,风霜摇落历幽营。一天秋色疑戈戟,万里虹光引旆旌。咫尺山河分内外,须臾云雾幻阴晴。行瞻辽海寒鸦度,忽见乌桓款圣明。

阅开原城

周斯盛

雉蝶连云峙北陲,层山如戟界华夷。万年控制梯航远,千里孤悬虎豹随。漠漠长风吹戍垒,萧萧落日拥旌旗。茅檐未息边头燧,在顾时劳圣主垂。

开原道中

时所历颇称饶沃,第三面阻夷而塞垣倾圮,非设险守国之义矣。君子有杞人忧焉。

李贡

北望川原野色平,长风竟日撼边声。烟村雨足农相问,江树云迷水自萦。万里关山开禹甸,九夷豺虎隔秦城。莫言设险非长策,缚虏何人解请缨?

……

平夷赋 并序

武靖侯赵辅

建州一卫女直,东方之黠虏也。深处万山,林木障天,晴昼如晦,恃险负固已有年矣。永乐间,开原降虏杨木答兀者悖逆,率数百骑往投之。其党类遂滋,日浸强悍。我成祖文皇帝靖难之初,悯生民之艰,不即加兵,姑抚绥之。彼狼子野心,终怀觊觎。

李辅纂修:《全辽志》,刘立强、韩钢、刘海洋主编,韩钢点校:《中国东

---

① 复旦:日复一日。

北边疆历史文献丛书》，北京：科学出版社，2016年，第528—531页。

《柳边纪略》

混同江

浩浩此江流，万古争日夜。我来独非时，但见寒光射。雪埋高岸头，沙涨层冰下。顿辔驽马奔，杖策车轮过。自昔戒垂堂，况复骑衡坐。来者纵莫欺，履薄还愁破。东行出塞垣，百川此为大。千山更临江，崩奔争一罅。虎踞与龙蟠，形势良非假。莫漫数金陵，勃海亦其亚。

……

纳木窝稽

跋涉过混同，所历已奇峭。结束入窝稽，一望更深奥。树密风怒号，崖崩石奔跳。阴霾不可开，白日安能照。古雪塞危途，哀湍喧坏道。更无人迹过，惟闻山鬼啸。车驱苦险涩，换马欲前导。霜蹄偶一蹶，流血沾乌帽。魂魄已莫收，童仆徒慰劳。死亦分所当，生岂人所料。但苦历穷荒，庭闱终未到。

杨宾：《柳边纪略》，姜维公、刘立强主编：《中国边疆研究文库·初编·东北边疆》第八卷，哈尔滨：黑龙江教育出版社，2014年，第92—93页。

《打牲乌拉乡土志》

松江围带

乌城自古说安邦，
带绕松花第一江。
源出白山来万里，
流通黑水远无双。
斜环柳岸飘轻絮，
回束闾都拥画艭。
曲抱紧围三面郭，
应知天堑此神泷。

云生：《打牲乌拉乡土志》，《中国地方志集成·吉林府县志辑1》，南京：凤凰出版社，2006年，第589页。

东北"旧志"中松花江流域自然与风俗史料汇编

《吉林外记》

御制诗歌

御制松花江放船歌

（康熙二十一年）

松花江，江水清，夜来雨过春涛生。
浪水叠锦绣縠明，彩帆画鹢随风轻。
箫韶小奏中流鸣，苍岩翠壁两岸横。
浮云耀日何晶晶，乘流直下蛟龙惊。
连樯接舰屯江城，貔貅健甲皆锐精。
旌旄映水翻朱缨，我来问俗非观兵。
松花江，江水清。
浩浩瀚瀚冲波行，云霞万里开澄泓。
……

松花江网鱼最多颁赐从臣

松花江水深千尺，捩柁移舟网亲掷。
溜洄水急浪花翻，一手提纲任所适。
须臾收处激颓波，两岸奔趋人络绎。
小鱼沉网大鱼跃，紫鬣银鳞万千百。
更有巨尾压船头，载以牛车轮欲折。
水寒冰结味益佳，远笑江南夸鲂鲫。
遍令颁赐扈从臣，幕下传薪递烹炙。
天下才俊散四方，网罗咸使登岩廊。
尔等触物思比托，捕鱼勿谓情之常。

驻跸乌拉之船厂，忆壬戌春夏巡行此地，每五日一奏请圣祖母、太皇太后安，今不可得矣！书志慨慕：

曾问慈宁草奏笺，夜张银烛大江边。
重来往事俄追忆，转眼光阴十七年。

乌拉山隩间，古木灌莽，泽潦偏野，即黄龙府之地也。今人未暇详考。赋诗二首：

第四章　风俗与文化

　　层冈翳荟乱高低，骏马迎风不住嘶。
　　碛里草深行潦阔，迟回应惜锦障泥。
　　……

　　驻跸吉林将军署复得诗三首
　　霏微夜雨晓来轻，启跸油云倏忽生。
　　几点秋霖刚过阵，满空皓日大开晴。
　　地灵信是庥祥兆，人意都增悦豫情。
　　天作高山景仰近，应歆切切继先诚。

　　星汉南来直北流，萦回滮沇卫神州。
　　城临镜水沧烟上，地接屏山绿树头。
　　辐辏闾阎市中日，往来舸舰织清秋。
　　设教图入丹青画，应拟宣城谢氏楼。

　　皇祖当年驻棨卫，迎銮父老尚能夸。
　　讵无洒扫因将敬，所喜朴淳总不奢。
　　木柱烟筒犹故俗，纸窗日影正新嘉。
　　盆中更有仙家草，五叶朱蕤苗四丫。

人参
（乾隆四十三年）

　　深山邃谷中，参枝滋苗，岁产既饶，世人往往珍为上药。盖神皋钟毓，厥草效灵，亦王气悠长之一征耳。

　　奥壤灵区产神草，三丫五叶迈常伦。
　　即今上党成凡品，自昔天公荐异珍。
　　气补那分邪与正，口含可别伪和真。
　　文殊曰能活能杀，冷笑迷而不悟人。

貂

　　乌拉诸山林中多有之，人以捕貂为恒业，岁有贡貂额，第其等以行赏。冬时供御用裘冠，王公大臣亦服之，以昭章采。

东瀛物产富难详，美氄尤称貂鼠良。
　　喜食松皮和栗实，色惟重黑乃轻黄。
　　虱谈被困苏季子，狗盗献嗤齐孟尝。
　　狐白那堪相比拟，名裘黼黻佐朝章。

东珠

东珠，出混同江及乌拉、宁古塔诸河中。匀圆莹白，大可半寸，小者亦如菽颗。王公等冠顶饰之，以多少分等秩，昭宝贵焉。

　　出蚌阴精称自古，大东毓瑞未前闻。
　　混同鸭绿圆流颗，合浦交州独产分。
　　取自珠轩供赋役，殊他蜑户效殷勤。
　　纬萧亦识留名喻，沽誉难更旧制云。

……

拉哈

（圬墙所缀麻也）

筑土甃坯为墙壁，以横木约尺许为一档，缀麻草下垂，缘之以施圬墁，经久不倒，亦国初朴素故俗也。

　　层层坯土砌为墙，缀以沤麻色带黄。
　　妇织男耕斯室处，幼孳壮作旧风覆。
　　底称凿遁颜家阖，漫喻操嘻圬者王。
　　故俗公刘傅芮鞫，九重此况慎毋忘。

……

周斐

（桦皮房也）

桦皮厚盈寸许，取以为室覆，可代瓦，旁作墙壁户牖。即以山中所产之木用之，费不劳而工省，满洲旧风，无殊周之陶复陶穴也。

　　野处穴居传易传，桦皮为室鲜前闻。
　　风何而入雨何漏，梅异其梁兰异芬。
　　占吉檐头鹊常报，防寒墙角鼠还熏。
　　称名则古惟淳朴，却匪斐然周尚文。

第四章　风俗与文化

萨英额：《吉林外记》，姜维公，刘立强：《中国边疆研究文库·初编·东北边疆》第十卷，哈尔滨：黑龙江教育出版社，2014年，第21—28页。

《安图县志》

松花江干别张君连登有咏
□淮堉

离亭攀折路旁枝，醉后还留去后黑。江水流余添别恨，雪花飘尽计归期（张君临别云三月返安，安图严寒，三月仍行雨雪）。

征帆挂起随风远，落日含情人岫迟。握手无言惟怅望，缠绵嘱寄见怀诗。

……

松花江春日即景
前人

城背松江水，春融涨暮潮。鸭浮波浪静，犬吠水声遥。影蘸新黄柳，滩横旧小桥，日昏争买渡，织月挂松梢。

松江争渡
臧文源

松花江距城甚近，各渡口只设艒艋一只，以便往来。每至晚，游人行□，络绎不绝，群相争渡，舟子应接不暇，喧嚷之声颇形热闹。

松江日暮离人多，恐后争先渡口周。鼓棹渔翁难自主，停桡舟子莫如何。待登彼岸程途误，转尔中流雾霭拖。各向东西南北去，隔溪谁唱采莲歌。

孔广泉：《安图县志》，《中国地方志集成·吉林府县志辑4》，南京：凤凰出版社，2006年，第343—348页。

《黑龙江外记》

福陵《神功圣德碑》："北暨嫩江、乌龙江，罔不臣服。"吴兆骞《长白山赋》："出乎松花之陬，注乎乌龙之外。"盖本诸此。至《盛京通志》："滨瀛海以带龙江。"又曰："龙江合流而左注。"则直可以称龙江矣。

西清：《黑龙江外记》，姜维公，刘立强：《中国边疆研究文库·初编·东北边疆》第十卷，哈尔滨：黑龙江教育出版社，2014年，第181页。

285

《永吉县志》

松花江行

（送赵奏功给谏巡察稽林诗）

方观承

稽林何地名何从，古称肃慎金黄龙。
王畿直北三千里，辽海严关复几重。
开原以外无州县，沙白云黄迷远传。
大东首镇控要荒，镇倚边江作天堑。
松花水泻碧涛长，混同北下江茫茫。
极边更有诺尼水，南流亦到混同江。
混同横接艟艨渡，诺尼棹沂松花路。
三千犀甲重防羌，岁岁楼船饬坚固。
庙廊本重筹边计，玉斧牙旌盟带砺。
一从专阃筑三城，坐使单于归节制。
健儿驱马尽归田，井灶丛生阛阓烟。
鞭梢鹿子秋风猎，手底鱼苗夜月筌。
长林远岭延江岸，龙蛇气吐青苍乱。
鸿蒙窟宅毓珍奇，芮鞠云霞蒸灿烂。
江头大木郁千章，曾献王家作栋梁。
万牛力致九天上，长杨五柞相辉煌。
先朝更宝松花石，琢成凤尾同和璧。
拜赐簪毫侍从臣，歙洞端溪俱避席。
松花江，江对面，布塔年年采珠献。
清泥破雾有多名，渔人偷识光如电。
松花江，江远脉，宁古台山真气苗。
三丫五叶紫团芝，玉碗金浆好颜色。
川岳精英效圣朝，舆书包瓯纪金辽。
敖登城倚藩篱近，长白山联王气遥。
黑水之间称乐土，渐闻靺鞨修章甫。

韩范宁劳百万兵，帝简清华宪文武。

（《雪桥诗话》）

徐鼐霖：《永吉县志》，李澍田主编：《长白丛书》，长春：吉林文史出版社，1988年，第891—892页。

（三）文编

《辽东志》

三辽长编

徽宗之世（阿骨打举兵叛辽东，攻陷混同江之东宁，江州，辽遣将讨之，而败，辽又起中京、上京、长春、辽西四路兵，并进独流河，一路兵深入大败，三路，皆退女真。悉虏辽东界，熟女直铁骑益众，天祚亲征，又大败于混同江，奔还。金主阿骨打于是更名旻，国号大①）。

太宗（世高丽杀使者命将兵致讨取四十余城，遣其弟怀安请降，置京府县七十二设官守之，未几复叛杀所置官吏，徙居江华岛。初辽阳既平设辽阳广宁、开原东宁、东京大宁六路建辽阳等处行中书省于懿州总统诸路，大宁路统县六州十一，辽阳路统县三州五，广宁路统县四，东京路统县二，以上四路系山北辽东道肃政廉访司按属，开原路统府一属县七，东宁路统府州三十，以上二路辽东道宣慰司所属至）。

任洛等纂修：《辽东志》，刘立强、刘海洋：《中国东北边疆历史文献丛书》，北京：科学出版社，2016年，第364、366页。

《吉林外记》

大金得胜陀（即额特赫噶珊，金太祖誓师之地。国语额特赫，胜也；噶珊，乡村也）。

得胜陀颂奉政大夫充翰林修撰、同知制诰兼太常博士、骁骑尉赐绯鱼袋臣赵可奉敕撰。

儒林郎咸平府清安县令、武骑尉赐绯鱼袋臣孙侯奉敕书丹。

---

① 大：缺"金"字，应作"大金"。

东北"旧志"中松花江流域自然与风俗史料汇编

承直郎应奉翰林文字同知制诰兼充国史院编修官、云骑尉赐绯鱼袋臣党怀英奉敕篆额。

得胜陀,太祖武元皇帝誓师之地也。臣谨按实录及睿德神功碑云:

太祖率军渡涞流水,命诸路军毕会。太祖先据高阜,国相撒改与众仰望,圣质如乔松之高,所乘赭白马亦如冈阜之大。太祖顾撒改等人马高大,亦悉异常。太祖曰:"此殆天地协应,吾军胜敌之验也。诸君观此,正当戮力同心,若大事克成,复会于此,当酹而名之。"后以是名。其兆云时又以禳禬之法行于军中,诸军介而序立,战士光浮万里之程,胜敌刻日,其兆复见焉。大定甲辰岁,銮辂东巡,驻跸上都。思武元缔构之难,尽孝孙光昭之道。始也命新神御,以严穆穆之容,既又俾刊贞石,以赞晖晖之业。而孝思不忘念,张闳休而扬伟迹者,益有加而无已也。明年夏四月,诏以得胜陀事访于相府,谓宜如何?相府订于礼官,以为昔唐玄宗幸太原,尝有《起义堂颂》,过上党,有《旧宫述圣颂》。今若仿此刻颂建宇,以彰圣迹,于义为允。相府以闻,制曰:可。臣可方以文字待罪禁林,然则颂成功,美形容,臣之职也,敢再拜稽首而献文曰:

辽季失道,腥闻于天。乃眷东顾,实生武元。皇矣我祖,受天之祜。恭行天罚,布诏圣武。有卷者阿,望之陂陀。爰整其旅,各称尔戈。诸道之兵,亦集其下。大巡六师,告以福祸。明明之令,如霆如雷。桓桓之士,如熊如罴。先是太祖,首登高阜。灵祝自天,事骇观睹。人仰圣质,凛如乔松。其所乘马,冈阜穹宗。帝视左右,人马亦异。曰此美征,胜敌之瑞。往无不利,诸君勉之。师胜而还,当名此地。神道设教,易经著辞。厌胜之法,自古有之。我军如云,戈甲相属。神火焰焰,光浮万口。厥类惟彰,天有显道。国家将兴,必有祯祥。周武戎衣,火流王屋。汉高奋剑,素灵夜哭。受命之符,孰云非真。口彼宗元,遂诬口明。得胜之祥,如日杲杲。至今遗老,畴弗乐道。圣金天子(元碑提行)。武元神孙(上空四格),化被朔南。德侔羲轩,眷言旧邦。六飞戾止,六飞戾止。江山口是,念我列祖。开创之勤,风栉雨沐。用集大勋,圣容既新。(无碑提行),圣功既口(上空四格)。永口厥志,以为末也。惟此得胜(下空四格)。我祖所名,诏以其事。载诸颂声,文王有声。遹骏有声,润口色口。祖业口口,惟时口口。帝王之符,圣明口口。千载孝治,配姬与刘。诏于万世。大定二十五年七月二十八日立石。

第四章　风俗与文化

背面：

金太祖攻黄龙府，次混同江，无舟以渡。金主使一骑前道，乘赭白马径涉。曰："视吾鞭所指而行。"诸军随之以济，遂克黄龙府。后使人视其渡处，深不可测。故老相传渡处，即今五家子站门前松花江。未足凭信。五年春，将军富俊奏准，伯都讷闲荒招佃认垦取租，勘丈至五家子站北荒，见此得胜陀碑，颂今钞录入记，始知故老遗传有所本矣。

萨英额：《吉林外记》，姜维公，刘立强：《中国边疆研究文库·初编·东北边疆》第十卷，哈尔滨：黑龙江教育出版社，2014年，第122—124页。

《黑龙江外记》

蒙馆诸书，买之店肆，纸版模糊，字多减笔，如"圣贤"作"圣炱"，"與"作"与"之类，不知何处得来。余尝授一汉军门人，易、书、诗三经卒业，皆余行笥中物，则书之不行于塞上可知。然尝见土人家有内版《尔雅》《盛京通志》《八旗通志》《词林典故》、写本《春秋左氏传》、汲古阁《五代史》、古香斋《渊鉴类函》、坊刻《通鉴纲目》《史记》《汉书评林》《管子》《盐铁论》《参同契》《击壤集》《记①效新书》《筹海重编》《广博物志》《秘书廿二种》《呻吟语》《施愚山集》《午亭文编》诸书。又间有《明史》《武备志》《数理精蕴》《东医宝鉴》《协记辨方书》，及郡邑诸志，皆散佚断烂，不可收拾，则书之不重于塞上可知。说者谓崔氏显时，子弟知习汉文，故其家多书，后式微，书亦散乱，今所存止此，然已无能开卷者，再阅十年，不知又居何等，此亦不独塞上为然也，为之一慨！

西清：《黑龙江外记》，姜维公，刘立强：《中国边疆研究文库·初编·东北边疆》第十卷，哈尔滨：黑龙江教育出版社，2014年，第231页。

---

① 记：误，应作"纪"。

参考文献

[1] 萨英额. 吉林外记 [M]. 渐西村舍汇刊刻本，1895.

[2] 萨英额. 吉林外记 [M]. 小方壶斋舆地丛钞铅印本，1897.

[3] 萨英额. 吉林外记 [M]. 广雅书局丛书，1900.

[4] 井坂锦江. 东亚物产史 [M]. 上海：大东出版社，1929.

[5] 杨宾. 柳边纪略 [M]. 王云五《丛书集成初编》，上海：商务印书馆，1936.

[6] 赵述云，金毓黻. 长春县志 [M]. 1941.

[7] 吴桭臣. 宁古塔纪略 [M]. 沈云龙《近代中国史料丛刊续编》，台北：文海出版社有限公司，1979.

[8] 李澍田. 长白丛书（初集）[M]. 长春：吉林文史出版社，1986.

[9] 李澍田. 长白丛书 [M]. 长春：吉林文史出版社，1987.

[10] 李澍田. 长白丛书（二集）[M]. 长春：吉林文史出版社，1988.

[11] 李澍田. 长白丛书（四集）[M]. 长春：吉林文史出版社，1990.

[12] 李澍田. 长白丛书（五集）[M]. 长春：吉林文史出版社，1993.

[13] 张书翰，马仲援，赵述云. 中国地方志集成·吉林府县志辑 [M]. 南京：江苏古籍出版社，2006.

[14] 姜维公，刘立强. 中国边疆研究文库·初编·东北边疆（第八卷）[M]. 哈尔滨：黑龙江教育出版社，2014.

[15] 姜维公，刘立强. 中国边疆研究文库·初编·东北边疆（第十卷）[M]. 哈尔滨：黑龙江教育出版社，2014.

[16] 张元俊. 抚松县志 [M]. 白山：抚松县长白山文化研究会，2017.

[17] 杨洪友校注. 长春县志 [M]. 长春：长春出版社，2018.

[18] 衡中青. 地方志知识组织及内容挖掘研究——以《方志物产·广东》

为例［M］. 合肥：安徽师范大学出版社，2012.

［19］穆铁森著，宋抵点校. 吉林志书［M］. 长春：吉林文史出版社，2020.

［20］袁昶. 吉林志略［M］. 长春：吉林文史出版社，2020.

［21］曹殿举标点. 吉林分巡道造送会典馆清册［M］. 长春：吉林文史出版社，2020.

［22］张凤台. 长白汇征录［M］. 长春：吉林文史出版社，2021.

［23］刘建封. 长白山江岗志略［M］. 长春：吉林文史出版社，2021.

［24］赵志毅. 关于县志中《风俗》部分的编写问题［J］. 民间文学论坛，1983（1）.

［25］金恩晖.《吉林方志大全》序［J］. 图书馆学研究，1986（4）.

［26］田巍峰. 略论地方志中的民俗志［J］. 民俗研究，1991（3）.

［27］芦笛. 近代地方志中的物产概念和文本信息组织——以上海官修方志为中心［J］. 地方文化研究，2014（5）.

［28］勾学海，杨艳平，金敏求. 东北地方志（1949年前旧志）收藏状况调查与校核目录［J］. 图书馆学研究，2004（08）.

［29］芦笛. 近代上海方志中的物产概念和文本书写［J］. 地方文化研究辑刊，2015（1）.

［30］张慧娟. 广西旧志中语言资料考察［D］. 硕士学位论文，南宁：广西大学，2015.

［31］南江涛. 中国旧志整理与出版概况［J］. 中国地方志，2017（12）.

［32］包平，李昕升，卢勇. 方志物产史料的价值、利用与展望［J］. 中国农史，2018（3）.

东北"旧志"中松花江流域自然与风俗史料汇编

后 记

自2022年决定把东北史研究的切入点放在松花江流域起,如何搜集松花江流域的史料信息,就成了我眼前最大的问题。历时一年,我终于怀着忐忑的心情写下这篇后记。

首先,历史资料是我们了解某个时段、某个区域的真实情况的重要信息来源。它记录了该区域的自然地理、历史事件、民俗风情、文化物产等方面的信息。对区域的历史资料汇编是将相关资料进行整理、归类和编排的过程。历史资料汇编为学界和读者提供了便捷的查阅工具,使读者能够更加清晰方便地了解当地自然、人文、历史等情况。在松花江流域众多的历史资料中,"旧志"由于研究情况不足、不均,具有很大的潜在研究价值。同时松花江流域内部分县区的旧志脆弱易损,目前只有影印版本,通过对此类旧志整理与史料提取,也是对旧志史料的保护方式。最后,希望《东北旧志中松花江流域自然与风俗史料汇编》能够通过对旧志中松花江流域内的历史资料进行分类整理,帮助阅读者发现现象背后隐藏的规律和关联,从而为后续的历史研究提供资料和启示。

在此,要感谢所有参与这本书创作的人员,包括参与录入、编辑、校对和审稿等工作的所有老师与同学,他们的辛勤工作和专业知识为这本书的完成提供了坚实的基础。特别感谢姜维公教授、黄为放老师的悉心帮助与指导,在师生共同努力之下,全书质量得以提升。编纂过程中,我秉持着严谨的态度,力求做到准确、客观、全面,尽可能地查阅了各种史料、文献和专业研究,以确保书中所进行的分类汇编有所依据,真实可信。此外,为了确保各章节内容的质量,尽力招揽了术业有专攻的中青年教师、优秀的硕士研究生等参与编写。在此特别感谢:高鸣阳参与整理《双阳县乡土志》《安图县志》《怀德县志》《长白汇征录》等,张宏桦参与整理《辽东志》《开原县志》《农安县志》等,

后　记

郑洪岩参与整理《伯都讷乡土志》《磐石县乡土志》《扶余县志》《长春县志》《东丰县志》，苗煜晨参与整理《宣统西安县志》《临江县志》《宁古塔纪略》等。

历时一年，这本三易其稿的《东北旧志中松花江流域自然与风俗史料汇编》最终定稿，即将付梓。在统稿过程中，本书作者虽以高度严谨负责的态度做了修改，但毕竟术业有专攻，故书稿中难免出现不足乃至错误之处，恳请方家批评指正。